张远山 著

思想

真的有用吗

北京出版集团
北京出版社

图书在版编目（CIP）数据

思想真的有用吗 / 张远山著 . — 北京：北京出版
社，2021.9
ISBN 978-7-200-16433-6

Ⅰ. ①思… Ⅱ. ①张… Ⅲ. ①哲学—文集 Ⅳ.
①B-53

中国版本图书馆 CIP 数据核字（2021）第 079790 号

总 策 划：安 东　高立志
选题策划：吴剑文
责任编辑：王忠波　吴剑文
责任印制：陈冬梅
装帧设计：吉 辰

思想真的有用吗
SIXIANG ZHENDE YOUYONG MA
张远山　著

出　　版：北京出版集团
　　　　　北京出版社
地　　址：北京北三环中路 6 号
邮　　编：100120
网　　址：www.bph.com.cn
发　　行：北京出版集团
印　　刷：北京汇瑞嘉合文化发展有限公司
经　　销：新华书店
开　　本：880 毫米 × 1230 毫米　1/32
印　　张：9.375
字　　数：195 千字
版　　次：2021 年 9 月第 1 版
印　　次：2021 年 9 月第 1 次印刷
书　　号：ISBN 978-7-200-16433-6
定　　价：58.00 元

如有印装质量问题，由本社负责调换
质量监督电话：010-58572393

目 录

下 卷 ｜ 告别五千年

编者序　把最后的甘甜酿入浓酒

　　2007 年，张远山先生完成《庄子奥义》。他说："《奥义》既成，余书可废。"这一年，我第一次读到远山作品，即《庄子奥义》。尽管之后我读毕远山已出版的"余书"，包括大量集外文，我的遗憾却在于，以《奥义》为阅读起点，决定了我对远山的"余书"极为"苛刻"，他的任何文章，我都难免会以《奥义》的思想原创力为标准，在心中衡量其优于、等于或是劣于《奥义》。

　　远山推崇极简主义，锤炼文字近乎自虐，向来就没有格外偷懒的作品。他写过新诗、小说、寓言、小品、文学评论、思想随笔、论文论著……所以可以被视为诗人、小说家、寓言家、散文家、文学评论家、思想家、学者……若想近乎完整、准确、透彻地了解一位作者，除了通读全集，恐怕别无他法。但一位态度真诚、人格统一的作者，于表象的常变之中，有其不变者存。

　　作者的文章选集，通常的方式是"小中见大"，不同材料、写法的都截取一点儿，以展现其多样性，成精神劳作的迷你拼盘。这种"具体而微"的做法，我却颇为存疑。远山是重视结构的作者，一部作品往往有一全息系统，如常山之蛇，局部之间呈呼应之势。截取之后的片段，内容看上去与在原书中并无不同，但呼应的无形气脉已截断。原来的千里江山缩成咫尺，泰山如蚁垤，溶洞似鼠穴，仿佛气象蹙促的"小人国"，可以观而不可以游，可以见而不可以入。对看过全集的粉丝没有新增的价值，对初次接触的读者不成登堂的导引。更重要的是，远山的写作计划尚未结束，这种多样性，也只能是作者的局部多样性，无法真正展现整体面貌。

远山的写作择取了各式各样的体裁，但所有体裁，可能都是某种药丸外裹的五彩糖衣，所有身份，可能都是一个隐秘真身的不同化现。他的写作志向，或者说真实身份，是"思想者"。他在《思想真的有用吗》一文中自承："我是一个思想者。不仅我生活的主要内容是思想，而且我以思想为生，思想是我的劳动产品，我靠出售这种特殊产品养活自己。"远山把这种特殊产品包装得花样迭出，有施设方便、开示悟入的善巧。

这本张远山精选集，力图对远山的"思想"核心追踪蹑迹，按索出一个方便把握、"一以贯之"的心要。这个核心，如一颗活的种子，是思想之树生长的起点，由于含藏作者思想的基因编码，故贯通其信念追求、生命历程，随着作者步步舒开拳曲未显的脉络，还可印证未来枝叶生长的深芜轨迹。一个思想者为什么思考，思考什么，如何思考？所选文章，应能在这个理路上，如枝干般有机地、象征性地显现其意义。

远山选择从事思想这一工作，肇因于早年经历的时代乱象引发的人生困惑。历史转向后，启蒙思潮唤醒了他的人文关怀。与鲁迅弃医从文的缘由相似，1980年高考前夕，远山决意由理科改考文科。他说:"我必须安妥我的灵魂,解除人生大惑,读懂中国之谜,洗雪平生之耻。"他要找到"走出克里特迷宫的阿里阿德涅之线"。

1980年考入华东师大中文系后,他拟定了阅读和写作的终生计划,从轴心时代的中西元典开始,闭户读书,1995年开笔。第一个十年,他尝试用各种体裁表达自己所悟,在寓言小说《通天塔》中思考人类历史的荒诞命运,在思想随笔《寓言的密码》中探索先秦诸子的现代意义。这是一个拓开思想地图、勘探矿脉的过程。他要了解人类知识总图,然后脚踏实地走近人类知识首都,有可能的话,争取为它添砖加瓦,加入一点自己的新东西。第二个十年,在庄子这个中国思想地图上最大的矿藏里,远山挖掘并精雕细刻出《庄子奥义》《庄子复原本》《庄子传》"三颗宝石"。他的确加入了一点新东西———一种新的方法论———激活了庄子,两千年前的古老智慧,对当代的思想者有了崭新的意义。第三个十年,远山在发掘庄子的过程中挖开了一个历史深处的迷窟,于是回溯八千年前上古文明的诞生,有了解读陶器、玉器、青铜器的文化史系列著作:《伏羲之道》《玉器之道》《青铜之道》。此后,远山将回到拟定开采的老子和公孙龙这两座矿藏,写出《老子奥义》《公孙龙子奥义》,并总结其思想的方法论———《三指论》。

远山的思想方法论,奠基于1992年,这一年,他写了三篇哲学札记:《语言的创世和哑巴的创世——中西思维层次之差异及其影响》《公孙龙〈指物论〉奥义》与尚未发表的《语言三指论(提纲)》。二十九岁的他,在文中创造性地提出"受指"这一语言哲学概念,与索绪尔的"能指""所指"这对术语构成了奇妙的化合反应，这不是简单的仿词，而是思想范式的一个新构想。这样的思想起点之所以可能，是因为远山不是从理念的演绎出发（易走向独断论），也不是从经验的归纳出发（易走向怀疑主义），而是通过溯因找到一个思想杠杆能动的支点，再用逻辑来验证，材料来支持。这与美国最具原创力的哲学家皮尔士的语言哲学、逻辑学有参证之处。远山当时没读到过皮尔士，仅从对先秦诸子，尤其是公孙龙思想的领纳中，建立了能与西方现代语言哲学对话的思想范式。原创的思想利器，远山用起来得心应手。当今社会变化迅速，个人的具体经验不断贬值，方法论却"授人以渔"，是思想者贡献给人类的最可珍贵的礼物。

《中华复兴的目标和进路》写于 2010 年，仿佛是对自己十九年前哲学札记的遥远回应，文章论及中西文明的不同瓶颈及其突破。知道差异及其影响，是知其然，能够认准目标、选对进路，则是究其所以然。此文完成后，远山的单篇"散论"渐少，辨章学术、考镜源流的专著则一部部写出，近于王国维由哲入史的路径，精洁显朗，出之轻灵，虽"多尖刻处"（钱穆论胡适语），但义理清通，持之有故，呈现了思想范式的稳定成熟。

所以，这本精选集呈现出的是，思想者远山前两个十年思考的成果，同时为后两个十年思考的起点。近二十种书，上千篇文章，本书择取二十篇，写作时间起于 1992 年，讫于 2010 年，作者为什么思考，思考什么，如何思考，十九年"解牛"的刀法，金针度人，助人技进于道。执此一册，仿佛与作者"游十九年"，可知其心要。

精选的文章，不以写作时间为序，而是作为拼板，集成一幅长卷。卷分上下，上卷主题为哲学："跟随你自己"；下卷主题为历史："告别五千年"。

　　上卷探讨哲学与时代、精英与大众。先由西方两位伟大的思想家苏格拉底和尼采定调：从"认识你自己"到"跟随你自己"。远山认为尼采是现代文明乃至未来文明的奠基者，从尼采的见地出发，思想才是"接着讲"，而非"照着讲"。无论是审判苏格拉底这一重大哲学公案，还是犹太宗教训谕，希腊伊索寓言，包括小孩子"捉迷藏"的身体游戏，哲学家"逻辑怪圈"的思维游戏，普通人"打扑克"的大众游戏，艺术家"风花雪月"的精英游戏，都在"重估一切价值"的视野下得以发覆，显出新意。作者看到"哲学先知与时代精神"的历史博弈过程中"思想的没落"，于是在对"思想真的有用吗"这一问题的反复叩问中，为思想正名：成为一个思想者，才能"享有一个自由人的真正幸福"。

　　下卷探索文化与历史、古典与现代。以二十世纪四位现代思想者、践行者——鲁迅、顾准、钱锺书、资耀华——为个案，思考一个人和他身处的时代、社会的复杂关系：弱小的个人，如何在历史的风暴中鏖斗、蛰存，如何穿越波诡云谲而"联接历史沟通人我"。执今之道，以知古始，作者由此上溯古典中国，回到轴心时代，重新阐释《庄子》这一古典中国文哲合璧的"巅峰"；重新发掘《公孙龙子》这一古典中国科学思维的"瑰宝"。在中西文明溯因的比较中，如何告别五千年中的芜与伪，存留菁与真，以此抵达"中华复兴的目标和进路"。

"天才的编辑"珀金斯曾说，编辑并不给一本书增添东西，因为"一个作家最好的作品，完完全全来自他自己"。珀金斯提醒我们，不要试图把编辑个人的观点强加于作者的书中，也不要把他的风格变得不像他自己。"如果你要编一本马克·吐温的书，就不要把他变成莎士比亚，或者相反，把莎士比亚变成马克·吐温。"深邃的思想有如醇酒，作者已三蒸三酿，编者最后加了一蒸一酿，十桶美酒酿成一桶。我希望这番足够"苛刻"的"压榨"，没有改变原酿的独特风味，能把思想的甘甜酿入浓酒。

　　　　　　　　　　　　　　　　　　　　吴剑文

上卷

跟随你自己

跟随你自己

尼采最著名的两句话是"上帝死了"和"重估一切价值"（均出自《快乐的科学》），但这两句话的重要性，与它们的著名程度是不相称的。比如"上帝死了"这句话，就有相当的哗众取宠成分。但未必是尼采想哗众取宠，真正的哗众取宠者是众多的转述者。从语言哲学的角度来看，上帝是个不真实的"虚概念"，因此判断"上帝"之生死，没有哲学意义。但我认为，"上帝"这个虚概念一旦从人脑中产生，它就不会"死"了。所以尼采宣布"上帝死了"以后，即使无数人赞成、同意、转述这句名言，"上帝"以及各种各样的上帝替代物，依然大受崇拜。至于"重估一切价值"，诗人气质的尼采本人并没有全面展开这个"重估"工作，而说过此话的思想家，古今中外不知凡几。

我认为，尼采对现代文明真正有贡献的思想，是另一句不太著名的话："不要跟随我，跟随你自己。"（《查拉图斯特拉如是说》）这句话与耶稣对门徒说的"跟我来"（福音书）针锋相对，不仅与西方哲学传统"认识你自己"（古希腊阿波罗神谕）接上了源头，而且大大推进了一步：认识自己，是为了跟随自己。跟随自己，是为了实现自己。

西方哲学这一步，花了两千多年。

一切传统的思想家，无论宗教家或哲学家，在教导别人时都坚信，唯有自己真理在握。因此他们教导别人"认识你自己"，其实是"认识你自己的无价值"，而"你"一旦认识到了自己的"无价值"，"你"就会无条件地放弃自己，成为一个精神上的奴隶——"跟随我"。

尼采的伟大在于，他教导别人"认识你自己"，是"认识你自己的价值"，而你一旦认识到了自己的"价值"，"你"就学会了独立思考，成了一个精神上的自由人——"跟随你自己"。

从"认识你自己"到"跟随你自己"，标志着人类从蒙昧的古代跨入了文明的现代，标志着人类从宗法时代的盲从，走向了科学时代的自主。当所有的人都跟随自己的时候，上帝就真的寿终正寝了。每一个跟随自己的人，必然会对任何貌似神圣的"绝对价值"提出疑问，做出自己的重新评估。可见"上帝死了"和"重估一切价值"，必须以"跟随自己"为根本前提。上述两句名言的价值，与这句金言不可同日而语。因此我认为，仅仅因为这一句话，尼采成了现代文明乃至未来文明的奠基者。

当然，问题并非表面上看来那么容易。从前现代的"跟随我"即跟随权威价值，到现代的"跟随自己"即跟随自主价值，虽然是一种进步，但"我"是什么，"自主价值"从何而来，还是一个根本难题。众多的"我"，完全是异化的"空无"。太多的人，没有"自己"，没有"自我"。"我"是一切人生价值和哲学审视的死角，没有人能一劳永逸地解答"我"之大惑。因此前现代那种否定自我式的宗教训诫、准宗教信条，往往有众多的追随者。要现代人反对传统的宗教式训诫并不难，真正的难题是，"我"就像奥古斯丁所追问的"时间"一样：你不说我倒明白，一说反倒糊涂了。放弃"我"而跟随他者时,不一定要弄清"我"是什么;跟随"我"时就必须弄明白:"我"是什么?由于人类思想尚不能真正解决这一生命大惑,因此后现代思潮走向了尼采所代表的现代思潮的反面:怎么都行。以致后现代的"我",成了比前现代的"我"更虚幻的空无。因为前现代的"我"虽然空无,但空无的"我"还有所追随的绝对价值可依傍,还有"上帝"的神权做精神支柱,还有"皇帝"的极权做生命拐杖。后现代的"我"以空无的"自己"为追逐对象,结果"自己"也成了"他者"。跟随我,原地转了一个圈,依然可悲地沦落为跟随他者。

尼采教导所有的人都成为"超人",结果德国人都去追随"超人"希特勒,意大利人都去追随"超人"墨索里尼,西班牙人都去追随"超人"佛朗哥,日本人都去追随"超人"东条英机;如是等等。事实上,只要被追随的"超人"依然像尼采批判的耶稣一样命令同类"跟随我",那么"超人"同样没有"自己"。没有"自己"的"超人",并非尼采召唤的超人,恰恰是尼采批判的"奴隶道德"的信奉者,是没有自主价值的他者,是追随"他者的他者"的他者。"他者"对"他者的他者"、"他者的他者"对"他者的他者的他者"……的无限追随,组成了一个倾倒中的多米诺骨牌阵。每一个不加批判地、自愿或被迫地加入多米诺骨牌阵的现代人,最终都将"不以个人意志为转移"地被击倒。然而用"不以个人意志为转移"来为自己的被击倒辩护的人,恰恰是没有个人的自由意志。所以主张"超人"学说,相信"铁的必然性"的尼采,同时又是唯意志论者。尼采主张的权力意志,是教导前现代的基督教精神奴隶们,要以顽强的自由意志维护每个人自己的天赋权力，而不是要前现代的精神奴隶们放弃自由意志，把不可转让的天赋权力拱手交给唯一的"超人"。当人们把尼采的伟大学说与法西斯主义视为一路货色时，当希特勒的追随者海德格尔被公认为二十世纪最伟大的哲学家时，当伟大学说被其追随者改造成登峰造极的"奴隶道德"时，除了"物质文明"的辉煌成就之外，二十世纪还有什么"精神文明"可言呢？继尼采死了之后，哲学也死了。继上帝死了之后，人也死了。

后冷战时代，人们追随的他者，不是前现代的人格化权威价值，而是后现代的非人格化流行，是瞬息万变的时尚，是由物组成的"无物之阵"。在这日益非人化的物质世界中，电脑的类人"智慧"乘虚而入，成了人类的引导者。非我的、非人格的、电脑化的、极度理性化的疯狂，将把每个人乃至全体人类引向何处？人类将跟随流行、跟随时尚、跟随电脑、跟随疯狂走向何处？生在尼采以后的每个人，尤其是每一个欣赏晋代殷浩"吾与吾周旋久，宁做我"的态度的中国人，都将不得不面对这一考问。

苏格拉底是否该死

美国自由报人 I.F. 斯东晚年穷十年之功所著《苏格拉底的审判》一书（生活·读书·新知三联书店 1998 年版，董乐山译），是一本趣味盎然的佳作。但或许是由于作者本人并非哲学家的缘故，虽然在史料的爬梳整理上用力甚勤，但由此引出的重大问题却并未得到正面解答。

民主制度有一个根本性前提，就是言论自由。而对自由言论中反对民主或不利于民主的言论的制衡途径，则是自由辩论。自由辩论当然也属于言论自由的组成部分，但认为"自由辩论足以战胜一切反对民主或不利于民主的言论"，却是"言论自由"这一民主大前提中，未经深入批判的一个想当然的假设。这一假设或许只是一个无法证实的信念：自由辩论足以把一切缺乏真理性的言论予以消毒，使之不可能真正威胁民主制度本身。

然而有史以来一切像苏格拉底这样的杰出者，大多具有贵族倾向，是精英主义者，他们先天地具有自我优越感，认为人是先天不平等的：有的人是用金子做的，有的人是用银子做的，有的人是用铜和铁做的（参见柏拉图《理想国》）。因此，让用金银做的高贵者做统治者，而让用铜铁做的卑贱者做被统治者，就成了理所当然的结论。这种言论必然会威胁到民主本身的存在基础。如果所有的思想都无罪，而按某些思想去行动就是有罪，那么就必然导致思想与行动的背离。民主雅典允许苏格拉底有反民主的言论，但民主雅典是否应该允许苏格拉底的学生和信奉者把苏格拉底的反民主言论当成"行动纲领"，把反民主思想付诸社会实践呢？

让具有民主倾向的非杰出者与具有贵族倾向的杰出者进行自由辩论，后者的杰出口才几乎必然使前者不堪一击。哪怕民主思想具有更多的真理性，但民主的平庸辩护士很可能由于才情的有限而把一个具有极大真理性的论点辩护得漏洞百出，而反民主的杰出斗士却更可能把真理性不足的反论点阐述得天衣无缝。庄子可以说后者"能胜人之口，不能服人之心"，荀子可以说后者虽然"言之成理、持之有故"，但是"虽辩，君子不听"。极少数深究哲学者固然知道，真理是朴素的，而未必是雄辩的，但是自由辩论面对的是广大远未精通哲学的普通听众，因此大多数人是会在口服之后立刻心服的，甚至是谁雄辩就听谁的，结果就很可能变成孔子所痛恨的"利口覆邦家"。对此，民主的自由辩论有什么好办法呢？当雅典民主派没有办法通过自由辩论战胜苏格拉底的时候，他们就放弃了"君子动口"的约定，而采取了"小人动手"的下策——判处苏格拉底死刑。

看一看两次投票表决的戏剧性结果，就能知道不完善的民主制度多么无奈。第一次投票定性：280 票对 220 票判处苏格拉底有罪。经过自由辩论后第二次投票量刑：360 票对 140 票判处苏格拉底死刑。也就是说（按斯东的算法），在原本判他无罪的人中，竟有 80 个人转而投了他的死刑票。但也有可能是这样：一部分原本判苏格拉底有罪的人，听了苏格拉底的自辩后，被他说服，在量刑时赦免了苏格拉底，而有超过 80 个以上原本判他无罪的人，被苏格拉底的自辩所激怒(因为他说得"太有道理"了),转而判了他死刑。无论实际情形是两种情况中的哪一种,都说明雅典民主派失去了理智,他们恼羞成怒了——因为自信真理在握的他们,居然在自由辩论中一败涂地。

由于缺乏哲学头脑,缺乏对苏格拉底的哲学精神的真正理解,斯东花了十年时间写出这部专著,仅仅是为了证明一个非常奇怪的结论:苏格拉底是故意求死,他故意激怒并诱使雅典人判处他死刑,并且不肯减刑或赎身而坚持服毒而死,以便用自己的生命证明雅典民主制度有罪,而雅典人没能识破苏格拉底的诡计,上了他的大当,如他所愿地判了他的死刑。也就是说,斯东把雅典民主派的政治矛盾性与苏格拉底的哲学彻底性之间不可调和的必然冲突,理解为雅典民主制度的一个偶然的技术失误。这是非常可笑而难以服人的。斯东认为雅典人不该判苏格拉底死刑,但斯东却丝毫不喜欢苏格拉底。他认为苏格拉底只是一个疯子,一个小丑。斯东对苏格拉底完全不理解,对哲学更是毫无会心。我认为判处苏格拉底死刑的雅典人倒没有真正蔑视苏格拉底,而认为不该判处苏格拉底死刑的斯东,却严重侮辱了苏格拉底,也大大地侮辱了哲学的尊严。顺便一提,这也是我认为民主派人士大多无知浅薄的理由之一,彻底民主派常常没有任何哲学头脑。

同样由于不理解哲学,斯东像古今许多弱智者一样非常反感苏格拉底的"装傻",认定"苏格拉底在装傻之下极端地自大",这是一种极大的误解。苏格拉底的"装傻",就是为了让你自己认识到你的思想缺乏哲学彻底性:你的第一步推导是对的,第二步也对,第三步也不错,但最后的"合理"推论却与你最初坚持的偏见相反——只是你拒绝承认这一推论的"合理性",因为如果你承认这一推论的"合理性",你就必须放弃你最初的偏见。这怎么是苏格拉底在装傻或设下陷阱让你钻呢?如果你的信念是认真思考过的,为何会如此前后矛盾呢?有人会说,既然你苏格拉底不同意人家的意见,那么为什么自己不拿点正确意见出来呢?如果你自己拿不出正确的意见,那就免开尊口。这是非常错误的观点。正如在费马大定理尚未得到证明之前,旁人虽然无法提出正确的证明,却有权要求任何自认为能够给出证明的人保持证明的逻辑完整性。给出错误证明的人,不能因为批评者自己也无法给出证明,就剥夺旁人对他的证明的批评权。苏格拉底的自认无知,绝非装傻,更非自大,而是对完善的一种敬意。他反感任何人自以为真理在握。而且事实上,所谓的理想国,是柏拉图给出的,而非苏格拉底给出的。苏格拉底是哲学之父,而柏拉图只是观念论之父,两者是不可同日而语的。观念论只是哲学的一个分支,一旦僵化甚至是反哲学的。而苏格拉底反对一切僵化。有人认为苏格拉底这个小丑,是借了柏拉图的生花妙笔而得以不朽,我认为恰恰是柏拉图扼杀了苏格拉底的哲学精神。所以,无论是柏拉图还是亚里士多德,都可以被基督教神学所利用,但苏格拉底却不会被任何僵化的思想体系所利用。苏格拉底是哲学精神的不朽化身,是哲学批判精神的永恒象征。有无数反对柏拉图的哲学家,也有无数反对亚里士多德的哲学家,但所有真正的哲学家,都永远不会反对苏格拉底。因为苏格拉底从来没有要求你不反对他,也从来没有要求你赞成他的任何观点。他只要求你认识自己，他只要求你认识你的矛盾，如果你的思想没有矛盾，那么他鼓励你坚持自己的彻底性。他从来不鼓励盲从，包括不盲从"民主"等一切好听的名词。

反对审判更反对审判结果的后世的彻底民主派（比如斯东）认为，应该允许任何人说话，包括允许反民主派说话，因为言论无罪。但斯东没有说明，恐怕也无法说明，如何消除反民主思想对民主制度的威胁。他也没有意识到反民主派往往比民主派在才智上更杰出——尤其当反民主派并非事实上的统治者而且不想向统治者献媚时，更是如此。统治者不必因为才智上的优越，而仅仅只须出于自身利益就会反民主。而思想家仅仅因为才智上的优越，就往往拒绝与才智平庸的普通人平起平坐。因此，才智平庸的民主派往往不是才智杰出的反民主派的辩论对手，民主派在哲学论坛上简直就不堪一击。结果就会变成：言论自由允许反民主言论，自由辩论使民主派一败涂地——民主制度的根本前提和基础假设，却为民主制度自身掘好了坟墓。

雅典的反民主派人士（比如苏格拉底）的声望日益高涨，除了其杰出才智以外，还有一个更为根本的制度上的支持：雅典的民主制度是建立在另一个非民主的制度之上的，那就是奴隶制。这一复合而且矛盾的制度本身，已经肯定了人与人或至少是族与族的不平等。反民主的苏格拉底、柏拉图不反对奴隶制度毫不奇怪，因为这与他们的"人与人天生就不平等"的思想完全一致。但雅典民主派（包括亚里士多德）不反对奴隶制度却是与其思想根本矛盾的，这一矛盾决定了雅典民主派的不彻底性。因此赞成奴隶制度的苏格拉底和柏拉图的反民主是前后一贯的，民主派的审判苏格拉底也是前后一贯的。但这是两种相反的前后一贯：苏格拉底的一贯是哲学彻底性的一贯，是不矛盾的一贯；雅典民主派的一贯是现实不彻底性的一贯，是矛盾的一贯。

撇开哲学彻底性是否有可能在全人类的每个人中普遍实现（我认为绝无可能），我起码可以断定，具有哲学彻底性的人，一定比不具有哲学彻底性的人，更有智慧。也就是说，既然雅典民主制是建立在不平等的奴隶制之上的，那么，生活于这一制度中的苏格拉底，为了保持哲学彻底性，也为了追求真正的智慧，就必然会反对民主。而且在反对民主的过程中，他的思想内部必然更少矛盾，思维更流畅，言辞更雄辩。而同样生活于奴隶制度中的雅典民主派，由于无法在现实利益和哲学思辨之间保持统一，那么其思想内部必然更多矛盾，思维更枯涩，言辞更不雄辩。所以，雅典民主派无法在自由论坛上战胜苏格拉底师徒，就是必然的。也就是说，只要完美不降临尘世（而完美必然永远不会降临尘世），那么，追求哲学彻底性的人间智者，就一定会成为其哲学彻底性的殉道者，不管殉道者所殉之道，用世俗道德来看，是好的还是坏的。比如在民主成为主流的当代，许多人（包括没有哲学头脑的斯东）会认为苏格拉底的反民主是可恶的。然而我绝不这样看。只要世界不完美（而世界一定永不完美），就一定需要坚持哲学彻底性的人对现实世界加以批判。哪怕民主的基本价值是善的，但如果没有"反民主"的批判，那么民主的善也必然会走向恶。苏格拉底的"反民主"，最根本的一点是反对民主制度的不彻底性，也就是反对当时的雅典民主制度的不完善。如果哲学家所反对的东西，本质上是恶的，那么这种反对的价值无须讨论。如果哲学家反对的东西，本质上是善的（然而并非至善和完善），那么哲学家的反对就是这种本质上虽善但还不够完善的东西的防腐剂，是防止这种本质上虽善但还不够完善的价值中的消极因素不发展成极端、不走向反面、不转化为邪恶的重要保证。因此，无论多么完善的制度（哪怕是迄今为止最完善的制度）都不能剥夺哲学家的批判权力。所以没有哲学头脑的福山认为民主已经在全世界获得了全面胜利，因而"历史已经终结"（参见弗兰西斯·福山《历史的终结》），是纯粹的痴人说梦。福山的立场，就是认为哲学家已经可以退场了。然而这种以为美国式的民主制度已经完善到无须批判，已经完善到不可能再有真正挑战者的思想，本身就是美国民主制度有可能走向反面的危险信号。

当然，当年的雅典大众正如任何时代的大众一样，并不想追求不矛盾的一贯性，并不想追求哲学的彻底性。"哲学彻底性"是不朽的苏格拉底发明出来并得到后世所有真正的哲学家赞同的，但后世的普通大众未必赞同，即便口头上赞同，也绝不会付诸实践；当年的雅典人则更是闻所未闻，遑论赞同。当年的雅典大众宁可认为苏格拉底是个得了好处还卖乖的疯子：你既已得到了奴隶制的物质好处（比如可以不事生产），又得到了民主制度的好处（比如可以自由言论），却居然"丧心病狂"地来反对民主，非疯子而何！

当年支持审判苏格拉底的雅典人是为了保卫民主制度，后世反对审判苏格拉底的彻底民主派同样是为了保卫民主制度，后者认为保卫民主制度首先必须保卫其前提——言论自由。然而在我看来，苏格拉底又何尝不是为了发展更好的民主制度？——即便这并非他的主观意愿，然而客观效果是不以主观愿望为转移的。区别仅仅在于，保卫者认为现有的制度已足够好，而批判者认为现有制度还不够好，还可以更好，至于更好的制度是否民主制度，则可以再讨论——或者，既然你们认为现有的民主制度已经是最好的民主制度，那么被逼无奈的哲学家苏格拉底也许就不得不认为，更好的制度不该叫"民主制度"，因为许多人眼中"最好的民主制度"在他看来不够好，所以更好的制度也许不妨叫"代议制"、"君主立宪制"或其他名称。由此可见，苏格拉底即便主观上反民主，也是无罪的。因为他的真正愿望，是完善雅典的政治制度，不管这种政治制度叫什么名称。而雅典人认为要保卫民主制度，就不能允许苏格拉底肆无忌惮地反对民主制度，煽动对民主的敌视态度。后世的彻底民主派则认为，不允许苏格拉底或任何人自由发表意见，就不是真正的民主。在苏格拉底是否该死这一点上，雅典民主派与后世的彻底民主派有了重大分歧。这一分歧不仅仅有关一个哲学家的生死，而是决定整个人类文明发展方向的生死攸关的大是大非。

后世的彻底民主派（比如斯东）认为，审判苏格拉底是雅典民主的污点。但后世的彻底民主派不肯承认：不审判苏格拉底这个影响最大的反民主派，当年的雅典民主就朝不保夕（已经发生过由苏格拉底的学生领导的三十僭主事变）。雅典人究竟应该何去何从？是宁要一个污点，也必须永远保住民主制度；还是宁要清白，而丧失这个制度？

如果宁要清白，那么取代民主制度的任何制度都必然犯下更多更大的罪恶，那些罪恶将使这个污点显得微不足道。雅典人选择了前者，审判并杀死苏格拉底。我认为雅典人在历史的阶段意义上做得很对，我相信任何一个赞成民主制度的现实主义者都会站在法庭的一边。甚至反对民主制度的人大概也不得不承认，雅典人的选择是颇为明智的，绝非失去理智的疯狂，更不是像斯东等人认为的那样"一失足成千古恨"。

然而雅典人确实也无法回避一个反诘：批评民主制度的人不会因为苏格拉底之死就绝迹（比如还有柏拉图），雅典人是否要对所有批评民主制度的人都大开杀戒？如果这样，那么民主的大前提（全体公民都有言论自由）就将不复存在，言论自由就仅仅意味着对现存制度的"自由"的歌功颂德，那样民主就会变成一种大多数平庸者（对少数杰出者）的独裁。如果审判苏格拉底而放任柏拉图，那么两者的分寸如何掌握才能有别于专制制度？当然，赞成民主制度的人也有不少是反对审判苏格拉底的，且不说当时就有投反对票的（但后世所有研究此案的人大多不重视他们的意见，因为他们是普通人——这种不重视普通人意见的态度是根深蒂固的，普通人自己也不重视自己的意见，这就是反民主的精妙言论常常会赢得公众喝彩的社会心理基础），引起我注意的是后世的彻底民主派，他们认为雅典人的审判苏格拉底是个错误。但后世的彻底民主派却在用苏格拉底所发明的哲学彻底性来反对雅典民主派，这首先是个厚诬古人的年代错误。其次，后世的彻底民主派没有意识到，哲学的彻底性与政治的现实性几乎完全不能相容。

也就是说，反对审判的后世彻底民主派要求雅典民主派追求当年朝不保夕的民主制度不可能追求的哲学彻底性。

事实上，不论当年雅典的现实还是现代社会的现实，都不可能把任何理论的彻底性付诸普遍的社会实践。因为任何把先进理论的彻底性付诸实践的社会运动，都会毁掉现实，毁掉一切哪怕原本先进的制度设计。即便是民主制度，也不能保证其彻底性——而这正是哲学有权批判任何制度的根本理由，而且这种批判虽然永远不识时务，但却在长远的历史意义上价值重大。彻底性是哲学追求的目标，而不是现实政治追求的目标。所以民主制度也必须允许哲学家对之进行批判，因为民主制度（尤其是现有的不完善的民主制度）即便是迄今为止最好的社会制度，也绝不可能是永远最好的制度，更不是最好的可能制度，因此民主制度也不能拒绝哲学批判。谁也无法断言，现有的民主制度是最好的民主制度；也许可以说，现有的民主制度是有史以来最好的制度，但以往中外历史上的许多制度，都曾经是当时有史以来最好的制度，然而如果没有对那些"有史以来最好的制度"的哲学批判，那么就不可能有现在的"有史以来最好的民主制度"。因此，作为哲学家，苏格拉底有批判的权力；但是，作为哲学家，苏格拉底更应该理解政治的现实性，不能把不食人间烟火的哲学彻底性强加于现实政治。现实政治不可能彻底，现实政治就是妥协，因为只有妥协，才能容纳丰富、容纳多样、容纳矛盾。彻底性一旦实现，就扼杀了丰富性和多样性，就会像恐龙一样走上特化的不归路，当环境不适合这种特化时，任何特化的恐龙都会灭绝——这就是比专制制度优越的雅典民主制失败的真正原因。

然而我是否已经陷入了双重标准了呢？既坚持哲学批判的绝对权力，又理解甚至支持某种程度的现实政治的相对妥协，甚至主张有时必须为了现实而牺牲哲学家，那么哲学家岂不是自讨苦吃吗？是的，做哲学家，就是自讨苦吃的。做哲学家，就必须随时准备殉道。在现实政治中，有时明知哲学家是对的，也必须拿他祭刀。比如说，苏格拉底的殉道就有双重价值，对雅典民主派来说，他们消灭了一个对民主制度最大的威胁；从历史意义来说，后起的近代民主制度，由于苏格拉底的殉道，而终于使近代民主比雅典民主更完善了。也就是说，哲学彻底性也许不是当时的现实可能性能够容忍的，也就是太超前了，但真正有价值的哲学彻底性，必定会有长久的未来，必定会从可能性转化为现实性。一个不超前的思想家，根本就不配被称为哲学家。既然超前了，付出代价就是合理的。而且代价绝不会白付，长远来说，得益的是全体人类。

然而我们同样面临第二个更难应对的反诘：如果连民主的制度都可以对反民主的人开杀戒，那么一个不民主的制度是否就更有理由对主张民主的人大开杀戒？答案显然只能是这样。要求一个专制制度对民主派宽容无疑是与虎谋皮，因为连主张言论自由的民主制度都无法宽容仅用言论反对民主的人士。而且令人啼笑皆非的是，如果以"哲学的彻底性"来衡量，专制制度的不宽容反而比民主制度的不宽容更合理，更不矛盾。因为专制制度从一开始就没有许诺过宽容，只宣布了"格杀勿论"；而宣布了宽容的雅典民主制却祭起了戒刀。这应该引起一切赞成民主制度的有识之士的深刻反省。这更进一步证明，即便是民主制度，也不能拒绝哲学批判，哲学批判是防止社会腐败和制度恶化的重要武器，哲学批判是文化的消毒剂和防腐剂。

可以进一步追问的第三个问题是：现代民主制度已经不同于建立在奴隶制之上的不彻底的雅典民主，现代民主制在理论上已经取消了任何奴隶制度的合法性。但是不同国家与不同民族之间的不平等依然广泛存在，当某些强国的自由繁荣建立在对弱小异国的自由繁荣的压制上，那么这种现代民主制度是否比雅典民主更合理呢？即便比雅典民主制度更合理，它是否就有拒绝批判的豁免权呢？我认为没有。

可以追问的第四个问题是：现代言论自由的制度客观上只保证了少数知识精英的话语权力，而无法充分满足普通人的表达自由，那么这种言论自由是否真正平等地给予了所有的人呢？如果大部分知识分子由于占据了话语优势而骨子里依然瞧不起普通民众，甚至毫不掩饰地在言词之间对民众竭尽侮辱嘲讽之能事，那么民主制度在其形式躯壳之下又如何在实质上真正实现？《世界人权宣言》所许诺的"人人在尊严上一律平等"又如何保证？在希腊城邦小国寡民式的直接民主制度下，普通人的言论权利尚且遭到知识精英们的蔑视（尽管这些普通人判处了苏格拉底死刑，但后世的知识精英们对此的愤慨程度远远超过了对任何一个无辜的普通人的处死），那么现代广土众民的国家中大多数陷入失语症状态的普通人的民主权利，又怎能得到真正的保证？

可以追问的第五个问题是：身体的奴隶制度虽然大致

已经绝迹，但精神上的奴隶制度如何消灭？在现代传媒制度和消费主义商业时尚的双重夹击下，一切独特趣味和独创思想一经问世就立即变成了廉价的精神预制板，现代大众除了陷入思想的真空（如果没有学问）和思想的极度混乱（如果有学问），大概唯有一条出路：把自己的灵魂模铸成标准的六边形蜂巢状。绝对言论自由的结果可能是：现代人变得完全六神无主。于是为了逃避绝对自由的灵魂失重状态，他们甚至宁愿接受一个相对的权威，一种温和的专制——也就是苏格拉底和柏拉图所倡导的开明专制。苏格拉底虽然死了两千多年，然而他的反民主幽灵，或许还将长时间阴魂不散，并不时地在民主的面纱下露出狰狞的微笑。

树洞和针眼

谁都熟知《伊索寓言》中那个狐狸吃不到葡萄说葡萄酸的著名寓言。

这里要讲的是伊索的一个不太著名的寓言：狐狸凭着自己的聪明，钻进树洞把牧羊人藏在树洞里的面包和肉吃了个精光，但是等它要钻出来的时候，由于肚子胀得太大，却再也钻不出那个狭小的树洞了。结果成了自投罗网的猎物。

希腊人的道德讽谕故事，到了犹太人的经典《塔木德》里，却变成了宗教训谕故事：狐狸为了钻过一个小洞进入葡萄园，不得不斋戒三天直到瘦得能够钻进去。它进入葡萄园后大吃大喝，变得大腹便便，结果怎么也出不来了。为了安然离去，它不得不再次斋戒三天，饿到与进来时一样瘦。离开时它悻悻地说："美妙的葡萄园，你的葡萄是如此硕大，又如此甘甜，但是你却给了我什么？怎么进来怎么离去！"

不难发现，犹太智者把上述两个伊索寓言结合了起来，用于阐明一个比伊索远为深刻的真理：尘世是一座美妙的葡萄园，但是无论自作聪明的人怎样积攒财富（包括物质和精神两方面），最终都将"怎么进来怎么离去"，用中国人的说法，就是"生不带来，死不带去"。

犹太智者认为，吃到了葡萄的狐狸，并不比想吃而没吃到葡萄的狐狸幸运，甚至可能更不幸，如果那斋戒仅仅是为了吃葡萄的话。但如果认识仅仅停留在这一层次，比说葡萄酸的狐狸就高明不到哪里去，甚至让人怀疑创作此寓言的动机仍然是因为没吃到葡萄。我相信事实并非如此，这一寓言远为深刻得多。这个寓言涉及精神修炼与尘世享乐的关系——一个与人的整个生命相关的根本性问题。

这个寓言告诉我们，如果"斋戒三天"仅仅是为了获得进入"葡萄园"的资格，那么这种信仰和斋戒就是虚伪的冒充虔诚，而冒充虔诚正是为了掩盖贪婪和掠夺的本性。但历史是公正的，一切虚伪的虔诚者，最终都必须被迫甚至被强迫"斋戒三天"才能获得解脱。"进出葡萄园"在此意味着生死。进入前的斋戒是为了饿瘦，因为所有的人都必须赤条条而来；离开前的斋戒也是为了饿瘦，因为所有的人也都必须赤条条而去。

尤其是从离去和解脱的立场来看，精神上的斋戒和肉体上的饿瘦更是必须的，然而仅仅饿瘦到钻出树洞是远远不够的。因为离开尘世葡萄园之后，人还有两个可能的去处：天堂和地狱。正如耶稣所说："富人进入天堂比骆驼穿过针眼还要难。"能够钻出树洞的瘦，远远不足以穿过针眼——"天堂之门是一扇窄门。"必须斋戒和饿瘦到在身心两方面都近乎没有，近乎无我和"无身"（《老子》四十四章："吾所以有大患者，为吾有身"），才有可能进入天堂。从但丁的《神曲》中我们得知，一切在尘世中不愿主动饿瘦的人，都必须到地狱里去被迫而永远地挨饿。而一切在尘世中假惺惺地斋戒和仅仅为了荣耀地告别葡萄园并觊觎不朽的人（比如那些拔出九牛之一毛捐助慈善事业的富人），都必须到炼狱中去进一步饿瘦，然后才能进入天堂，获得灵魂的安宁。不妨说，能够钻出树洞仅仅意味着不受人间法律的制裁，但只有能够穿过针眼的人才能不受道德和历史的审判。基督教正是以针眼的标准而非树洞的标准，宣判了所有的人都是有罪的。从某种意义上说，即便是那些有可能穿过针眼的人都是有罪的。因为是否能穿过针眼必须盖棺才有可能论定——甚至还不能。每一个活着的人都没有绝对的把握宣称自己必能穿过针眼。按照加尔文一派的教义，每个人都有权坚信自己可以穿过针眼，但这一预设命题必须用整整一生的全部行为来加以证明。在证明尚未完成亦即生命尚未终止之前，任何人都没有权利以此自负。我无意于在此宣扬宗教式的最后审判，但是任何人的行为只要偏离了永恒正义，无论生前死后都将受到历史的无情审判。

诚然，每个时代的树洞和针眼的尺寸也是略有不同的。树洞是每个时代的物质享受的相对限度，针眼却是所有时代的人类精神乃至宇宙精神的绝对限度。随着科学的进步和文化的发展，物质的树洞必然越来越大，但是精神的针眼却永远不会放大——马丁·路德早就断言，任何人都没有资格散发廉价的"赎罪券"。不同时代的宽容可能是相对的，但精神的针眼却是绝对的，就像永恒正义是绝对的。精神的针眼永远是那么小，小到近乎无，只有每时每刻意识到自我之渺小和卑微的人才有可能艰难地穿过它。对于每个时代的所有人来说，由树洞所规定的一定量的"面包与肉"都是合理的，正如牧人们要在树洞里留着午饭。但对于树洞而言的合理，并不等于对于针眼也合理。不妨说，"面包"意味着某种程度的温饱，"肉"意味着某种程度的舒适。然而社会的不公正却往往使勤奋劳动的牧人们失去理应得到的"面包与肉"——它们被投机取巧、道德败坏的狐狸们偷走了。狐狸们当然不会承认自己是窃贼,相反,狐狸们理直气壮地认为他们占有整个葡萄园并享用大部分葡萄是天经地义,因为他们已经通过"斋戒"证明了自己在智力上甚至精神上的优越(他们绝不肯承认智力的优越并不等同于精神的优越)——狐狸们甚至认为"优越"一词还不足以自我陶醉,他们喜欢用"高贵"来夸张这种自恋。因为"优越"强调的只是量的优势,而"高贵"强调的是质的优势。

我并不赞成物质上的禁欲主义,也不赞成对所谓"淳朴的无知"的颂扬。相反,我认为"饱暖思淫欲"是人之天性,不仅适度的温饱是人之天性,而且适度的淫欲也是人之天性。但是我反对肉体上的纵欲,更反对精神上的纵欲。人们习惯于谴责物质富翁造成了人类肉体上的不平等,却几乎从不谴责精神富翁造成的人类精神上的不平等,更很少意识到精神富翁的危险性。在科学大跃进和知识大爆炸的今天,我认为有必要强调精神针眼的限度——它主要是针对统治者、管理者和知识分子而言,因为他们认为自己具有进入历史、进入不朽、进入天国的优先权。人类也已习惯于单方面谴责物质上的纵欲,而很少谴责精神上的纵欲。而无论是个体、民族和国家的优越感,都是这种精神上的纵欲。事实上,如果没有精神上的纵欲,个人与个人、民族与民族、国家与国家就不会有那么多物质上的掠夺和争战。而当人类全体向大自然全面宣战时,正是"把大自然当作专供人类索取的资源仓库"(早在《圣经》中上帝就对亚当说，人之外的一切都是供他驱使和享用的）这一精神纵欲的思想，导致了人类全体对自然发起了无休止的破坏性掠夺和灾难性攫取。个人与个人之间的大部分精神战争，往往是以双方都宣称"我，而且唯有我掌握了最高真理"之类精神纵欲的无端信念为起点的。而全体人类向大自然的索取则几乎被所有的人类个体所认可。人们的争端总是起于"无休止向自然索取"这一毋庸置疑的大前提之后的分配问题。似乎无休止向自然索取对每个人都有利，所以任何人对此都不该有任何异议——除非他在分配上吃了亏，他得到的远远少于树洞的定量。但是大自然本身对这一毋庸置疑的大前提已经提出了日益严峻的抗议，如果抗议一再遭到蔑视，大自然的报复将越来越无情。老子说："圣人不仁，以百姓为刍狗。"这指的正是少数人的精神纵欲。但另一方面，被少数"圣人"麻木不仁地当成刍狗的全体"百姓"却把大自然当作贡奉自己的"刍狗"（草扎的狗，用于祭祀）。这样做的结果所必然导致的大自然的报复，老子也早就预言过了："天地不仁，以万物为刍狗。"（《老子》第五章）掠夺正在愈演愈烈，因此末日正在日益逼近。

没有人可以在物质上剥夺他人（乃至地球上的所有物种）的生存权利，也没有人可以在精神上凌驾于任何人之上。但是几乎所有的人都认为自己有权比别人享受得多，也就是认为自己的物质树洞有权比别人大；同时，几乎所有的人都认为自己有权比别人优先进入天国，也就是认为自己的精神针眼比别人大——无论精神和肉体，大部分人都要求别人对自己特别宽容。之所以对物质纵欲的抨击史不绝书，而对精神纵欲的抨击却十分罕见，是因为物质纵欲的抨击者往往正是精神纵欲者。精神纵欲者掌握着话语权，而物质纵欲者却没有什么话语权。然而在我看来，精神的纵欲不仅丝毫不比物质的纵欲更高贵更道德，而且物质上的不平等正是缘于精神上的不平等。看一看尼采的自传《瞧，这个人》前三章的标题"为什么我这样智慧"，"为什么我这样聪明"，"为什么我能写出如此优越的书"，就能明白尼采的个体精神纵欲与希特勒挑唆起来的民族精神纵欲之间的内在联系。这几乎就是在论证"为什么我有资格进入历史"，"为什么我有资格进入不朽"，"为什么我有资格进入天国"，尼采的可贵在于坦率，而更多的精神自负者尽管心里这么想，却卑怯地不肯这么说，不敢这么写。

从个人的精神纵欲到民族的精神纵欲再到全体人类的精神纵欲，是一个不可阻挡的多米诺过程，其结果总是必然地导致把已经从自然中掠夺来本该珍惜的物质加以毁灭，即取之无道，用之也无道。当一场战争结束，两败俱伤的双方就"重建家园"，于是新一轮对自然的加剧掠夺就开始了，而它往往就是下一场战争的备战。人类的内战（一切战争都是人类的内战）总是把战争的灾祸转嫁到大自然的头上，让大自然承担最终的战争"赔款"。重建了各自小家园的互相敌对的人类，却在齐心协力破坏着唯一的大家园——地球。重建小家园，恰恰就是破坏大家园。而当唯一的大家园即将变成一片废墟之时，纵欲的人类就准备不负责任地亡命天涯——逃向月球、金星或外太空。而这种异想天开且耗资巨大的逃亡计划（即便成功也只是极少数人的胜利大逃亡）更加速了整个地球的废墟化。在文明史发轫一万年之后，人类像一个丧尽天良的逆子一样，用文明积累起来的全部"价值中立"的知识技能把自己装备成一个全副武装的匪徒，正在自己的亲生母亲家里最后大掠三天，像一个流窜过境的抢劫犯一样准备逃窜，为此不惜留下自己的所有同胞陷于灭顶之灾。精神上僭妄、傲慢、我执之尤的人类个体和人类集团，就是一头或一群丑陋而自私的、注定进不了天堂的骆驼——我甚至不难想象，逃向金星的少数"上帝的选民"会自以为踏上了光荣与梦想的朝圣之旅。地球已经不堪重负，人类全体即便仅仅为了全体的自私目的，也已经到了立刻停止集体性的物质纵欲和精神纵欲的时刻了。到了记起古代中国智者那个"割股自啖"的伟大寓言的时刻了：不必等到饕餮的人类把自己双腿上的肉全部吃光，大自然就将流尽最后一滴血，自视为泰坦巨人的渺小人类就已经不能站在大地之上了——更遑论"诗意地栖居"。

或许形式上的贵族时代已经结束，但少数精神贵族们依然陶醉在他们的精神优越亦即精神纵欲之中。所谓"诗意地栖居"的学说正是睁着眼睛说瞎话的精神贵族炮制出来的——海德格尔一点也不令我吃惊地加入了日耳曼的集体精神纵欲的疯狂舞蹈。许多骨子里与他别无二致的精神贵族被他那"深刻的诗意"陶醉了，他们为海氏辩解，认为他的"诗意"与"纳粹"无关。殊不知"纳粹"是集体的精神纵欲，而"诗意"不过是个体的精神纵欲而已。所谓"深刻"，不过是精神纵欲时欲仙欲死的"高峰体验"而已。谁的深刻能够达到苏格拉底、老子、佛陀和耶稣的程度？他们是人类精神节制的不可超越的绝对限度，他们就是人类进入天国的针眼。以有限深刻为名，行精神纵欲之实，这样的深刻可以休矣！据说这些天国的针眼所宣扬的教义是奴隶的教义，据说这些天国的针眼所宣扬的道德是奴隶的道德，然而物质纵欲者是肉体的奴隶，精神纵欲者是自我的奴隶。超人梦、贵族梦、优选民族梦、强国强种梦可以休矣！迄今为止的全部文明史是一部人与人、人与生物、人与自然不平等的掠夺史，在这部不平等的掠夺史中产生的大部分"诗意"仅仅是对少数人（超人、超民族、超级大国）而言的，"诗意"是吃饱了葡萄而微有醉意的狐狸无视牧人们的利益而幻想出来的。只要少数人还陶醉在精神纵欲的"诗意"之中，这一精神纵欲的梅毒就必然会不可阻挡地经由精神做爱传遍全体人类。全人类的精神纵欲除了疯狂，没有任何别的出路；而全人类的疯狂除了毁灭，也没有任何别的出路。

基督教乃至许多宗教都强调淳朴的无知者可以轻易地进入天堂——把神学还原为人学，天堂就是尘世的精神解放——因为"针眼"再小，"无"是容易通过的。当然，达到"无"是极难的。我并不想强人所难，出一个极难的难题来刁难人。但每一个自诩无所不能的精神自负者，理应攻克这个最后的难题，否则就请收起你的自负和傲慢。正是在这一意义上，"傲慢"被称为万恶之首。傲慢永远是属于魔鬼的品质。就我个人而言，只要死亡一天没有来临，我最主要的工作就是与自身固有的傲慢进行永不妥协的较量。然而"无"恰恰远离"无知"。佛学把"无知"称为"无明"，无明，即无以明道。因此无知与道德不仅没有正比关系，相反，无知必然意味着道德水准的低下。无知所导致的无力，仅仅是导致作恶的无力和技穷。只有全面而丰富的知识才能达致高度的善，但对知识的滥用必然会造成大规模的社会性的恶。知识作为一种权力的工具，如果没有"道"的遏制必然会被滥用。知识的所谓"价值中立"使它成为一把善恶的双刃剑，在善恶两方面都更加强有力。正因为如此，以知识上巨大的"有"穿越仅能容纳近乎于"无"的针眼才是永远的道德难题。因此老子的教诲永远有效："为学日益，为道日损。"追求知识的永恒热情正是为了无限度地考验傲慢。学之增益，正是道之减损的唯一方法。只有当知有助于道时，知才会转化为智。诚实的知识分子必须认识到，日益膨胀的知属于人类全体，而个体不可须臾离的最高之智就是苏格拉底的"我只知道自己一无所知"。把耶稣的教诲转换成现代语言，那就是：知识上的富人如果狂妄自负到没有"无"的智慧，那么要想获得精神解放就比骆驼穿过针眼还难。只有当知识上巨大的"有"转化为智慧上的"无"，骆驼才能奇迹般地穿过针眼。

　　一个真正的义人，必须用针眼来要求自己，而用树洞来宽容别人。但宽容不是无限的，每一个时代的宽容度，就是每一时代的树洞的大小。文明的发展会使树洞不断放大，但不可能无限地放大，因为人类唯一的家园地球不会放大。相反，明智的人们将遏制树洞的迅速膨胀。然而无论文明发展到什么程度，所有时代的精神针眼永远不会放大，所有时代的天国之门都永远是那么小，小到近乎无。因为天国是永恒的，天国之门也是永恒的，没有丝毫讨价还价的余地。每一个渴望荣誉、渴望不朽、渴望进入天国的人唯一的办法，就是缩小自己，使自己趋近于无，在上帝的阳光之中像尘芥一样翩翩起舞。

被愚弄的兔子和被弄愚的乌龟

《龟兔赛跑》是最著名的伊索寓言之一。故事是这样的：上午，乌龟与兔子赛跑。兔子想，乌龟哪里是我的对手（或对脚）呢？于是他一边得意地听着其他小动物对乌龟的嘲笑，一边撒腿飞跑起来。跑到中途，兔子回头一看，乌龟早已被远远甩到后面看不见的地方了，于是就在跑道边的树荫下睡起觉来。等到兔子的屁股被正午的阳光烧烫并惊醒时，坚持不懈的乌龟早已跑过终点，回家喝庆功酒去了。就这样，因为骄傲，飞毛腿兔子在赛跑中输给了爬行的乌龟。

这是一个有教益的寓言，本意是鼓励乌龟，并非奚落兔子。然而寓言是一把双刃剑，这一寓言从诞生之日起，就开始异化，成了一个在重版翻版改版盗版过程中走向反面的圈套。绳圈在故事前面晃动，直到把故事缢死。

第一个改编者是史诗《伊利亚特》的作者，盲目的希腊诗人荷马。他笔下的希腊第一条好汉阿喀琉斯，在追击特洛伊第一条好汉赫克托耳时，绕着特洛伊城墙整整跑了三圈，也没能追上赫克托耳。最后，赫克托耳觉得在家乡父老面前一味逃跑太过丢人，于是转身站住，与阿喀琉斯决一死战，这才不幸被阿喀琉斯杀死。赫克托耳死得像个英雄，而阿喀琉斯虽然是胜利者，却遭到了众人和众神的嘲笑。因为以希腊世界最快的飞毛腿著称的他，竟在赛跑中输给了并非田径名将的赫克托耳。不仅如此，阿喀琉斯为了阻止赫克托耳逃进特洛伊城，自始至终一直跑在靠城墙的内圈，把赫克托耳逼在外圈。这相当于阿喀琉斯始终跑在田径场一号跑道，而赫克托耳始终跑在八号跑道，并且八号跑道离一号跑道有一支投枪的距离。但即便赫克托耳每圈多跑二里地，阿喀琉斯这只兔子，最终还是没能追上赫克托耳这只乌龟。

第二个翻版者是希腊哲学家芝诺：上届比赛结束后，乌龟没有邀请曾嘲笑过自己的松鼠、狐狸等动物参加庆功酒会。狐狸怀恨在心，自愿充当著名飞毛腿、半人半神的英雄阿喀琉斯的比赛经纪人，安排了一场阿喀琉斯对"奥运会"长跑冠军乌龟的挑战赛。故事的结局是上面两个故事的综合，十分落套：乌龟卫冕成功，阿喀琉斯再次落败。落败的原因十分蹊跷。阿喀琉斯不知是因为有恃无恐，还是因为担心抢跑被取消比赛资格，反正起跑时慢了一步。乌龟爬完第一步，阿喀琉斯才刚刚起跑。这也罢了，问题在于阿喀琉斯并非甩开长腿"而今迈步从头越"，追赶"领先一步"的乌龟，而是转着古怪的哲学念头：欲到达乌龟所在位置，我必须先跑到乌龟的第一步的中点。等阿喀琉斯跑到乌龟第一步的中点时，乌龟已经爬完第二步。可是阿喀琉斯在跑第二步之前，再次转起哲学怪念头：欲到达乌龟现在所在位置，我必须先跑到乌龟第一步的后半步加第二步（即总共一步半）的中点……如此等等。就这样，阿喀琉斯这只哲学兔子，再次输给了老实得像火腿，却对哲学毫无兴趣的乌龟。

第三个改版者是战国时代的中国思想家庄子，故事是这样的：以狐狸为首的兔子的智囊团，在安排兔子与乌龟的下一场比赛前，决定"师夷之长技"，派兔子去乌龟国首都邯郸自费留学，充分掌握乌龟的先进爬行技术。聪明的兔子很快学成归国。当然，兔子"海龟"的方式，是用海龟的方式爬回去的。比赛再次开始，兔子扭扭捏捏地学着龟步，在整个比赛过程中，全盘照搬地模仿着乌龟的呼吸吐纳技术：乌龟步亦步，乌龟趋亦趋。由于学得到家，兔子的步态简直可以乱真，不明真相的观众，误以为是两只乌龟在赛跑。因此双方并驾齐驱，同时撞线。大赛仲裁委员会通过逐格分析比赛录像，发现最后一刹那，乌龟以迅雷不及掩兔耳之势，向前猛地伸出龟头。由于兔子没有乌龟那样伸缩自如的长脖子，惜败。

第四个篡改者是比庄子稍后的中国思想家韩非，由于篡改得面目全非，这一故事颇具中国特色。故事是这样的：宋国有个农夫，根据足够的历史经验（宋人为殷商后裔），相信当局不希望兔子在赛跑中获胜，于是主动提出一项合理化建议：既然兔子比乌龟天分高出太多，那么让兔子享受与乌龟同样的比赛待遇，对乌龟就不公平。也就是说，为了"费厄泼赖"，兔子的跑道上应该设置障碍。大赛组委会充分发扬民主精神，从善如流地采纳了农夫的卓越建议，同时责成献策者在兔子的跑道上设置树桩（顺便一说，这是现代障碍赛跑的起源），顺便用树桩上部的木材，为从胜利爬向胜利的乌龟盖海滨别墅。不过跑道上设置障碍一事，事先并未通知兔子。兔子以为，自己的跑道与乌龟的跑道一样，是一条金光大道。组委会认为，兔子既然如此聪明，应该通过自己的坎坷经历，感悟"大道多歧"，以便有足够的切身体会，感叹"如今这世道"。兔子被告知的是："你的能力比乌龟强得多，组织上希望你埋头苦干，拿出成绩来，让那些认为你骄傲的乌龟没话说。总之，前途是光明的，道路是曲折的。"兔子感激涕零，表示绝不辜负组织上的信任。于是上了跑道一阵"埋头"猛跑，结果不难预料：兔子一头撞在树桩上，成了农夫等待已久的奖品。由于乌龟早已知道，兔子迟早总要撞上树桩。即便碰巧跳过了第一个树桩，也跳不过第二个、第三个……用农夫的说法就是，"过得了初一，过不了十五。"西方谚语说，每个人都有他的滑铁卢；中国谚语说，每只兔子都有它的树桩。所以这回轮到乌龟在半道上偷懒睡觉了。反正等着他的不是树桩，而是锦标。乌龟明白，他的睡觉绝不会受到诸如骄傲之类的批评，因为他根本没有骄傲的资本，所以骄傲永远跟他挨不上。乌龟明白，只要他在领奖时谦逊地说上几句"感谢领导的培养"之类的套话，就前途无量。

第五个盗版者是二十世纪的中国作家村子，故事是这样的：经过优生学改良后变得谦虚的现代兔子（之所以谦虚是因为骄傲就得不到高额奖金），在比赛中轻而易举地战胜乌龟夺得了金牌。获胜的良种兔在新闻发布会上说："兔别千年，非复旧观。我认为把骄傲从赛前改在赛后较为合理，而把睡觉从赛跑途中改为赛跑之后则更加聪明，所以我现在要回家睡觉了。"但故事的结局还是老套：兔子睡完一觉大梦初醒，看到床头放着组委会改判比赛结果的通知：组委会赛后刚刚获悉，世界田径联合会在比赛前夕，参照举重选手称体重、拳击选手量臂长的规则，补充修订了田径比赛的最新规则。如果赛跑选手的一方比另一方腿长，将判腿较短的一方获胜。因此本次比赛的冠军仍是乌龟，兔子再次屈居亚军。

第六个套上绳圈的人是寓言爱好者张恨水。说句题外话，这位敝本家跟在下一样不风雅，恨水而远山，显然从未见过真山水，他编的故事自然大高而不妙：屡战屡败的兔子终于认识到，自己失败的真正原因，是与乌龟太不同了。想要获胜或不再失败的唯一办法，就是去医院截肢，让自己的腿脚与乌龟一样长短，并且给自己也装上一块抵御恐惧的厚厚铠甲。兔子只有彻底改造自己，与所有的乌龟一模一样，才有可能避免厄运。只要有"一点"不同，就难以幸"免"。其实仓颉早就预言过了，他造的"兔"字，与"免"字仅有"一点"不同。悟透这"一点"的兔子，毅然决然向整容医院飞奔而去……

噢不不，算了吧，我不想再胡编乱抄下去了。这也太落套了！我不是想为这一寓言最后抽紧绳圈的人，我像所有的人一样被寓言的圈套所迷惑，却差一点忘了描述这一圈套的初衷。尽管这与我毫无干系，因为我对任何比赛都没兴趣，但我现在愿意放弃一个午觉，描述这一连环套，并且希望通过我的转述，有人能找到解开套子、解放套中人的科学方法。

及时打住显然是明智的，这也好比在半路上躲进祖传的树荫打个盹——我还是不太愿意放弃午觉，反正我又不参加比赛。我在午睡前想了想，就让乌龟永远获胜吧！既然比赛规则是乌龟制定的，那么连上帝都无法阻止龟兔赛跑不断出现重版翻版改版盗版，何况连上帝也是乌龟的上帝。我知道不必为兔子抱不平，哪怕我是兔年出生并因此不得不属兔也无须如此，哪怕我可以自由选择属相比如说属狐狸，我也犯不着兔死狐悲。因为只有让愚蠢的乌龟长寿，让聪明的兔子短命，世界才显得合理。

众所周知，兔子是坚定的无神论者，为此神的使者老鹰才会从天上俯冲下来追捕兔子。而兔子的朋友狐狸，则是永远的怀疑主义者。我疑心，只要世上同时并存着巨人和侏儒，那么羞辱兔子的谣言和诽谤就永远不会绝迹。因为巨人永远是少数，而永远抱怨自己炮制的上帝对自己不公的大多数人，总是愿意看到极少数天之骄子受屈受辱受难。因此所有的龟兔赛跑永远是老套，其结局永远是兔子莫名其妙输掉。比赛主办者尽管未必是乌龟，但至少是自愿整容或被迫截肢的兔子，这些伪兔子是媚俗者。媚俗的比赛主办者，要赢得大多数人的喝彩，挤出大多数人的眼泪，掏空大多数人的钱袋，榨干大多数人的血汗，骗取大多数人的选票，必须经常对大多数人进行精神贿赂，因此才安排了兔子与乌龟的不公平比赛，并且从一开始就决定：无论用什么手段，最后必须让兔子输掉。这很落套，是吗？的确如此，而且令人沮丧。失败的悲剧英雄兔子，在这种永远落套的故事里，只能落入该死的圈套。

其实兔子并非最倒霉的，因为再倒霉的兔子，依然是兔子。真正不幸并将永远不幸的，是落入圈套的乌龟。当侏儒站在最高领奖台上，以站在较低台阶上的巨人为自己的陪衬者时，侏儒恰恰是最不幸的，达到了不幸的顶峰。因为侏儒误以为自己与巨人同样高了，误以为一切众生真的平等了。受愚弄的兔子没有变愚蠢，但因兔子受愚弄而获利的乌龟，却被弄得更愚蠢了。简而言之，兔子被愚弄了，而乌龟被弄愚了。很显然，乌龟是龟兔赛跑的最大受害者，而任何受害者都永远在寻找自己的替代者。因此，当乌龟死后，他的龟儿子龟孙子们，将一如既往地，用祖先荣耀一时的龟甲，来卜算自己那永远落套的命运。

集体主义的游戏

——寻找替代

流行歌曲唱道:"孤独的人是可耻的。"这让我想起每个中国人小时候都玩过的捉迷藏游戏:被选定的人面朝一堵指定的墙,大声数到十,等其他人躲好了,他就开始找。被找到的那个人就替代他的角色,继续游戏。奇怪的是,被选定的人可以像"警察捉小偷"游戏中的警察一样去捉人,但谁都愿意做捉人的警察,却没人愿意在"捉迷藏"游戏中做捉人者。似乎前一游戏中的优势在于"捉"者,后一游戏中的优势在于"躲"者。

优劣从"捉人者"选出的过程也能看出:全体游戏者围成一圈,喊一二三,每人同时出一只手掌,或手心或手背,少数者豁免,多数者再选……最后剩下两个人,由他们以"石头、剪子、布"自相残杀,输者就是最后的被选定者。可以看出,筛选过程是一个微型的优胜劣汰过程,最后的被选定者其实就是被集体遗弃的放逐者。"警察"虽是少数,但他从不孤立,因为他是集体秩序的维护者;而"小偷"则是集体秩序的破坏者。与之相反,在捉迷藏游戏中,捉人者是被集体遗弃的人,而躲藏者们却组成了一个集体——躲藏者虽然在游戏过程中各自为战,但角色相同的他们属于一个无形团体。于是,你刚才还属于整个游戏者集体,突然之间"整个集体"消失得无影无踪,只有你被放逐于空旷无人的街头,成了一个"可耻的孤独者"。

从孤独者的表现来看，被放逐显然是极端痛苦的，甚至是不堪忍受的，因此他不得不奔走呼告，寻找另一个人做自己的替代者，使某个先前的幸运者，变成不幸者——正如民间迷信中，吊死鬼或落水鬼必须找到一个替代者，才能重新投生。这正是整个游戏的严酷性所在：被放逐者回归集体的欢乐，必须以那个新的被厄运选中者承受逐出集体的痛苦为代价。孤独的被放逐者好不容易找到一个同类，然而被放逐者不是通过与同类结成同盟来免除自己的孤独，而是把他视为异类，双方立刻进行了身份交换。一个人获得回归集体的幸运的同时，意味着另一个人承受被集体放逐的厄运。也就是说，被放逐者在孤独中所做的全部努力，不是与孤独对抗，更不是热爱孤独，而是厌恶自己的命运，厌恶自己的身份。他的所有努力都是为了摆脱原先的自己，寻找自己的替代者，然后成为一个他者——加入那个无比强大的无形团体——在这个被光荣命名的团体之内，他只是一个微不足道的无名者，一个空无。哪怕那个无形团体是"放逐"的始作俑者，哪怕被放逐者的全部厄运都是那个无形团体一手造成的，被放逐者还是无条件地渴望成为那个团体的一员。由于被放逐者对放逐他的无形团体的无限向往和不懈努力，他最终将一定能够成为新的受豁免者——只要整个游戏不过早结束。这一虚妄的希望，使他永远不会对游戏规则质疑和非难。这种童年游戏的规则，将使参与者长大后，终其一生永不反抗使他痛苦的任何团体，他只会渴望归化，融入所有威胁要抛弃和放逐他并使他无限痛苦的团体。甚至，一个团体越使他痛苦，他越是强烈地渴望成为那个团体的成员。他只想远离痛苦，却永远不会致力于消灭痛苦之源。

而那个被找到的不幸者，将不得不成为新的被放逐者，去品尝他的孤独、痛苦和耻辱。对他来说，被从隐藏处找到，就是被厄运选中，而找到他的那个人成了命运的化身。由于被找到、替代以及身份交换是所有游戏者一致同意的神圣规则，因此新的不幸者丝毫不会抱怨置他于不幸的这个具体的苦难传递者。他唯一的抱怨是针对命运的，但他否认这一命运是由集体造成的。这部分是由于，他曾是集体的一员，他参与制定或至少默认了这一规则。因此，他此后唯一要做的，不是反抗命运和反抗集体，而是终其"一生"（在游戏与现实的双重意义上）去寻找新的替代者，并以寻找替代者为唯一的游戏意义和人生意义。

很显然，这个游戏出自于这样一种潜意识：被集体遗弃是最可怕的惩罚和最不幸的命运；无论集体是善是恶，无论集体对个人是利是害，作为个人，必须无条件地依附于集体。一旦被集体放逐，必须不遗余力、不惜代价地寻求回归集体之路。这个集体，相当于霍布斯所说的利维坦——巨大的海中怪兽，个人不仅无力反抗它，甚至不能蔑视它。因此，不仅在集体之中，个人意志毫无价值；即便被放逐于集体之外，个人意志依然毫无价值。因为无论在集体内外，所有的人都视集体意志为自己的意志，视集体意志为最高意志。"集体至尊，个人至卑"，是这个经典游戏的文本密码，也是这个游戏传递给所有参与者的关于中国文化的绝对命令。在集体至上的文化中，个性是最有害无益的东西。因为个性（在游戏中就是你的手掌与受豁免者相反）正是被放逐的根本原因。尤其令人惶惑的是，何为好个性，何为坏个性，从来没有明确的界说和恒定的标准：当豁免者出手背时，出手心就是不好的个性；当豁免者出手心时，出手背就是不好的个性。除了数量的多寡和利益的向背，个性之好坏没有任何客观标准。在集体主义文化中，不变的个性是最坏的个性，比如拗相公王安石和小性儿林黛玉就是坏个性的典型；而毫无个性的随机应变，见风使舵的趋炎附势却是最好的性格，比如五代不倒翁冯道和滥好人薛宝钗都是好性格的典型。因此盲从不再是人格上的缺点，反而是好性格的标志。盲目从众最受现代思想家诟病的，是它不加批判地仅仅倾向于多数。这种集体主义游戏的唯一目的，正是培养放弃客观标准的从众心理。而当大多数人都是盲从者时，他们绝不同意把从众心理称为"盲从"，他们一致同意给它一个响亮的荣誉称号：集体主义精神。

也许有人会说，我把儿童游戏太当真了。我相信，玩过捉迷藏游戏的中国人，大多不会同意我的解说。但同意与否并不重要，生活中有太多的事实说明了游戏的真实性。我认为一个民族的传统儿童游戏中，一定记录着该民族文化的遗传密码。而每个玩过这种游戏的人，在这种游戏规则的长期熏陶下，都会默认这种游戏规则的合法性、神圣性和不可批判性，最后无条件地接受整个民族的集体无意识。这一捉迷藏游戏及其游戏规则的各种变体，在整个社会生活中无所不在。概括地说，大致形成了如下四条文化信念。

信念之一：孤独就是原罪。在集体主义氛围下，与众不同者要么放弃与众不同，与世沉浮；要么虽然不放弃与众不同，但由于知道众怒难犯，所以不仅不敢标榜与众不同，反而必须用"我真孤独啊"之类的哀叹，来替代本该有的"我多么与众不同啊"这样的自豪——于是，集体就会因为孤独使他受罪而容忍他的与众不同，因为与众不同已经成了对他的最大惩罚。

因此集体主义文化中有大量这样的人：事实上与世沉浮、与时消息（这样就不会遭到集体的放逐），然而口头上却常常抱怨孤独（这样就能凌驾于集体之上并左右集体的意志）。然而抱怨孤独的人，骨子里还是集体主义者。抱怨孤独的人，朝思暮想的就是集体能够重新接纳他，让他在集体中占据一个显要位置。如果集体不能接纳他是由于他与众不同，那么他甚至愿意放弃与众不同，装傻、韬晦、难得糊涂就成为他们的生存策略。这种恼恨自己与众不同的焦虑，在集体主义文化中，几乎成了所有出类拔萃的知识分子挥之不去的原罪感。但集体主义阵营却看出他是被集体放逐的不情愿的孤独者，所以有批评家说：孤独者抱怨的，其实只是孤立。"孤独"与"孤立"，仅仅一字之差，用"立"替代了"独"之后，一个巧妙的语言游戏就完成了。这一游戏虽然包含了"独""立"两字，却根本上是反对独立意识的。"孤立论"者认为，你的与众不同，说明你属于少数，所以你活该遭厄运。"孤立"论者遵循的是以数量来压倒对手的集体主义游戏规则。"孤立"论者无须对"孤独"者的思想进行任何有说服力的批判，就奏凯而归。

在个人主义文化中，结婚是原罪；而在集体主义文化中，不结婚才是原罪。因为独身意味着他（或她）拒绝融入集体之中。至于想结婚却无力嫁娶的男女，则无疑是集体主义文化中的失败者。只有首先加入家庭这一微型集体，然后才能走上修齐治平的集体主义康庄大道。集体主义文化视"天下"为一个"莫非王土、莫非王臣"的大集体，所有的人都是住到集体宿舍中来受教育、读圣贤书的学生。故圣人"为天下立心"，立的是集体之心；圣人"为万世开太平"，开的是集体的太平。而集体主义者的根本信念正是：只要万众一心，必定天下太平。所谓"非我族类，其心必异"的反推论在此同样成立：其心若异，必非同类。孤独者之心，必异于圣人之心，必异于集体之心。因此，集体主义者打击乃至消灭孤独者的最有效武器就是：孤立他。纪德说："孤立是一种精神上的广场恐怖症。"只有极少数"前不见古人，后不见来者"的精神博大者，才有能力抵御这种巨大的恐怖；然而即便能够抵御，却也未必喜欢这种恐怖，难怪陈子昂紧接着要"念天地之悠悠，独怆然而涕下"了。

信念之二：渴望替代自我。为未来生活做准备，替代了人们的现在进行时的生活，结果他们一天也没有真实地生活过，而是生活在为想象中的未来做准备之中。集体主义文化中人，永远都在为将来的生活做准备——而将来之所以值得准备，是因为他将要融入集体，在集体中牢牢地扎下根，获得免遭放逐的恩准。

这其中最大也是最初的错误，是以为童年是成年生活的准备期。殊不知童年不是成年的准备，受教育也并非为未来生活做准备。童年生活是真正生活的一部分，学习更是贯穿一生的最重要生活。把童年当作成年准备期的父母和教师，刻意扭曲了儿童们的天性，剥夺了儿童们应有的欢乐。然而一个失去童年欢乐的人，不可能有真正幸福和身心健康的成年生活。把受教育当作未来生活之准备的父母师长，对孩子的教育是不可能成功的；孩子如果最终成功，是因为反叛了他们，成了一个终生的自我教育者。所有把受教育当作未来生活准备的教育者，都认为自己早已结束了受教育期，因此他本人已经是个拒绝学习的思想僵化者，是受教育者拒绝学习的活榜样。因此在集体主义文化中，大部分受教育者都成了厌恶学习者，视学习为不得已的苦役，并且在囚徒等释放般地终于熬到"毕业"之后，终生排斥与自己不同的任何思想，尤其反对一切与多数人的思想不同的"孤立"者的危险思想。由于童年欢乐被剥夺，儿童们渴望长大成人。但这个"为未来做准备"的过程一旦启动就再也难以中止，于是成年人渴望尽早退休安度晚年，老年人渴望尽快结束生命得到解脱，甚至整个此生都在为"来世"做准备。

信念之三：渴望替代他人。在集体主义文化中，许多人厌弃自己的人生角色或社会分工，许多人都想替代另一个他羡慕的角色，他甚至不喜欢所有属于自己的东西。正如父母给两个孩子分苹果，每个孩子都觉得自己的苹果小了，闹着要换，而不在乎换来的苹果是否真的更大。这与庄子寓言中的猴子对"朝三暮四"不满意，却对"朝四暮三"欢欣雀跃没什么两样。然而人毕竟不是猴子，等他换了一个新角色，他立刻又会不满意。总之，无论他自己是什么角色，他都厌恶这个角色——谚语称为"做一行，怨一行"——因为他的角色不是服从自己的意志自由选择的，而是被集体意志强行派定的；此后的角色虽然有可能是自己主动换来的，但换来的角色依然是集体主义的经典剧本先天设定的，而非自己创造的。集体主义文化中，任何人都不是独创性的剧作家，而只是被派定角色的木偶剧演员。集体主义文化太类似于舞台，但是所有的人都认为自己不在舞台上，而永远在后台，每个人都始终处于准备上台的状态。"上台"是个不断前瞻的无限过程：科员想做科长、科长想做处长、处长想做局长、局长想做部长……所以有那么多人认为自己只是人生的 B 角，他们急于上场，替代那个令人羡慕的 A 角。但他（或她）却不知道，他心目中的 A 角也渴望替代另一个人，或许正是渴望替代他——这是一条无止境的自弃链环。而这正说明，集体主义文化根本上是其全体成员不平等的文化；渴望在不平等的社会阶梯中占据较高的位置，是渴望替代的最大动力。

古代社会，人们普遍认为帝王是真正的幸福者，所以不惜一切代价取而代之，"彼可取而代也"（项羽谓秦始皇）正是集体主义文化的最强音。或许有人误以为皇帝的心目中该是没有 A 角了，其实明君羡慕尧舜，暴君羡慕桀纣，所有的天子都羡慕上帝，大概只有上帝是无所羡慕的——但在民间笑话中，上帝同样羡慕可以肆无忌惮地为所欲为的魔鬼。现代社会，人们普遍认为富翁是真正的幸福者，于是不惜代价、不择手段取而代之，然而百万富翁羡慕千万富翁，千万富翁羡慕亿万富翁，如是等等。由此可见，一切可替代的预设的位置都无法摆脱不幸，都无法获得真正的自由。因为生活并非剧场，不可能有一个预设的最佳包厢。某些由于出身或其他非自身的原因，无须努力就天生获得一个令人羡慕的位置（或贵族包厢）的人，其实是非常可怜的——他们中的杰出者，无不渴望放弃这种"包厢"，踏上自由的孤独之旅。

信念之四：儿女替代自己。印度电影《流浪者》中有一句著名的台词："强盗的儿子是强盗，法官的儿子是法官。""文革"中的名言则是："老子英雄儿好汉，老子狗熊儿混蛋。"明白这种血统论之荒谬的人很多，但事实上，几乎所有的人都希望自己的儿女走自己走过的生活道路，或至少具有与自己相同的生活信念。有个记者去农村采访失学儿童，问一个放牛娃："你放牛是为了什么？"孩子说："挣钱。""挣钱为了什么？""娶媳妇。""娶媳妇为了什么？""生娃。""生了娃让他干什么？""放牛。"记者感慨地评论说，由于失学，孩子没有树立起远大的抱负，没有文化使中国农民长期不能挣脱不幸的代际轮回。记者坚信，教育能够改变一切，所以他呼吁人们援建"希望工程"。然而，有一个大都市的优秀高中生读了这篇报道后，也这样问自己：我读书是为了什么？挣钱。挣钱为了什么？结婚。结婚为了什么？生孩子。生了孩子让他干什么？读书。他的最后结论是：虽然放牛娃失学，我读书，但我也无法摆脱可怕的代际轮回。那种为未来做准备的痛苦的科举式"读书"没有让他看到任何希望，于是他绝望地自杀了。

很少有人敢于承认，自己与那两个孩子的差别只在五十步与百步之间。固然，让儿女走与自己完全相同的生活道路，乃至继承自己职业的人越来越少，但更多的人在"渴望替代他人"的驱力下，希望儿女继续去完成自己的未竟之业，弥补自己的人生缺憾。比如说，自己想当局长但没有成功，他就希望儿子能够代替自己去成功。或者自己穷了一辈子，希望儿子能够成为大款。虽然在具体的生活道路或职业上他或许不强求儿女替代自己，因为强求也可能是一厢情愿；但他却希望儿女完全接受自己的生活信念——因为我就是这样过来的，甚至，我们的祖先都是"从来如此"的。他们很少像鲁迅笔下的"狂人"那样问一句："从来如此，便对么？"

我觉得当代中国的教育制度再一次走上了老路，又变得越来越像科举考试了。数年前，在报道上海某所闻名全国的重点中学的学生如何刻苦学习的电视专题片中，我无限震惊地看到了黑板报上写着一行大字："吃得苦中苦，方为人上人"（《神童诗》）。我立刻著文提出抗议，但是编辑没有刊用。看来编辑认为这一古老训条已经再次成了天经地义。更可能的是，他自己也在用这句古训教训儿子，因为生在集体主义文化之中，他不大可能具有别的思想。不少人批判"文革"的理由，正是因为"文革"剥夺了他们升学的机会，剥夺了他们成为"人上人"的机会。然而，"人上人"正是集体主义文化独有的观念，或至少是最核心的观念。在鼓励个性的非集体主义文化中，反抗平庸和挣脱命运的安排才会受到最高礼赞。在个人主义文化中，如果爱孩子，就是让他走他自己的路，哪怕这是一条危险的路，哪怕是一条与自己相反的路。因为只有他自己想走的路，才有他的人生意义和存在价值。在集体主义文化中，如果爱孩子，就是让他走父母走过的路。因为儿女只是父母的替身，我的选择必须是你的选择。更因为父母认定替孩子选定的生活道路是一条安全的路，为了安全，为了苟活，可以舍弃一切意义和一切价值。当然，在这条传统的老路上，有升官发财，有吃喝嫖赌，可以做"人上人"，这就是集体主义文化视野中的全部人生意义，这就是传统所认定的所谓"前途"。而当所有的人都热衷于此时，也就天下太平——这正是集体主义文化的全部理性预期。

当然，这种早就被佛陀揭示过的代际轮回是普遍的，并非中国集体主义文化所独有。中国集体主义文化所独有的，是对它的无条件信从，是认为它不容置疑，是认为"天不变道亦不变"（董仲舒）。集体主义文化从来不鼓励反抗这种轮回，从来不努力改变人生的这种悲剧性，而是把悲剧化解在苟且偷生的多子多福和升官发财的世俗闹剧之中——每一代人，都在重蹈前一代人的不幸命运。生的替代，死的替代，生命就这样一代代过去。逝者如斯不舍昼夜，长江后浪推前浪，不同的内容永远是同样的形式——生命的悲苦无逾于此。

萨特曾以二战时一个法国青年面临参军卫国还是奉养老母的两难抉择为例，认为这是一个纯粹存在主义或者个人主义的问题，任何人都无法代替这个青年做出选择，但这个青年必须为自己的选择承担全部责任，接受全部后果。在集体主义文化中，这种问题绝对是非个人的问题，无论做出什么样的选择，只要这个选择具备集体主义的理由，那么个人就完全没有责任。人性是普遍的，困境是相似的，但态度截然不同，人生的意义和价值也就判然两样。再以自由为例，在个人主义文化中，自由就是摆脱集体和传统（传统是一个由死者对生者实施统治的更大集体）的重负，"走自己的路，让别人说去"——马克思引用过的但丁名言。在集体主义文化中，自由就是"为所欲为"，但只有集体中的"人上人"才能为所欲为。这种"为所欲为"可以是在集体中按照集体主义游戏规则坏事做绝，但绝不可能是"走自己的路"。因为一旦他想走自己的路，那么他就会立刻失去"人上人"的地位，也失去"为所欲为"的特权。集体主义文化中人，最恐惧的就是"别人会怎么说"。

在非集体主义文化中，反抗命运是所有思想家的永恒主题，反抗命运是所有追寻人生意义者的最高律令。在西方有史以来最激烈的社会批判者之一——马克思的笔下，这种思想体现得格外迷人："在共产主义社会里，任何人都没有特定的活动范围，每个人都可以在任何部门内发展，社会调节着整个生产，因而使我有可能随我自己的心愿今天干这事，明天干那事，上午打猎，下午捕鱼，傍晚从事畜牧，晚饭后从事批判，但并不因此使我成为一个猎人、渔夫、牧人或批判者。……我们所称为共产主义的，是那种消灭现在状况的现实的运动。"（《德意志意识形态》）可以发现，与集体主义的最高理想"大同之世"相比，马克思以及几乎所有个人主义思想家的最高理想是"大不同之世"。这是探讨中西社会理想的人不可不注意的根本性差别。无论马克思描述的共产主义社会是否有可能到来，也无论即便有可能但离人类还有多远，谁也不能否认马克思描述的幻景是大多数人的真正向往。由于任何人都可以做任何事，他以前"虽不能至，心向往之"的任何角色，他现在都可以随心所欲地扮演，所以他无须厌弃自己的角色，也无须羡慕他人的角色。然而，在"消灭现在状况的现实的运动"尚未成功之前，渴望替代或被迫替代依然是人生的基本内容。

在"消灭现在状况的现实的运动"尚未成功之前，人们虽然不能担任所有的角色，但至少应该心平气和、全力以赴地去做自己愿意做也能够胜任的一个创造性角色，并享受做一个真实的、有个性的、无可替代的孤独者的尊严。事实上，任何人都不必去羡慕不属于自己的、在集体中的荣耀。一个人的真正价值，不因为与集体中的他人比较而存在，却会因为与集体中的他人比较而丧失。那些因比较而有价值的集体中的"人上人"或至尊者，而今安在哉？

人的真正价值，就是他的独特性；所谓独特，就是创造。而对创造的一切别出心裁的扼杀，都是永远落套的。介于少数创造者与少数扼杀者之间的最大多数模仿者、渴望替代者，都被历史遗忘了。一部人类史，只记录着极少数创造者和极少数扼杀者的名字。创造者是精神英雄，扼杀者是文化败类。然而扼杀者的被历史记录，只是作为罪状记录在案，并非作为光荣榜昭告后世。历史所真正铭记的，正是那些从事创造的孤独者和孤立者。孤独者和孤立者渴望创造，而不是渴望模仿，哪怕他们的创造没有成功，他们也是伟大的失败者，是失败的英雄。因此，任何渴望谱写人生的辉煌诗篇的人，都不必为了集体的空洞意志而放弃自己的独立意志，不必做一个他人（父母、教师、领导、妻子、丈夫、儿女）希望你做，而你根本不想做的人。只有当你想做集体主义文化要求你做的人时，你才会有集体主义的最大苦恼：做人难。当你一旦按照自己的想法去生活时，这个伪命题就将不复存在。归根结底，集体这个巨大的海中怪兽其实并不可怕，尤其是如果你无所奢求于集体时，你就不必徘徊在怪兽的周围，随时准备充当它的午餐。一个真正的人，应该无所畏惧地在广阔的生活大海中畅游，在无垠的精神领域中作灵魂逍遥游。就像笛福笔下的鲁滨孙那样，每一个孤独者，都应该找到属于你自己的岛屿；每一个孤独者都应该坚信，你的真正前途在他人的视野之外。

理性的癌变
——说悖论

日本白隐禅师的公案"只手之声"当然是无法证明的；西方形上学家甚至断言，两只手的存在也是无法证明的。

英国哲学家摩尔站起来说："我现在可以证明两只手的存在。怎样证明呢？举起我的两只手，用右手做一个手势说：'这是一只手！'接着再用左手做一个手势说：'这是我的另一只手！'这样我就根据事实本身，证明了外间事物的存在。"

摩尔赢得的掌声是会令中国人惊奇的，因为在中国人看来，摩尔说的全是废话。但更令我们诧异的是，形上学家认为摩尔的证明无效。因为摩尔的方法与禅宗一样，是"非理性"的，也就是"神秘主义"的。所谓"理性的"，就是"可证明的"。而证明必须是语言的、逻辑的、形式化的，无法证明的即便是事实，也不是真理。

一

大约十年前，当我的朋友王先生告诉我"一个纸环只有一条边和一个面"时，我曾试图用摩尔的方法证明他的错误。我从纸上裁下一个矩形纸条，把矩形的两条短边粘上，然后指着纸环说："这个纸环有内外两个面，而且有两条边——也就是矩形纸条原来的两条长边。"我随手把一只蚂蚁放入纸环的内面，指出：蚂蚁如不翻过任何一条边，就不可能爬到纸环朝外的那一面；反之亦然。我又把蚂蚁放在纸的边脊上，指出：除非蚂蚁横越纸环的某一面，否则就不可能到达另一条边。——就这样，我就用"事实"证明了："一个纸环有两条边和两个面。"

王先生宽厚地笑笑，伸手扯断纸环，把矩形纸条的一头扭转180°，再与另一头粘上，然后不动声色地也把蚂蚁放入纸环的内面。我吃惊地发现：蚂蚁无须翻过纸环的任何一条边，就从内面爬到了外面，又从外面爬到了内面。也就是说：纸环真的只有一个面！王先生又把蚂蚁放上纸环的边脊，蚂蚁同样无须越过纸环的任何一个面，就能不间断地爬完整个"两条边"回到出发点。也就是说：纸环真的只有一条边！——就这样，王先生一个字也没说，就轻而易举地摧毁了我的"常识"。我骇然道："真是一个不可思议的怪圈。"王先生微笑道："这叫莫比乌斯怪圈。"

王先生的微笑似乎是在暗示，他用的方法也是"事实证明法"。看来"事实胜于雄辩"的信条在此就像那头"黔之驴"，对"纸"老虎也无可奈何。用我的"事实"显然难以战胜他的"事实"，而曾几何时，"怪圈"像呼啦圈一样流行起来，淆乱了真理的天空。因此，必须回到语言，诉诸形式，才能重新高扬理性。

二

"怪圈"的哲学名称叫作"悖论"。"悖"的意思是违反和错误，在现代汉语中并不常用，仅在形容老年性糊涂时还用"悖晦"一词。正因其不常用，再加上悖论在形式上的迷惑性，因此许多人不是把"悖论"正确地理解为"错误的、似是而非的假命题"，反而误以为"悖论"是"深刻的、似非而是的真命题"，甚至把悖论与辩证法等同起来，刻意追求和炮制形形色色的悖论，使辩证法走向形而上学化，因此他们不恰当地称悖论为"佯谬"——看上去是"错"的，其实倒是"对"的。

反观西方，在哥德尔提出"不完全性定理"以前，哲学家们尚能根据"不矛盾律"（它常被简述为易引人误解的"矛盾律"）和"融贯性原则"本能地抵制悖论。哥德尔定理认为："任何封闭的形式体系至少有一个命题在体系内部不可证明，因此任何封闭的形式体系都是不完全的。"哥德尔使哲学家们认识到，要在体系内部变不完全为完全，使每个命题都得到证明，就必然导致悖论。于是一些神经衰弱患者悲喜交加地认定悖论是真理的极端形式：喜的是悖论似乎意味着某个领域的知识已经达到顶峰，悲的是达到顶峰的知识将不再发展。知识大厦的建筑师们似乎只好另外择地造楼了。

但这样就把哥德尔定理的积极意义彻底抹杀了，哥德尔的伟大在于从形式上证明了封闭体系的根本局限，证明了恩格斯关于德国古典哲学终结以后的一切哲学将不应该再走向封闭体系的天才直觉，证明了形式系统之开放的充分必要性。哥德尔实际上揭示了悖论产生的一个源头——有限。不知哥德尔有没有料到，如果把有限封闭体系变成无限开放系统，同样会导致悖论。因为"无限"正是产生悖论的另一个源头；并且，"有限"与"无限"的并存互扭，依然逃不出悖论的魔掌——而上述三个原因，恰好就是所有悖论的三种基本型号。

悖论的第一种基本型号是有限封闭型，也是标准型。由于它具有语言形式上的自我满足，基本上与事实无关，因此我援引墨辩传统称之为"誖论"。它的最早形式可能是古希腊的"说谎者誖论"：

一个克里特人说："所有的克里特人都是说谎者。"

推论一：如果他的话是真的，那么他也是克里特人，他也在说谎，因此他的话是假的；推论二：既然他的话是假的，那么所有的克里特人都不是说谎者，而他也是克里特人，他也没有说谎，因此他的话是真的——这就回到了开头，而且循环推论永无结果。

必须指出，两个推论都不严密。前者把"说谎者"的内涵"经常说假话"偷换成"每句话都假"（这是不可能的）；后者由"克里特人都是说谎者"的假，只能合理地推出"克里特人不都是说谎者"，而不可能推出"克里特人都不是说谎者且每句话都不说谎"。

但不要误以为悖论都是玩逻辑把戏造成的，请看毫无逻辑破绽的"剃头匠誖论"：

一个剃头匠说："我给不自己剃头的所有人剃头。"

推论一：如果他给自己剃头，他就在给为自己剃头的人剃头，因此他不应该给自己剃头；推论二：既然他不给自己剃头，他就没有给不自己剃头的所有人剃头，因此他只能给自己剃头——这样也回到了开头，而且循环推论永无结果。

墨辩学派也发现了该型号的"誖论"，如：

> 以言为尽誖。誖。(《墨子·经下》)
> 非诽者。誖。(《墨子·经下》)
> 以学为无益也，教。誖。(《墨子·经说下》)

译成现代话就是：

（1）有人说："所有的语言都是错误的。"

（2）有人批评一个喜欢批评别人的人："批评别人是不应该的。"

（3）有个老师要学生记住他的教导："学习是没有意义的。"

不妨称为"言尽誖者誖论"、"非诽者誖论"、"非学者誖论"，它们同样可以按照上述那种推论方式得出："如果后件真则因为前件被后件指称而否定，因此后件假；既然后件假，则因为后件被前件指称而肯定，因此后件真。"于是同样进入罗素所说的"恶性循环"。

哥德尔定理所说的"体系内部至少有一个命题不可证明"，也是为了避免"恶性循环"，因为每个体系"至少有一个"命题是用来证明体系内其他命题的母命题（即所谓"不证自明"的公理或大前提），如果这个母命题需要用被它证明的子命题来证明，就是"循环论证"。由此可见这一型号的悖论实际上就是一个微型的封闭体系。在演绎推理中，论证就是蕴涵，蕴涵就是指称。因此封闭有限型悖论的基本特征，就是前后件互相蕴涵、互相指称，也就是双重的对扭性的自我指称，而自指必然导致悖论。

从思维学和语言学的角度来看，思维者及思维的语言，必须与思维者思维的对象及语言指称的对象互相分离。分离原则是思维与语言的根本法则。但语言本身也可以成为思维的对象，这正是自指性悖论产生的根源。消除自指性悖论的根本出路在于认识到一旦把语言当成思维对象，思维已经进入了元思维，元思维运用的语言已经是元语言。元思维实际上就是哲学史上神秘兮兮的"反思"。反思之所以神秘，就因为传统哲学并没有分清思维和语言及其对象之间的层次。一旦认识到思维着的语言不能同时成为被思维的对象，那么自指性悖论就会消失。元思维和元语言实际上就是封闭体系走向开放以后的思维和语言，但消解了有限封闭型悖论的形式系统一旦把开放推向无限，那么另一种型号的悖论正等在那里。

悖论的第二种型号是无限开放型，由于它在有限范围内相对正确地反映了一部分事实，只是在无限推论中使一个相对有效的命题走向了反面，因此不妨称这种悖论为"反论"。它的最早形式有古希腊的芝诺的四个反论，如"阿喀琉斯追不上乌龟"；在《庄子·天下》记载的辩者二十一事中，也有与芝诺反论非常相似的反论，如"镞矢之疾，而有不行不止之时"、"一尺之捶，日取其半，万世不竭"等，都是有关数量的无限微分的反论。但无限型反论长期以来没有受到哲学界的足够重视，甚至很少有人意识到反论也是悖论的一种，而且当二十世纪初集合论悖论批量出现时，人们的注意力也主要集中在其中的标准型号即有限型悖论上面，如著名的罗素悖论，却较少关注其中的无限开放型反论，如"康托尔反论"：

全部偶数的集合与全部自然数的集合相等。

它的错误是如此明显，因为谁都知道，偶数只是自然数的一半。但康托尔用摩尔式的事实证明法列表如下：

自然数：1，2，3，4， 5， 6， 7， 8， 9……

偶　数：2，4，6，8，10，12，14，16，18……

自然数每有一项，偶数必然也有相应的一项与之对应；因此两者的总和相等。连罗素也没有注意到这是一个悖论，反而赞扬康托尔"逻辑严密"。

我试着用归谬法来证明它的错误：设全部自然数的集合为 ∞（读作"无穷大"），则偶数的集合为自然数的一半，即 $\frac{1}{2}\infty$，因此康托尔反论断定：$\frac{1}{2}\infty = \infty$，这比断言"女人的总数等于人类的总数"还要荒谬，因为毕竟所有的人都是女人生出来的。

数学家们或许会不顾常识地争辩说，二分之一的无穷大仍然是无穷大，因此康托尔反论是正确的，你的否证无效。他们不知道，人只能思维有限，而不能思维无限。思维主体与思维对象的分离，已无条件地规定了思维对象只能是有限，人只能从有限来认识无限。当我们偶尔有效地思维"无限"时，这个所谓"无限"实际上是"有限的无限"，而不可能是"无限的无限"（恩格斯称之为"恶无限"）。况且"有限的无限"也只是并未实现的可能性，即潜无限；而并非已经全部实现的恶性无限，即实无限。当我们说"人就是无限"时，我们的意思只是表明，人是宇宙中能主动追求无限多样性和无限可能性的最高物质形式，但无限多样性和无限可能性绝不可能全部实现，否则就会陷入极端唯心主义，也陷入悖论的陷阱。

另外，无限型悖论与所有的悖论一样，也具有自指性，即无限对有限的整体指称和有限对无限的局部指称，因此无限型悖论避免了恶性循环，却陷入了恶性的无限穷举和无限追溯。

另一个无限型悖论是二十世纪影响最大的天文学理论"宇宙大爆炸反论"——或许该理论是第一次被这么称呼，因为这仅仅是我的观点。我至今不曾听说有人意识到这是一个悖论，这就使它的误导性更大，由它推导出的"宇宙热寂说"拥有更多的狂热信徒。但它的悖谬又是如此一目了然：

整个空间正在向外急剧膨胀。

试问：全部空间向何处膨胀？向"全部空间以外的空间"吗？惠施说过："至大无外。"很显然，这个理论如果具有真理性，只能表述为"宇宙局部大爆炸"或"局部宇宙小爆炸"。

悖论的第三种型号是有限无限混合型，混合产生双重标准，双重标准导致诡辩，因此不妨把这种悖论称为"诡论"

（庄子称之为"吊诡"）。它的最早形式是古希腊智者普罗塔戈拉提供的"学费诡论"：

> 普罗塔戈拉收了一个向他学习辩讼的学生尤拉苏斯，事先订下契约："尤拉苏斯先交一半学费，其余的一半等尤拉苏斯打赢第一场官司以后再付。"但尤拉苏斯满师后迟迟不替人办理讼事，失去耐心的普罗塔戈拉终于向法庭起诉，并且得意地对尤拉苏斯说："如果我胜诉，根据判决你必须付钱；如果我败诉，你就赢了这场官司，根据契约你也必须付钱。"没想到名师出高徒，尤拉苏斯反戈一击道："如果你败诉，根据判决我不必付钱；如果你胜诉，我就仍然没有赢过任何一场官司，根据契约我还是不必付钱。"由于这个诡论超出了法官的判断能力，因此法庭拒绝受理此案。

实际上法庭应该理直气壮地判决普罗塔戈拉败诉，因为尤拉苏斯根本还没有赢过任何一场官司。普罗塔戈拉本该料到法庭会这么判决，他的如意算盘应该是在首次败诉以后再第二次起诉，那时法庭就理应判决普罗塔戈拉胜诉，因为尤拉苏斯已经赢了前一场官司。

问题出在普罗塔戈拉迫不及待地在"这场官司"中说："如果我败诉，你就赢了这场官司，根据契约你也必须付钱。"这样他一方面违反了最根本的逻辑同一律，陷入法律和契约的双重标准，根据不同需要把有利于自己的有限事实作无限推论，而对方"以子之矛、攻子之盾"，使它变成双重的双重标准。诡辩双方的"合作"，使形式上不自足的推论进入恶性循环；另一方面他在"这场官司"中思维和指称"这场官司"，犯了自指性错误，炮制了一个有限无限混合型悖论。难怪法官怕陷入魔鬼的恶作剧而挂起免战牌。

《韩非子·难一》所载"物无不陷之矛"和"物莫能陷之盾"那个著名寓言，把"有限的盾坚矛利"这一事实作无限推论，符合这个型号悖论的部分特征，但由于不能循环，不算标准型的诡论，因此也缺乏悖论的形式迷惑性。但《吕览》中载有两个标准型的诡论，一是《淫辞》中寄名公孙龙的"秦赵相约诡论"，因较长，本文恕不引用（参见拙著《寓言的密码》下卷"秦赵相约"章）；一是《离谓》中邓析的"赎尸诡论"：

> 郑之富户有溺者，人得其死者。富人请赎之，其人求金甚多；以告邓析。邓析曰："安之，人必莫之卖矣。"得死者患之，以告邓析。邓析又答之曰："安之，此必无所更买矣。"

由于这个诡论中涉及的有限事实"尸体"很快就会烂掉，因此作出两个"安之"的无限推论就更突出了诡论的荒谬性。这个诡论与普罗塔戈拉诡论的区别在于，它只是一重的双重标准，但邓析一身兼任了诡辩双方，可算是自觉的诡论大师。

综上所述，三种型号的悖论虽然各有特点，但"自我指称"却是它们的共性，因此有嗜痂之癖的人把悖论谬赞为"站在自己头上的真理"，我却认为悖论是想抓着自己的头发把自己提离地面的愚行，是人类理性的癌变。根除悖论，必将为人类打开真理之路；正如根治癌症，必将为人类健康和人类幸福创造（有限的）无限前景一样。

三

不久前我又遇见我的朋友王先生，我对他说：我上次做的那个纸环，有四条边和四个面，因为纸有厚度。同样因为纸有厚度，是三维的，所以你做的那个"莫比乌斯怪圈"有两个曲面和两条边。但"两条边两个平面"的圆环却是二维的，即用剪刀在纸上剪两个半径不等的同心圆所得的圆环，并且必须想象纸没有厚度——二维世界本来就只存在于人类的想象之中，而事实的世界是三维的。因此，莫比乌斯怪圈是由二维和三维的双重标准构成的混合型诡论。

我又继续说道：你再想象一个实心的三维圆环，比如说呼啦圈。如果说呼啦圈的横截面是任意多边形，那么这个呼啦圈就有任意多条边和任意多个面；如果把这个具有任意多的边和面的呼啦圈截断，作莫比乌斯式180°乃至任意度的扭转后再接上，边和面或许会有所减少，但这个莫比乌斯呼啦圈也不是什么怪呼啦圈，在拓扑变形中，它可以毫无困难地拓变成街上到处有售的普通呼啦圈。如果这个横截面为圆的实心呼啦圈是用纸浆压制而成的，那么这个纸圈或纸环就一条边也没有而只有一个曲面；最后，如果这个实心的纸质呼啦圈的横截面是水滴形的，像一条太极鱼或者像一个顿号，那么这个纸环或纸圈就真的"只有一条边和一个面"了，但它既不是怪圈，也不是悖论，只是一个儿童玩具。

　　王先生听完后一言不发，或许他心里想的是维特根斯坦的名言："对于不可说的东西，我们必须保持沉默。"

人生如牌局

一

上帝洗牌，他人发牌，自己出牌。

每副牌都是一样的，每副牌都是 54 张。

每个人都是一样的，上帝给每个人的都是同一副牌。

每个时代都是相似的，上帝给每个时代的也都是同一副牌。

这副牌，用科学语言来说叫作 DNA，人与猿的 DNA 只差 0.3%，而人与人、民族与民族则没有差别，连男人与女人也仅仅只差一个 X 和 Y。

今人与今人一样，所以人人生而平等；今人与古人一样，所以历史鲜有进步——起码硬件的进步不影响打牌的结果，做牌的纸张可能会随着文明发展不断改善，制作可能越来越精良，色彩可能越来越鲜艳，图案可能越来越漂亮，但打牌的结果无非是生老病死，悲欢离合，胜负盈亏。然而，每一个人，每一个时代，又似乎都有所不同。这只因为每次玩牌前，都要重新洗牌和重新发牌，没有一次洗牌和发牌的结果完全相同。

二

负责洗牌的并非凡人，而是上帝。任何人都不可能左右上帝，任何人都不可能自己洗牌，任何人都不可能选择自己的性别、家庭、民族、国度和时代。但不同性别、家庭、民族、国度和时代的人中，都会产生各种类型的打牌者，都可能得到任何一种结果。任何一种人生牌局的结果，都与性别、家庭、民族、国度和时代没有必然关系，而是取决于打牌者自己。

上帝洗牌之后，他老人家也没闲心来管发牌那样的琐事，他把这事交给了凡人。大多数人都明白，抱怨洗牌的上帝毫无意义，因为他不可能改变DNA，因此大多数人都抱怨发牌者，同时希望自己有朝一日也成为发牌者——这是大多数人的终极人生目标。抱怨发牌者的人，一旦成为发牌者，就一定会作弊，因为他知道，如果不作弊，那么即使由自己发牌，也不能保证自己一定能得到一手好牌。在没有成为发牌者之前，大多数人都认定，别人的那手牌比自己的这手牌好一些，甚至好很多，每个人都认为自己是不公正的牺牲品。

为了转移打牌者的不满和愤怒，聪明的发牌者会故示公正地把上帝洗过的牌，切一下放在桌上，让牌戏的参与者自己摸牌，于是摸牌者得到一副坏牌后（不论这副牌是否真坏，只要结果不好，他就认定是坏牌），只能抱怨自己的手气不好。然而，"手气"只是弱者幻想出来的虚拟物。

事实上，聪明的发牌者在切牌时，已经做过了手脚。所谓作弊，即打破既定的玩牌规则，而打破规则的主观愿望，一定是为了对自己更加有利，尽管打破规则的客观结果，未必一定对自己有利。而事实上，打破规则的长远结果，一定对牌局的所有参与者都不利。除非打破规则是由全体牌局参与者共同商定的，那就不叫打破规则，而是改进和完善规则。

三

渴望做发牌者的大多数人，都很清楚发牌者常常作弊，这正是他们想做发牌者的理由。在大多数人认为发牌者有权作弊的时代，发牌者如同上帝，可以公开作弊，但是公开作弊不叫作弊，而叫特权。最大的特权，莫过于发牌者的身份可以世袭，这是最大的作弊。

在大多数人认为发牌者虽然无权作弊，但是悄悄作弊大伙儿也没办法的时代，发牌者虽然不敢以上帝自居，仍是特权很大的庄家。玩牌规则本身，就对庄家绝对有利。庄家只要作弊得不太过火，就可以一直连庄下去。在大多数人认为发牌者不仅无权作弊，而且一旦发现作弊大伙儿就有权剥夺其庄家资格的时代，玩牌规则依然对庄家相对有利，因此大多数人还是渴望成为庄家，哪怕玩牌规则限定了庄家的任期和连庄的次数，暂时做庄总比永远没机会做庄有利，隐蔽地作弊总比没机会作弊有利。因此无论什么时代，做庄家永远是大多数人的终极目标。

对于没机会做庄也没机会作弊的大多数人而言，抱怨洗牌的上帝，不仅毫无益处，而且为害甚烈，因为抱怨这一不良情绪，必定大大降低抱怨者的竞技状态。然而不满发牌且作弊的庄家，则利害参半，害处依然是，不满这一不良情绪，仍会降低不满者的竞技状态，不过益处是，有利于玩牌规则趋于公正，有利于发牌过程趋于透明，有可能使不满者不是总拿坏牌，甚至使不满者也有机会做庄家。

但是不满庄家的挑战者，有三个难处。

一是在庄家的地位未被撼动、规则未被改善之前，不满者就可能被庄家逐出牌局。尽管只要挑战庄家特权和不良规则的人越来越多，长远来看，庄家特权必定会逐渐削弱，玩牌规则必定会逐渐改良。如果没有挑战者，就未必如此，庄家特权和不良规则也许就能传之久远。但是庄家特权的削弱，不良规则的改良，都是极为艰难而缓慢的过程，挑战者很可能无缘及身而见挑战的成果，无法直接受益于规则的改良，这使挑战者大为减少。而少之又少的挑战者，其少年激情和不屈意志，也会因老境已至而削弱，死期将临而丧尽。

二是挑战者所面临的危险，只能自身独自承受，而挑战的成果却由不投身挑战、不冒任何风险的全体打牌者分享。而不投身挑战、不冒风险的打牌者，为了保住自己那手相对还不错的牌，为了保住坐在牌桌上的相对有利的位置，反而常常成为庄家的帮凶，参与对搅局的挑战者的围剿。因为只要充当帮凶，就有机会分得庄家特权的一杯羹，甚至有机会成为下一任庄家。这再次减少了挑战者的数量，消磨了挑战者的斗志。

三是挑战如果足够成功，挑战者就可能取代旧庄家，成为新庄家，这固然激发了挑战者的斗志，但也同时威胁到挑战的成果。因为挑战者一旦成为新庄家，立刻就会明白，当初对自己不利的庄家特权和不良规则，现在都对自己非常有利，因为他已变成了发牌者。随着身份的改变，他不再不满庄家特权和不良规则，而是喜欢庄家特权和不良规则。不仅如此，新庄家甚至可能为了弥补旧庄家发牌时自己的亏空，进一步强化庄家特权，劣化不良规则。

四

大多数人不仅认为上帝的洗牌权天经地义，甚至认为庄家的发牌权和作弊权也天经地义，甚至不良规则也是"向来如此"，知其莫可奈何而安之若命，于是他们只关心自己手上的牌，只关心如何把自己手上的那手牌打出最佳结果。这无可厚非，从 DNA 角度来说，差不多也可算是天经地义，起码比庄家的发牌特权和作弊特权更加天经地义。

但是不关心洗牌和发牌的大多数人，依然没能把自己手中的牌打好。把一手好牌打坏的人，多如恒河沙数，而把一手坏牌打好的人，实在寥若晨星。这是因为，大多数人都缺乏智慧。尽管如何出牌由每个人自己做主，但大多数人完全是六神无主。先出什么牌，后出什么牌，先出大牌，还是先出小牌，何时该出王牌，何时该跟副牌，全都毫无成算。在决定整个打牌策略之前，牌与牌如何按照现有规则，搭配出最佳组合，搭配出最佳组合以后，又如何根据牌局的瞬息万变，能动改变固有搭配，重新灵活组合，调整战略战术，全都超出他们的能力。

大多数人过于灵活和投机，任何不是机会的机会，他都要利用，只要能跟进一个小牌，他就宁愿完全打乱自己的最佳组合，能跟必跟，有过必过，这样往往会把一手好牌，打成一副支离破碎的坏牌，最终无法收拾残局。如果把不属于你的机会，也当作你的机会，那么真正属于你的机会一旦来临，凭你手上剩下的那些牌，已经不可能抓住这一机会了。原本属于你的机会，于是变成了别人的机会。

少数人则过于僵化和顽固，一旦搭配完自己的整手牌之后，再也不愿做出任何改变。别人出的牌再对路，只要不符合自己手上的搭配，不符合自己预想的出牌顺序，他都坚决"不要"，绝不重新调整组合自己的牌。所以别人已经抵达胜利，他还在等待符合自己理想的最佳出牌机会。结果直到牌局终了，他也没有机会打出自己的王牌。

投机者太善于利用机会，每一次他都以为胜利仅有一步之遥，因此真正的胜利永远离他伸得太长的手有一步之遥。顽固者太不善于抓住机会，每一次他都以为真正的机会尚未来临，因此所有的机会都从他伸手可及的眼前一闪而过。

五

必须承认，每手牌确有好坏，但是得到好牌坏牌的机率，对不是庄家的大多数人，都是基本公平的。这手牌不太好，下一手牌就可能相对好。这一次王牌在别人手里，下一次就可能在你手里。关键在于调整心态，否则相对好的一手牌，也可能比相对差的一手牌，打得结果更坏。还要善于发现自己的优势，比如说，同花顺子很可能隐藏在自己的牌里，如果不善于挖掘和发现，拿着一手好牌，还以为是坏牌。一手看上去七零八落的坏牌，一旦理出一副同花顺子，再配上两副非同花顺子，常常就会变成一手几乎没有零牌的好牌。

大多数人总是在牌局结束之后，才明白应该如何出牌，这叫事后诸葛亮。事后诸葛亮当然缺乏预见性智慧，智慧的核心成分，就是预见性。缺乏预见性智慧的大多数人，永远不会吸取上一次出错牌的教训，下一次他还是缺乏预见性智慧，下一次他依然是事后诸葛亮。不仅如此，由于上一次的事后诸葛亮，导致了他对自己出牌不慎的懊恼。懊恼这一不良情绪，比对洗牌者的抱怨和对发牌者的不满，具有更大的心理破坏性，他下一次出牌，会比上一次出牌还要臭，结果也更坏。正因如此，尽管对发牌者的不满会给挑战者带来种种不利，但是挑战者的结局依然比懊恼者的结局更佳。挑战者至少创造了自己的崭新生活，懊恼者却永远复制着古往今来大多数人一样的不幸生活。

六

大多数人对别人手上有些什么牌，可能怎样组合，可能有怎样的打牌策略和怎样的出牌顺序，全都缺乏前识和预判，因此整个牌局的进程，时时让他意外，每每令他吃惊。其实了解对手的牌并不太难，首先要对上帝设计的整副牌全局在胸，然后就能根据自己已有的牌，大致推测对手可能有的牌，做到知己知彼。若欲知彼，必先知己，然而自知谈何容易？对内的自知，比对外的预见，是更为难得的根本性智慧。

大多数人把好牌打坏之后，不是怪自己的牌出得不对，总是怪自己得到的牌不好。但他抱怨自己得到的牌不好，并不是像不满者和挑战者那样认为发牌者偏心，甚至认为上帝的牌设计得不理想，而是认定自己的"手气"不好，同时却对自己的手气究竟由谁决定这一根本问题漠不关心，不闻不问。他仅仅是一厢情愿地幻想自己能比别人多一张王牌或一张关键牌。这种人总是愿意把自己的好牌，换成别人的坏牌，仅仅因为别人把那副坏牌打出了较好结果，他就认定别人的坏牌比自己的好牌还要好。只要认定自己手气不好，就永远不可能打出好牌，不可能把自己的牌打出最高效率。

为了避免抱怨和懊恼这些不良情绪影响大多数人的打牌质量，智者（那是不愿做庄家或即使做庄家也绝不作弊的人）设计了复式桥牌那样的好制度：你和你的对手玩过的牌，在另一桌上得到交换，你的队友拿你对手的牌，你队友的对手则拿你的牌。

在这样的好制度下打牌，结果应该令抱怨者和懊恼者愿赌服输了吧？并不。因为抱怨者永远会抱怨，不仅会抱怨这一桌的搭档，而且会抱怨另一桌的队友，正如抱怨者总会抱怨父母和亲友。而懊恼者永远会懊恼，即使是打复式桥牌，因为他不可能打好每副牌、每张牌，打不好他就懊恼。何况人生不会像复式桥牌那样简单重复，人生牌局对每个人只有一次，抱怨和懊恼只会使打牌者情绪恶劣，竞技状态低下，只会使他把牌越打越臭，因此抱怨和懊恼没有任何益处。

七

人生分阶段，打牌也分阶段。

大多数小孩认定小时候的牌都不好，抱怨自己迟迟不能参加大人的牌戏，所以渴望长大。当小孩们站在成人牌桌边做看客时，他们想象成人牌局一定比儿童牌局有意思。而当他们进入成人牌局，而且结果不佳时，他们又无限怀念儿童牌局，懊恼没打好上一副牌。这种懊恼必定影响他们下一阶段的竞技状态，使下一阶段的牌戏也玩不好。

也有些男人觉得男子牌局不如女子牌局有趣，或有些女人觉得女子牌局不如男子牌局有趣，于是他们甚至渴望改变性别。虽然人类不可能改变 DNA，但是现代科学已有能力改变 X 和 Y，其实这是篡夺上帝洗牌权的逆天之举。撇开挑战者不谈，所有人生牌局的成功者，都不会徒劳无益地抱怨自己得到的牌之好坏，他只关心把已经不可能改变的这手牌，打出最佳结果。他也不会徒劳无益地懊恼没打好上一副牌，只关心如何打好下一副牌。心无旁骛，使他们成了人生牌局的常胜将军。他们的个人胜利，最终成了全人类的胜利。

对许多人来说，重要问题只有一个：我如何进入那个我想进的桥牌俱乐部？众所周知，人类社会有许多等级不同的俱乐部。进入自己想进的俱乐部之后，还剩一个最后问题：我如何坐到我想坐的牌桌前参加比赛？这就需要通过种种预选赛，如果你不能通过必须通过的预选赛，那么你就只能站在一边，看别人打牌。但不管是谁，只要坐到牌桌前，不管你属于哪个俱乐部，不管你坐在哪张牌桌前，上述关于洗牌、发牌、手气，以及不满、抱怨、懊恼，等等人生大惑，依然永在。

八

同样是上帝设计的 54 张牌，同一副牌却有无数不同玩法，也就是说，玩牌规则并非先天设定。

古代的玩牌规则，由庄家规定，不必征得全体牌局参与者同意。庄家宣布，参与者只有无条件接受对庄家绝对有利的规则，才有资格参加牌戏，否则就剥夺其牌戏参与资格。所谓剥夺牌戏参与资格，又分两种。一是仅仅不允许你进入高级俱乐部，或允许你进入俱乐部，但不允许你坐在牌桌前，只能站在旁边观看；另一种是，只要你质疑对庄家绝对有利的牌戏规则，就杀无赦。

随着越来越多的人质疑这种于庄家绝对有利的打牌规则，庄家面临没人陪他玩下去的危险。于是从古至今的庄家，不得不逐渐改良玩牌规则，使玩牌规则仅仅是对庄家相对有利，包括庄家不再能连庄，连庄次数不能过多，必须轮流坐庄，理论上高级俱乐部对所有人开放，理论上没坐上牌桌的任何人都有权观看牌戏，甚至理论上任何人都有权参与制定玩牌规则，有权批评庄家作弊，有权选择庄家，等等。

既然上帝洗牌，他人发牌，自己出牌，所以每个人都有权参与牌局，每个人都有权参与制定玩牌规则。认为自己仅仅有权参与牌局，却对玩牌规则没有发言权的人，放弃了上帝给他的天赋权利。这种人得到一副坏牌，或得到一副好牌，仅仅由于规则不公平或自己不遵守规则，不能合理运用规则而得不到好结局时，他既不能抱怨上帝洗牌时不公平，也不能抱怨庄家发牌时作弊，因为这是他的弃权所纵容的。他更不能抱怨子虚乌有的手气和命运，只能归咎于自己不争气和没出息，只能归咎于自己既不参与制定规则，而又破坏既定规则。这种人与猿其实差不多，根本不配参与人生牌戏。即使他撞大运得到一副好牌，也一定会把这副好牌打坏，注定是人生失败者。

九

虽然上帝设计的每一副牌都一样，庄家发给每个人的牌也大致差不多，但是只有极少数智者才会把牌越打越好，大多数愚人都是把牌越打越坏。于是经过漫长的人生牌局，待到一生终了之时，生而平等的人们，死前变得极不平等。智者与愚人的差距，远远大于人与猿的差距。

永远的风花雪月，永远的附庸风雅

一

愤怒的诗歌属于革命，深刻的诗歌属于哲学——但那是另一回事，我今天不想谈论。我要描述的诗歌，是吟咏风花雪月的诗歌；我要赞颂的行为，是对风花雪月的附庸风雅。因为人类并不需要天天革命，人类更不需要夜夜哲学，但人类日日夜夜，永远需要风花雪月，永远渴望附庸风雅。

贡献了美妙的风花雪月的大自然，是人类的家园。因为眷恋人类的美好家园，人类中的天才，不遗余力地吟咏着风花雪月。缺乏天才的人们，同样因为眷恋人类的美好家园，而不遗余力地对风花雪月进行附庸风雅。有了风花雪月，人类的生活才真正美好起来；有了附庸风雅，人类的情操才真正升华起来。

人类天生迷醉风花雪月，人类天生喜欢附庸风雅，正如人类天生追求幸福生活。吟咏风花雪月和竭力附庸风雅，是幸福生活不可或缺的一部分。然而幸福在人间是罕见的。因为不幸的人们总是在内心渴望风花雪月和附庸风雅的同时，不遗余力地抨击着风花雪月和附庸风雅。抨击风花雪月和附庸风雅最有力的，是并非同盟军的对立两派：革命家和哲学家。

革命家的抨击不外乎如此：当许多人还在水深火热之中苦苦挣扎时，吟咏风花雪月或迷醉于附庸风雅是可耻而且堕落的。

哲学家的抨击不外乎如此：当一个人还没有达到博大精深的境界时，吟咏风花雪月或迷醉于附庸风雅是可笑而且浅薄的。

革命家站在物质生活最贫困的大多数人的立场上抨击风花雪月和附庸风雅，哲学家站在精神境界最超拔的极少数人的立场上抨击风花雪月和附庸风雅。革命家与哲学家由于立场不同，对风花雪月和附庸风雅的抨击重点也正好相反：革命家是因为憎恨贵族的风花雪月而反对平民迷恋附庸风雅，哲学家是因为憎恨平民的附庸风雅而反对贵族吟咏风花雪月。风花雪月在革命家眼里是高雅的麻木，附庸风雅在哲学家眼里是粗鄙的麻木。永远的风花雪月，永远的附庸风雅，永远受到革命家和哲学家的双重夹击，永远处在高雅与粗鄙之间。

革命家与哲学家几乎是正确的。试想，那些风呀月呀的诗句，能填饱肚子吗？那些花呀雪呀的辞章，有哲学意义吗？

二

革命家认为，风花雪月是贵族趣味，因此要把风花雪月彻底砸烂。然而，当少数人独霸风花雪月时，风花雪月确实是贵族趣味；当所有的人都有权利享受风花雪月的时候，风花雪月在理论上已经成为平民趣味。

尽管革命家憎恨风花雪月，却无法阻止被他的革命所解放了的人民羡慕"贵族的"风花雪月。人民一旦填饱肚子，会迫不及待地向往风花雪月，但他们虽然已经有权利渴望风花雪月，却还没有能力抵达风花雪月。他们唯一能做的，就是对风花雪月进行附庸风雅。革命的强权也许能够阻止人民做一切事，却不可能阻止人民对风花雪月一往情深地附庸风雅。

附庸风雅是平民趣味，正如野菜曾是平民食品；风花雪月是贵族趣味，正如大米曾是贵族食品。嘲笑附庸风雅的贵族，也嘲笑野菜，因为他们知道，贫乏的精神来源于贫乏的物质。奇怪的是，憎恨风花雪月的革命家，却不憎恨大米。革命家为什么不像憎恨风花雪月那样憎恨大米呢？革命家为什么不能像羡慕大米那样羡慕风花雪月呢？难道他们不明白，丰富的精神来源于丰富的物质吗？

真正的革命家应该懂得，既然革命成功以后，大米成了平民食物，那么革命成功以后，风花雪月也成了平民趣味。让贵族与平民一起吃野菜是革命的失败，让贵族吃野菜而让平民吃大米是革命的反动；只有让平民与贵族一起吃大米，才是革命的成功。革命的目的是消灭贵族而不是消灭大米。只要还有人在吃野菜，无论吃野菜的是多数人还是少数人，革命就没有真正成功。同样，革命的目的是消灭贵族而不是消灭风花雪月，只有让平民与贵族一起风花雪月，革命才算真正的成功。革命应该在把吃大米的权利还给人民的同时，把享受风花雪月的权利也还给人民。

然而，即便革命家愿意把享受风花雪月的权利还给人民，革命家却做不到把欣赏风花雪月的能力一夜之间灌输给人民。仅有享受风花雪月的权利而没有欣赏风花雪月的能力的人民，只能先附庸风雅。不幸的是，革命的史实确实如此：它没有把享受风花雪月的权利还给人民，因而也没有把培养人民的风花雪月能力的机会给予哲学，于是人民不得不偷偷摸摸地对风花雪月进行附庸风雅，并且比小生产每时每刻产生着资本主义还要每时每刻地产生着对风花雪月的附庸风雅。革命曾经成功地杜绝过小生产，但却从未有效地根除过对幸福生活的向往；革命曾经成功地砸烂过风花雪月，但却从未有效地根除过对风花雪月的附庸风雅。

任何灵魂深处爆发的革命，都不可能把风花雪月的命革掉，这是颠扑不破的历史铁律。于是，在横扫一切牛鬼蛇神也横扫一切风花雪月的革命年代，过于僵硬的革命姿态显露出可笑的一面：由于风花雪月没有获得堂堂正正的权利，于是偷偷摸摸的附庸风雅曾被称为"道德败坏"，被称为"修正主义"，被称为"小资情调"。

由于夺取大米的唯物主义革命是急风暴雨式的，而融入风花雪月的唯心主义文化是温文尔雅式的，因此革命本质上与风花雪月穿不上一条裤子。所以仅靠革命以及革命的手段自身，不可能使被革命解放了的人民不附庸风雅，从而一夜之间真正地风花雪月起来。革命可以创造大米丰收的奇迹，却不能创造风花雪月的丰收奇迹。因此，革命在初步成功以后，急切地需要哲学的帮助。

三

然而正如革命家在憎恨贵族之外，还憎恨风花雪月一样；哲学家在憎恨附庸风雅之外，还憎恨革命——当然革命家也憎恨哲学。因此，过去的哲学家从来没有给予革命以真正的帮助，这是革命很少最后成功的重要原因。只要哲学家永远对革命袖手旁观，只要哲学家永远像革命家一样憎恨附庸风雅，那么对风花雪月的附庸风雅，就是永远的平民趣味。而没有能力欣赏风花雪月的人民，同样没有能力保住革命的物质成果，他们很快将再一次失去大米，重新沦落到吃野菜的悲惨境地。于是需要下一次革命，而下一次革命如果不出意外的话，将会像所有以往的旧式革命一样憎恨风花雪月，使革命在半吊子成功之后，再一次走上失败的老路。这是迄今为止人类革命兴衰史的基本规律。

哲学家以为附庸风雅是低级趣味，因此要把附庸风雅彻底肃清。当多数人只能附庸风雅时，附庸风雅确实是低级趣味，当所有的人都有能力欣赏风花雪月时，附庸风雅就自然地升华为风花雪月。

革命家拒绝风花雪月，是因为追求粗鄙的彻底性。当"大老粗"也足以成为傲视一切的豪迈之时，这种追求就达到粗鄙的全盛时代。而哲学家处在与革命相反的另一极端，哲学家拒绝风花雪月，是因为追求高雅的彻底性。

哲学家认为风花雪月容易诱发人类的粗鄙欲望和低级趣味，这是站在人类精神极致的立场上来说的。然而没有人是纯粹的精神，更没有人能达到精神的极致。纯粹的精神或精神的极致，只是疯狂。而只有风花雪月和对风花雪月的附庸风雅，才能阻止人类走向疯狂。人类的大部分优美诗歌和伟大艺术都是吟咏风花雪月的。人类文化中所有优美的情操，差不多都是由那些伟大诗人和杰出艺术家通过对风花雪月的吟咏而得到提炼与升华的。风花雪月是人类一切优美情操的自然对应物。嘲笑风花雪月的人，暴露的仅仅是自己骨子里的粗鄙和野蛮——不管他是革命家还是哲学家。

无论如何，哲学必须放弃所谓的终极追求返回民生日用，从精神极致返回平凡庸常。如果哲学不能帮助大众学会欣赏风花雪月，那么人们只能附庸风雅，甚至连附庸风雅也难以维持，最后沦落到兽性的粗野。如果哲学不能调和大众的人欲与哲学的天理之间的冲突，那么无论多么精致高深的哲学就只是一堆狗屎。人欲的丑恶，某种程度上正是被哲学考问与道德律令的极端性逼出来的。哲学家必须认识到，至善幻象是一种特殊形式的恶，而且不因为它的形式特殊就成为较低程度的恶。相反，以至善面目出现的恶，往往是最高的恶，是最具毁灭性的恶。至善并非真善，因为至善永不存在。追求所谓极致形式的清洁精神，是一种那喀索斯式的精神手淫，这比肉体淫欲要邪恶得多。即便没有爱，两厢情愿的肉体关系也是自然而健康的；而如果有爱，那么两性的肉体关系就是优美的。与之相比，禁欲的精神手淫者倒是不自然的，变态的。而且毫无疑问，禁欲者比纵欲者更可能成为事实上的肉体手淫者。

革命拯救物质贫困者，哲学拯救精神贫困者。革命解放物质贫困者，是为了让他们尽快摆脱物质贫困，获得享受风花雪月的权利。哲学解放精神贫困者，是为了让他们尽快摆脱精神贫困，摆脱初级阶段的附庸风雅，获得欣赏甚至创造风花雪月的能力。

让人人有权利享受风花雪月，是革命的真正目的。让人人有能力欣赏风花雪月，则是哲学的真正目的。风花雪月是革命与哲学的共同目标。革命与哲学，应该在风花雪月的旗帜下携起手来。

四

我相信无须为风花雪月正名，虽然长期的革命姿态使风花雪月颇为声名狼藉。但人们之所以对风花雪月存有深刻的偏见和极度的戒惧，是因为他们误以为一切风花雪月都是附庸风雅，而他们又对附庸风雅如此恐惧。因此我认为只要对附庸风雅的合法性和正当性做出有力的辩护，风花雪月就顺理成章地得以恢复名誉。而为附庸风雅辩护，正是我撰写本文的基本目的。正如每个人在受到批评和攻击时难免会为自己做一点辩护那样，我愿意坦然承认，我正是一个永远的附庸风雅者。

我们必须首先承认，吟咏风花雪月与追求快乐幸福一样，是人类的天赋权利。然后我们才能认识到，每一个对风花雪月具有高度感悟力、鉴赏力乃至创造力的人，都是从附庸风雅开始起步的；正如追求快乐幸福的人很可能暂时还不是幸福者和快乐者。但一个人只有首先追求快乐幸福，然后才有可能抵达快乐幸福。同样，一个人只有首先向往风花雪月，即首先笨拙甚至可笑地附庸风雅，然后才有可能抵达风花雪月的妙境。因此，附庸风雅是通向风花雪月的唯一通途。

只要人间的愚行、丑行、秽行、罪行、恶行、暴行存在一天，附庸风雅就可以在阳光下理直气壮地存在下去。附庸风雅即便不是最有益的善，至少是最无害的恶——简直算不得恶，而仅仅是尚未成形的善，仅仅是不够精致的善。一个附庸风雅的人，至少没有殚精竭虑去为非作歹，至少没有肆无忌惮地践踏公理，仅仅附庸风雅的行为本身，就足以说明他对优美与高尚充满向往，并正在竭尽全力、勉为其难地努力加以模仿，虽不能见贤思齐，然而心向往之。每个附庸风雅者，无疑都是向善者。

　　世上永不存在能够越过附庸风雅阶段直接抵达风花雪月境界的天才。即便一个人一辈子都只能停留在附庸风雅的初浅阶段，那也是值得赞许的，因为他终其一生都向往优美与高尚，并且从未放弃这一向往；而只有向往优美和高尚的人，才会成为附庸风雅者。正如人间没有至善，人间也没有标准形态的风雅。因此每一个优雅而高尚的人，都是或至少曾经是附庸风雅者。除了缺乏自知的愚人和十足的恶棍，谁会忍心去嘲笑或蔑视一个善良的附庸风雅者呢？

　　我相信，抨击风花雪月和附庸风雅的革命者，骨子里是反革命者；抨击风花雪月和附庸风雅的哲学家，骨子里是伪哲学家。如果未来的所有革命仍将一如既往地彻底砸烂风花雪月和附庸风雅，那么我将一意孤行地永远反对一切革命；如果未来的哲学仍将一如既往地无情抨击风花雪月和附庸风雅，那么我将一意孤行地永远反对一切哲学。但我将义无反顾地倾注无限热情加以礼赞的，是永远的风花雪月；我将义无反顾地倾注无限热情加以礼赞的，是永远的附庸风雅。

哲学先知与时代精神

一、"知识"生产三阶段

人类的"知识"生产,一般要经过个人"新知"、小众"共识"、大众"常识"三个阶段。

其一,个人"新知"阶段,即"知识"生产的开发、设计阶段。

先由论者提出"新知"提案,对已有知识存量即"常识",进行补充、修正、质疑、挑战,提案提交知识界——相当于"知识议会"。广大读者相当于知识选民,虽不直接参加知识议会的辩论,但其反馈对知识议会具有极大影响力。

其二,小众"共识"阶段,即"知识"生产的决策、投产阶段。

知识界对"新知"提案予以探讨,辩论,赞成,反对,或沉默。大部分"新知"提案,会被知识界多数否决,主要原因是大部分"新知"提案价值有限,次要原因是知识界通常比较保守——这有利于传承文明,但不利于推进文明,不过盲目的激进确实不如审慎的保守。沉默类似于否决,相当于知识界多数投了弃权票。知识界通常仅仅运用已有知识存量即"常识"来否决"新知"提案,只有社会状况发生剧烈变动、固有知识系统之权威性遭到普遍质疑的特殊时期,才会以采纳某一"新知"提案的方式,否决其他"新知"提案。补充、修正"常识"的"新知"提案,较易获得通过。质疑"常识"之局部的提案,较难获得通过。挑战"常识"之总体的提案,最难获得通过。获得通过的"新知"提案,在进一步补充、修正之后,将在知识界内部形成小众"共识",于是知识新产品基本成型,可以投产问世了。

其三,大众"常识"阶段,即"知识"的市场推广、零售消费阶段。

知识界小众达成"共识"之后,"新知"就开始向知识界以外传播普及,直到成为大众皆知的"常识",融入已有知识存量为止,其重要标志是进入大、中、小学教材,类似于进入专卖店、超市、百货公司。中小学教育的主要目标,是向受教育者普及已有知识存量的基础部分,使之成为全民"常识",通常不注重对"常识"进行补充、修正、质疑、挑战。但是理想的中小学教育,必须培养质疑精神,不能让受教育者盲信"常识"。大学教育则必须具有双重目标,既要向受教育者进一步普及"常识"的纵深部分,又须着重训练受教育者补充、修正、质疑、挑战"常识"的能力,为知识界培养新成员。

每一位知识界成员,既是有权批评其他成员提交的"新知"提案的议员,又是有权提交"新知"提案的论者。"论者"与"议员",异名同实。知识议会的新陈代谢,促进着知识生产的升级换代和良性循环,兼顾传承文明的知识生产和推进文明的知识再生产。不直接从事知识生产和再生产的人们,是知识产业的消费者和受益者,也是知识议员的选民和监督者,同时又从事着其他物质产业的生产和再生产,与知识产业形成有机互动和良性循环。

人类知识日益丰富和准确，人类文明日趋完善和高级，循环往复地传承，永无休止地推进。人类就这样成为万物之灵长，造化之奇迹。

二、共时性的三种"时代精神"

"知识"生产分为三个阶段，因此处于三个阶段的三种"知识"，都有可能被视为"时代精神"。于是每一时代，均有三种未必相容甚至相互冲突的"时代精神"。

知识生产第一阶段的"新知"提案，通常保存在个人著作里，不仅大众不知，连知识界也少有人知。在无数的个人著作中，极少数"新知"提案将会或顺利或艰难地通过后面两个阶段，在后一时代成为受过大学教育的知识界小众之"共识"，并在更后时代成为受过中小学教育的大众之"常识"。然而这些个人"新知"在问世之初，就会被极少数人大大超前地命名为"时代精神"，其后时代的共鸣者，也会追认其为当时的"时代精神"。其实仅仅是当时的"先知时代精神"。

知识生产第二阶段的知识界小众"共识"，通常保存在大学教材里，受过大学教育的知识界小众已不陌生，但是未受大学以上教育的大众仍很陌生。这些知识界小众"共识"之一部分（不可能是全部），在后一时代会成为受过中小学教育的大众"常识"，然而这些知识界小众的"共识"，也会被知识界小众稍稍提前地命名为"时代精神"，其后时代的共鸣者，也会追认其为当时的"时代精神"。其实仅仅是当时的"学院时代精神"。

知识生产第三阶段的大众"常识"，通常保存在中小学教材里，受过中小学教育的大众已不陌生。无须超前命名，也无须事后追认，每一时代的大众"常识"，就是真正的时代精神——"大众时代精神"。

"先知时代精神"的基本品性是激进和反叛，由于站在人类知识最前沿，所以全盘批判"学院时代精神"和"大众时代精神"。学院把"新知"转化为"共识"时，必将充分过滤其激进性。大众把"共识"接受为"常识"时，又将充分过滤其反叛性。从未有过激进反叛的"常识"，更未有过激进反叛的"时代精神"。激进反叛的"时代精神"，必非真正的"时代精神"，必属"先知时代精神"，是时代精神的制高点。

"学院时代精神"的基本品性是激进与保守的折中，由于已经部分吸纳了前一时代的"先知时代精神"，并致力于补充、修正、完善、发挥、传播、普及，所以不自知保守，反而以进步自居。在社会变革期，"学院时代精神"会暂时具有貌似"先知时代精神"的激进反叛表象，甚至比社会稳定期的"先知时代精神"更激进更反叛；一旦社会变革期过去，"学院时代精神"就会复归其保守品性，在时代精神的制高点和最低点之间游移不定。

"大众时代精神"的基本品性是怠惰和顽固，由于其知识水位落后于"先知时代精神"两个阶段，落后于"学院时代精神"一个阶段，因此不加批判地反感"先知时代精神"，又不加批判地仰慕"学院时代精神"。"大众时代精神"是真正的"时代精神"，然而最缺乏精神内涵，是时代精神的最低点。

"先知时代精神"与"学院时代精神"相较，显得离经叛道；"先知时代精神"与"大众时代精神"相较，显得大逆不道。

"学院时代精神"与"先知时代精神"相较，显得保守落后；"学院时代精神"与"大众时代精神"相较，显得绝对权威。

"大众时代精神"与"先知时代精神"相较，显得愚昧无知；"大众时代精神"与"学院时代精神"相较，显得淳朴可爱。

三、历时性的三种"时代精神"

每一时代均有共时性的三种时代精神，但是不同时代会把共时性的三种时代精神之一，视为本时代的时代精神。那么我们所处的时代，视共时性的三种时代精神之哪一种为时代精神呢？欲回答这一问题，必须先对我们所处的时代下个定义：大众传媒时代。

大众传媒热衷于高举"时代精神"大旗，而其宣扬的"时代精神"，一定属于共时性的三种"时代精神"之一。只要弄明白我们所处时代的"时代精神"，属于共时性的三种"时代精神"之哪一种，也就弄明白了大众传媒所宣扬的"时代精神"，属于共时性的三种"时代精神"之哪一种。

人类精神史，可以分为三大时代：前传媒时代，小众传媒时代，大众传媒时代。三大时代，对共时性的三种"时代精神"之选定，完全不同，依次递降，而且与历时性的三种时代精神，正好一一对应。

前传媒时代，个别先知的"新知"就是"时代精神"。其他人要么没有"精神"，要么是先知精神的无条件追随者，相当于没有"精神"，所以前传媒时代就是先知时代。

小众传媒时代，小众或精英的"共识"就是"时代精神"。其他人要么没有"精神"，要么是小众精神的无条件追随者，也相当于没有"精神"，所以小众传媒时代就是精英时代。

大众传媒时代，大众的"常识"就是"时代精神"，所以绝大多数人都没有"精神"，整个时代都没有"精神"。

先知时代没有传媒，然而尽人皆知谁是先知。

精英时代有了小众传媒，然而不仅大众不知道谁是先知，连精英也不知道谁是先知，即便偶然知道也视为有病，因为先知已经"不符合时代精神"，也就是不符合精英精神，所以先知被边缘化了。

大众传媒时代的传媒已经彻底大众化，然而大众除了继续不知道谁是先知，甚至也不再知道谁是精英，即便偶然知道也视为有病，因为精英已经"不符合时代精神"，也就是不符合大众精神，所以精英也被边缘化了。

任何时代都有先知和精英，而且任何时代都需要先知和精英。然而精英时代却是先知时代的精神递降，大众传媒时代又是精英时代的精神递降。由于先知在精英时代被边缘化，因此精英时代的先知由精英扮演——当然是伪先知。而精英在大众传媒时代也被边缘化，因此大众传媒时代的先知和精英由庸人扮演——当然是伪先知和伪精英。

在大众传媒时代，伪先知成了大众的精神医生，伪精英成了大众的精神牧师。然而伪先知和伪精英像大众一样毫无"精神"。大众固然追随伪先知和伪精英，竭尽全力媚雅，但是伪先知和伪精英同样追随大众，竭尽全力媚俗。三者相互追逐，像无头苍蝇一样六神无主。大众传媒所宣扬的"时代精神"，就是"大众精神"。大众传媒高举的"时代精神"大旗，就是没有"精神"。

四、三种"常识"和三种"迷信"

"常识"同样分为三个层次：精神先知的常识，未必是知识小众的常识。知识小众的常识，未必是普通大众的常识。甚至普通大众的常识，也未必是知识小众、精神先知的常识——不过他们并非不知道，而是视为"迷信"。

"常识"就是一切迷信的大杂烩。每个时代的大众常识，都包含着自古以来的迷信和最新时代的迷信。迷信与已有知识存量几乎是等价物。尽管任何个人都不可能掌握全部已有知识存量，但是每个人的知识都是已有知识存量的一部分，因此每个人掌握的"常识"，就是每个人固守的"迷信"。

与常识分为三个层次一样，迷信也分为三个层次。普通大众的"常识"，其核心是古老的"迷信"。知识小众的"共识"，其核心是当代的"迷信"。而少数先知的"新知"，又将成为未来的"迷信"。

"迷信"并非贬义词，正如"常识"并非褒义词。两者互为对词，又互相转换，是知识史之不同阶段，对同一知识的不同判断。先知的"新知"，尚未被视为"知识"，仅仅被视为"独到见解"，甚至被视为"奇谈怪论"。先知的"新知"一旦推广为小众"共识"，就成了"知识"。小众的"知识"一旦普及为大众"常识",就成了"迷信"——不过此时尚未被视为"迷信",要到后一时代才被视为"迷信",尽管它已具备了"迷信"的全部特征:不可质疑,不许挑战。

大众常识,是当代迷信的总和。小众常识,是当代知识的总和。先知常识,是当代反叛的总和。由于知识小众的知识比大众领先一个时代,先知的知识又比知识小众领先一个时代,因此大众信奉的当代常识,往往被知识小众视为古老的迷信,认为应该破除迷信,用更新锐的知识予以更新。知识小众信奉的新锐知识,往往又被先知视为当代的迷信,认为应该破除迷信,以更新锐的思想予以升级。每个人的知识结构,都是知识与迷信的混杂,其知识可能是最新锐的,其迷信却可能是最古老的。既可以说教育是传授知识,也可以说教育是灌输迷信。两者几乎是同一件事:教育在破除古老迷信的同时,也在灌输当代迷信。

培根说:"知识就是力量。"福柯说:"知识就是权力。"其实常识比知识更有力量,更有权力;迷信又比常识更有力量,更有权力。因此知识的力量就是迷信的力量,知识的权力就是迷信的权力。知识与迷信的博弈,一开始常常是迷信获胜,然而知识最终会战胜迷信,于是知识又成了新常识、新迷信,从而成为更新锐知识的对手。

知识一旦成为常识,就所向披靡,任何对常识的质疑和挑战都要冒巨大风险。常识一旦成为迷信,就战无不胜,尽管它依然叫"常识",但已成了不可质疑、不许挑战的绝对权威。只要是"常识",那么你若是不知道,就应该羞愧,若是不赞成,则千夫所指。当常识作为知识破除了旧迷信之时，常识是知识的结晶，社会进步的动力；当常识本身变成了新迷信之时，常识就是迷信的渊薮，社会进步的阻力。

随着时代进步，古老迷信会被部分扬弃，但是不可能全部扬弃，很多迷信亘古不变，然而知识却不可能亘古不变。无数的迷信，自古至今被大众信奉；而无数的新知，又不断加固着迷信的城墙。没有知识，人类就不会进步；没有迷信，人类就不会进步得如此缓慢。人类固然凭借知识获得了极大的物质进步，然而又由于固守常识和迷信而精神停滞。一方面，知识增量强劲推动着物质的飞速进步；另一方面，知识增量却难以改变精神的亘古如斯。因为物质和财富可以积累并直接传代，而知识与精神可以积累却无法直接传代，每一代人，每一个人，都必须从零开始学习知识，逐渐获得精神——或曰"灵魂"。直接继承物质遗产是轻松愉快的，因此没有人会拒绝成为物质遗产的继承人；然而间接继承精神遗产却是艰难困苦的，因此许多人拒绝成为精神遗产的继承人。于是随着知识增量导致的物质日益丰富，越来越多的人被物质泯灭了精神，越来越多的人用物质埋葬了灵魂。

五、物质与精神的反向运动

时代精神的三阶段递减，与物质生产的三阶段递增相应：先知主导的前传媒时代，是物质极端贫困的上古时代。精英主导的小众传媒时代，是物质相对丰富的中古时代。大众主导的大众传媒时代，是物质更为丰富的近现代。

在物质极端贫困的上古时代，全部物质在全民之中平均分配的结果是贫困，所以平均分配根本不可能，必须用知识和精神分出高下等第。只有极少数上等人能够得到多于全民平均分配的份额，摆脱物质贫困；极大多数人只能得到少于全民平均分配的份额，陷入物质赤贫。因而摆脱物质赤贫成了学习知识、培养精神的最大动力。在学习知识的过程中，极少数人中的极少数，不再以摆脱物质赤贫为目标，他们通过学习知识达至精神制高点，成了轴心时代的伟大先知。

在物质相对丰富的中古时代，全部物质在全民之中平均分配的结果依然是贫困，平均分配依然不可能，仍然必须用知识和精神分出高下等第。但是能够得到多于全民平均分配之份额、摆脱物质贫困的不再是极少数人，而是数量略有增加的小众即精英。不能跻身小众即精英阶层者，只能得到少于全民平均分配的份额，陷入物质赤贫。由于跻身数量略增的小众即精英阶层，比跻身数量极少的先知容易得多，因而尽管摆脱物质赤贫依然是学习知识的最大动力，但是无须达到先知时代的精神制高点，只要成为小众和精英就行。于是精英们学习知识、培养精神的进取心下降，小富即安，惰性适时而至。

进入物质更为丰富的近代以来，全部物质在全民之中平均分配的结果不再是贫困，因而平均分配已经可能而且有过大规模社会实践，比如始于二十世纪初、终结于二十世纪末的国际共产主义运动，但是事实证明效果不佳，效率低下，不利于生产力发展。进入二十一世纪以后，平均主义幻想已被全人类普遍抛弃，但是公平原则由于大众力量不断增强而日益得到体现，因此在不平均的物质分配中哪怕仅仅得到较低的份额，也未必陷入赤贫。对于二十一世纪以后的民众而言，学习知识、培养精神不再是摆脱物质赤贫的最大动力。即便连小众、精英的有限知识水准、相对精神高度也达不到，受惠于生产力之高度发展和分配之相对公平的大多数人，照样可以摆脱物质赤贫。于是不爱学习知识、拒绝培养精神的"天之戮民"大面积出现，精神懒汉甚至以无知为荣，人类的精神进取心普遍下降，惰性大获全胜。

进入现代以来，先知受到嘲笑，精英遭到奚落，绝大多数人全面放弃了精神追求。不要说达至精神制高点的真先知，即便是仅及精神中流的真精英，也被大众视为对其贫乏知识、孱弱精神、空虚灵魂的羞辱。大众不会振奋精神，不会改变怠惰，只会把真先知甚至真精英视为"不符合时代精神"的大众之敌。只有谄媚大众的伪先知、伪精英，才会成为大众之友、大众情人，乃至大众偶像。

物质贫困时代盛产身体奴隶，物质丰富时代盛产精神奴隶。在大众传媒时代，身体奴隶制日益受到谴责，精神奴隶制却日益强化。崇拜伪先知，迷信伪精英，是大众传媒时代的普遍现象，知识贫乏、精神孱弱、灵魂空虚的影星、歌星、富人、名人、罪犯、媚俗者、无耻者、跳梁小丑、哗众取宠者、作奸犯科者，无不成了大众偶像。然而大众偶像不再具有先知时代、精英时代的偶像所具有的精神高度，因而大众对其毫无敬意。大众传媒时代的大众偶像，实为大众玩偶，因此大众对待"偶像"如同对待"玩偶"：窥其隐私，玩于股掌；喜新厌旧，始乱终弃。

反叛原本只有在精神制高点才有可能，然而大众传媒时代的反叛却从精神最低点发起。真正的精神反叛，是把人类精神向更高的制高点推进：谁的精神制高点更高，谁就获得更多的人爱戴，谁就获得更高的精神荣誉。大众传媒时代的反叛，却是降低人类精神高度的权力反叛：谁的精神制高点更低，谁就获得更多的大众拥戴，谁就获得更大的物质利益。

　　在知识增量急剧提高的表象之下，精神死了，先知疯了，精英病了，大众赢了。从未赢得如此全面，从未赢得如此彻底。大众传媒和大众偶像，正在把人类精神推向没落。在大众的凯歌声中，蒙昧主义正在收复失地，悖道文化正在卷土重来。

思想真的有用吗

　　我是一个思想者。不仅我生活的主要内容是思想，而且我以思想为生，思想是我的劳动产品，我靠出售这种特殊产品养活自己。这就引出一连串对我来说性命攸关的问题：思想是不是一种有价值的劳动产品？或者说思想是不是一种可以收费的社会性服务？我的思想对花钱购买的人真的有用吗？出售自己的思想确实不是一种不劳而获的诈骗行为吗？我为什么选择终生从事思想这一工作？最后，以思想为生，真的是一种有意义的人生吗？

　　这些问题长期以来困扰着我。虽然我自以为能回答这些问题，然而这是一些过于巨大又牵涉甚繁的命题。一旦我想把它诉诸笔端，又感到我甚至不能完全把自己说服。由于我从耽于冥想的幼年起就被这一问题的雏形及其各种变形所纠缠，而我成长的那个年代把不直接从事物质生产的知识分子称为"寄生虫"，因此我一度怀有极大的负罪感。这一负罪感的沉重差一点改变了我热爱思考的天性，差一点使我成为一个从事其他职业的人。我不认为职业有高低贵贱之分，但被迫从事自己不喜欢的职业无疑是痛苦的，正如强迫一个不喜欢思考的人以思想为业也是痛苦的。幸运的是，我的天性最终战胜了莫名的负罪感，但负罪感本身并未完全消失，反而随着我的精神生活方式的日益不可改变而更加强烈地咬啮着我的灵魂，使我常常觉得自己像安徒生童话《皇帝的新衣》中的骗子，我出售的只是"没有东西"。

一

　　有两种出售思想的人，一种人出售自己的思想，一种人转售别人的思想。转售别人思想的人，是技术型知识分子（人文知识分子和科技知识分子）;而出售自己思想的人，则是独创性思想家（人文思想家和自然科学家）。广义的知识分子包括了上述两者，而狭义的知识分子则仅限于后者——做此狭义区分的往往正是思想家。鉴于现代知识分子的日益非思想家化，即日益向技术型知识分子转化和退化，法国思想家福柯甚至认为，现在被称为"知识分子"已经是一种耻辱。但我认为，两种知识分子的区分固然有其意义，但这种意义应该仅限于对分工合作关系的客观研究，而不该用于歧视。这种歧视，本质上与脑力劳动者歧视体力劳动者"没有灵魂"或体力劳动者歧视脑力劳动者"不劳而获"，是同样的阶级偏见。因为转售他人思想的技术型知识分子和创造自己思想的独创性思想家，既是各尽其能的分工，又有互相需要的深层合作关系。虽然纯正论者认为技术型知识分子往往成为独创性思想家最直接的敌对力量，尤其是当技术型知识分子屈服于世俗权力之时更是如此，但是如果没有技术型知识分子转售他人思想这一中介，独创性思想家的创造性见解就不可能传播到民众的深层和社会生活的各个角落。独创性思想家的价值，正是经由也只有经由技术型知识分子这一不可或缺的中介，才能充分实现。

　　对转售他人思想的技术型知识分子的偏见，与农业社会对商人的传统偏见非常相似：商人没有直接生产和创造有价值的东西，他们只是把他人生产和创造的某物从此地转运到彼地，从某甲手中传递到某乙手中，就获取了利益，所获利益还常常大于某物的直接生产者。与之相类但看来似乎更为荒谬的一个例子是高利贷：商人转运的毕竟是实物，而高利贷者从此地运到彼地、从某甲传到某乙的仅仅是"没有东西"，即东西的代码"金钱"，就获取了利益，所获利益还常常大于商人。淳朴的人们在蓄意把臣民束缚在土地上的中世纪式统治者的挑唆下，理所当然地认为：这是魔鬼的事业。反高利贷就此成为反犹主义的一个重要组成部分。

对商人与高利贷者的传统偏见几乎被不加改变地套在转运和传递他人思想的技术型知识分子头上。技术型知识分子甚至还不配被算作"诚实的商人"，而只被视为"高利贷者"，即吸血鬼和寄生虫。与之相比，独创性思想家倒可以算是"自产自销的诚实工匠"，因为独创性思想家出售的毕竟是"自己的没有东西"，而技术型知识分子出售的却是"别人的没有东西"。所以对知识分子的普遍嫉恨相当于一个源远流长的"反犹主义"。近代以来，中国的一些知识分子日益变得鬼鬼祟祟，他们的灵魂失去了安顿之所，他们不知道自己的生存有多少合法性。他们把自己绝非幸致的地位（实际上经过了艰苦的学艺和长期的知识采购）视为偷来的钱财，视为幸运之神的无端眷顾，被迫承认自己是出售"空空如也"的骗子，心怀鬼胎地惴惴不安。尽管所有的体力劳动者几乎都羡慕知识分子的世俗地位（但很少羡慕其非世俗的精神境界），并且尽最大努力使自己跻身于这一阶层，即便自己的一切努力均归无望之后，仍然希望自己的子女能够跻身这一阶层，但是他们每一个人又都愿意充当童话中那个说真话的孩子：那些骗子卖给统治者的衣料，实际上是"没有东西"。然而生活并非童话，生活中的人们并不像童话中的皇帝那样容易受骗，童话中的孩子虽然说的是真话，但认为知识分子出售和转售的只是"没有东西"，却是莫大的谎言。

文明发展的总方向，就是分工和合作。现代文明的大发展，更是仰赖于知识分子不可或缺的创造性劳动。把"不识不知、顺帝之则"的愚民对孔子的无理非难"四体不勤、五谷不分"，当成知识分子不如非知识分子的罪状是荒谬的。非知识分子对职业以外的时代常识所知更少，却没人加以指责，在需要愚民的统治者看来甚至应该受到表彰。知识分子对专业以外的时代常识所知较多，却用"全知全能"的乌托邦标准加以蓄意刁难，因为统治者知道，现代公理使知识分子不愿再做古代顺民。"每事问"的孔子作为先秦最大的博学者和自古以来中国智慧的最高象征，都在"知"的问题上被奚落得毫无尊严，足以说明那个荒谬年代的非理性。孔子作为一个诚实的知识分子，以"知之为知之，不知为不知"的态度，承认"我不如老农"、"我不如老圃"，然而非知识分子面对自己未掌握的现代常识却绝没有如此诚实和谦逊，只有面对世俗强权的奴隶式卑微。中国非知识分子对知识分子的蛮横反问"你的知识有什么用？能当饭吃吗？能当衣穿吗？"成了那个时代的最强音。这一野蛮主义宣言至今仍有市场，仅对有利于直接生产实用产品的极少数实用科技知识网开一面。这种极端粗鄙的实用主义态度，在人类知识大发展的二十世纪下半叶，竟会成为中国民众的普遍态度，真是文明古国的最大耻辱。在这种以粗鄙为荣、以实用为尚的普遍愚昧下，文明古国发生文明大倒退是必然的。

可悲的历史倒退尽管已经基本终结，但是历史车轮的反动尚未全面停止。反文明而动的野蛮惯性，依然在现实和心理两个层面发生作用。在现实层面，虽然技术型知识对人民生活和综合国力的积极作用被部分认可，"科学技术是第一生产力"的文明共识被主流意识形态接受，然而把这一基本常识奉为独创性伟大思想，足以反证进步的艰难性和愚昧的顽固性。在心理层面，荒谬的知识原罪感仍未从心理上真正消除，知识分子对非知识分子的优越感和价值感依然无法全面建立。尽管出于"人人生而平等"的现代公理，我反对某些自得其世俗地位而缺乏精神自律的知识分子把优越感夸大到欺凌和歧视非知识分子的程度，但是有知对无知的优越感显然比无知对有知的优越感更具历史合理性，即便偶尔被夸大，也因其有利于崇尚知识而不失为有价值的偏见，而无知对有知的优越感则是毫无价值的纯粹谬见。

知识原罪感的彻底消除，必须以社会结构和政治生态的真正改变为前提，这是纯正的历史唯物主义观点。知识分子的价值感，只有当知识分子的知识性服务真正被社会正常运作所需要、所依靠，而非廉价使用或定向操纵，才能真正实现。当代中国知识阶层的无力感和无价值感，不论多大程度上源于传统士人的缺乏独立意识和自主意识，都只能证明当代社会尚未进入现代性的正常运作。中国当代知识分子尤其是人文知识分子并没有感到真正被需要，因为人文知识分子提供社会性服务的言路并未完全畅通。只要这种现状没有根本性改变，中国知识分子就难以消除荒谬的知识原罪感；只要心有余悸的中国知识分子不能无所顾忌地为社会正常运作和文明发展提供有价值的服务，那么中国当代知识分子就并非自愿地有点"不劳而获"，有点像"寄生虫"。正是在此意义上，虽然我坚信知识的终极价值，坚信思想的长远力量，但是我的知识原罪感长期无法彻底消除。当我吃饭穿衣的时候，我确实感到沉重的羞愧。我时常锥心地感到，我对中国社会的贡献，确实有可能不如一个工人和农民。然而我渴望被依靠，更渴望被使用。但我渴望的被使用，不是被中世纪式的世俗极权所"使用"，或者说"使唤"，更不是被"御用"，而是以技术型知识和超越性真理为唯一标准的真正使用。只有这样的时刻来临，中国知识分子的知识原罪感才会彻底消除，中国社会才能真正步入现代世界，中国新文明才会有望建立，"思想真的有用吗"这一问题才会成为不必问的历史笑谈。

虽然大部分知识分子自己很少有独创性思想，而主要是把伟大思想家的创造性成果转售给学生（如果他是教师）、读者（如果他是作家）、观众（如果他是表演艺术家）。但我认为这不是他们的过错，而是他们对文明积累和社会发展的重要贡献。况且技术型知识分子和独创性思想家的区分仅仅是理论上的，相对地，有时甚至是想象的，所有处于后续文明的历史阶段的独创性思想家，相当于购入半成品和零部件进行深加工的制造商。生于轴心时代之后，没有人能够绝对地创造新知，也没有人仅仅是单纯地传播旧知。传播他人的正确思想并不可羞，只要传播者是在自由思想，对其传播的他人思想进行了深度加工、辨析批判，然后由衷服膺，那就无可指责。正如布鲁诺不遗余力地传播哥白尼的"日心说"，赫胥黎不遗余力地传播达尔文的"进化论"，这些伟大的思想传播者，是人类文明史上真正的文化英雄，伟大程度丝毫不亚于思想的原创者。因此，以纯粹独创的标准来要求现代知识分子，是荒谬的乌托邦。就此而言，所有真正的知识分子都有理由坚信自己在现代社会的合理价值，起码可以比非知识分子更无愧地坚信自己在现代社会的生存权利。

<h2 style="text-align:center">二</h2>

　　但是反观物质文明高度发展的西方民主国家，他们面临另一个在当代中国同样严重的问题，那就是对技术型知识分子的过分倚重和对独创性思想家的过度藐视。现代政治制度的充分理性化，使西方民主国家过分依赖于技术型、科技型知识分子（这些人中的一部分成为维持政治民主的国家机器正常运转的技术官僚），文明社会不可或缺的超越性价值同样受到了忽视。指出这一点，是为了防止两种错误的倾向：一是某些思想洋奴以发达的西方民主国家同样如此为由，主张应该倚重技术型尤其是科技型知识分子，但不必在中国社会中重视独创性思想家，不必崇尚思想原创，不必推崇超越性伦理价值和永恒正义，因为那是"形而上学"，连西方发达国家也早已抛弃或取消；二是某些顽固的国粹派和既得利益者，以过分倚重技术型知识分子会

导致像西方发达国家那样的伦理败坏和性放纵为由，主张坚持中世纪式的愚昧统治，除了国防科技所必需之外，连技术型科技型知识分子也要控制使用而绝不能完全依靠，更不能放松对技术型人文知识分子的意识形态强控制。很显然，上述第一种人即洋奴派，仅仅希望全盘接受发达的西方民主国家的所有现实，连西方国家的所有社会弊病都愿意全部接受。而上述第二种人即顽固派，沿袭着中世纪式看待知识的奴性价值和贬低知识分子的愚昧理念，这种错误理念是严重阻碍中国进一步改革开放融入现代世界文明潮流的最大障碍。在制定政策的技术操作层面，两者的区别仅仅在于，究竟是否要充分使用技术型科技知识分子；而两者的共通之处，就是都拒绝思想的原创，都拒绝超越性的伦理价值和永恒正义。顽固派使中国无法真正地现代化，洋奴派则使中国有可能成为西方文明的拙劣摹本，而不可能创造真正的中国新文明。顽固派是中国社会的近期发展必须克服的障碍，洋奴派是中国社会的远期发展必须克服的障碍。仅仅看到较近的障碍而看不到较远的障碍是目光短浅的，目光短浅就不可能创造中国新文明。

思想的最大用处，在于创造。创造性地思想，使人不再是依附性的中世纪式精神奴隶，使人成为现代意义的自由人。不同的精神奴隶也许会选择不同的精神主人，但是真正的自由人是自己的主人。精神奴隶不可能成为自己的主人，更不可能成为国家的主人。精神奴隶只愿意成为集体或国家的"人上人"，实际上不过是"奴上奴"罢了。

就此而言，当代很多缺乏思想勇气、批判意识，渴望被权力"使用"、"使唤"，甚至渴望被权力"御用"的所谓"知识分子"，不过是毫无操守的信息分子。大多数知识分子并不出售自己的思想（无论他们有没有自己的思想），他们只是贩卖他人的思想。其中的少数人虽有自己的思想，但是往往要等到在某位思想家的著作中找到与自己的思想相近的表述时，才会获得表达上的自信，但是这种自信依然不能促使他们直接表达自己的思想，而是通过转述思想家的思想，婉转而曲折地表达自己的思想，这可以称为"借圣人之口立自己之言"。但是大多数知识分子依然像传统士人一样，完全放弃了自己的思想权利，他们的全部表述都是"用自己之口代圣人立言"。现代的大部分知识分子比两千年前文明发轫期的独创性思想家确实远为低能，他们在转运过程中完全糟蹋了思想家们的精髓。这部分是由于精神懒惰，更主要是由于人格卑怯。这些单纯而完全彻底地贩卖他人思想的伪知识分子，不仅放弃了自己的思想权利，也丧失了知识分子的身份，出卖了知识分子的尊严。这种依附于政治权力和知识权威的伪知识分子，才是真正的寄生虫。

思想的权利是不可转让的，既是人的天赋权利，也是人的根本特征。放弃思想权利的人，就是在精神上把自己置于非人的生活之中。尽管没人愿意遭到"非人的待遇"，但是相当多的人要求别人对待自己，却比自己对待自己更好，他们自己不把自己当人，却要求别人把自己当人看待。或许这些思想懒汉会为自己如此辩护：古今中外的许多思想大师比我思想得更好、更全面，我的思考很可能是白费力气的重复劳动。我不得不同意，前一句差不多是事实，但我不能同意后一句话。我在阅读中外经典时，确实经常发现许多我曾像发现新大陆一样自以为独创的见解，前人早就已经表述过了，而且常常表述得比我更好。但我对此只有惊喜，从未沮丧。一个希望让思想带来思想以外的价值的人，可能对此非常沮丧，因为这意味着他自己独立思考得出的结论已经失去了抢先注册的优先权。但是这样就把思想当成了纯粹为了谋利的商品，然而思想永远不是纯粹的商品。作为思想者，我的思考确实很少是"前无古人"的，而是不断与前人撞车，但我永不放弃自由思想，哪怕看起来类似于"重复劳动"。生命的珍贵，就在于每个人仅有一次。因此他人的思想永远是他人的，你的思想才是你的。如果你自己不思考，那么你也不可能传播别人的正确思想。如果你独立思考，那么即便你的思想与别人的思想相似，你也丝毫不必惭愧，反而可以自豪是与思想家"所见略同"的"英雄"。如果你的思想与别人的思想不同，那么会有两种情况：一种可能是，你的思想比所有前人的思想都了不起，这固然可喜可贺（不过对大多数人来说这种可能性不大）；另一种可能是，你的思想与前贤相比很拙劣甚至十分错误，但你还是有自己的思想，哪怕你自己的思想仅仅是错误的思想。说到底，你的思想究竟是否错误，并不容易判断，哥白尼、牛顿、达尔文、爱因斯坦的思想都曾被认为是错误的，后来才被证明是正确的。而且可以肯定，他们的思想迟早会过时，甚至在新思想的照耀下被证明为谬误。这种新思想很可能就是你的思想或我的思想，尽管这种可能性并不很大，然而别忘了你生命的诞生就是在亿万精子的淘汰赛中被极小的可能性兑现为现实的。所以任何一个对自己的诞生感到庆幸的人都不该妄自菲薄，这正是生命的尊严所在。最后，超越前人的新思想一定产生于独立思考的头脑，绝不可能产生于人云亦云的头脑。

德国批评家本雅明曾经打算编一本全部由圣哲语录组成的终极经典，因为他认为有价值的思想都已经有了。这是我不能同意的。这种意见与危险的乌托邦思想非常一致，即认为某个或某些最伟大的思想家已经创造出了可能有的所有最好思想，包括对世界做出了最佳设计，所有的人都应该在这种乌托邦里享受高度的物质生活而过一种精神植物人的生活。因此我认为，每个人独立地思考、创造自己的精神产品是绝对重要的，不论他的精神产品是否超过了前人思想的价值。你自己烤的面包也许没有专业面包师烤的面包味道好，但它可以填饱你的肚子。你的思想也许没有思想家的深刻，而它可以使你精神充实。自己不烤面包的人，可以花钱去买面包师的面包，同样可以填饱肚子——但你买面包的钱应该是自己诚实劳动挣来的，这就是社会分工的意义。如果你不劳动，不挣钱，你就不能买面包师的面包。同理，如果你自己不独立思考，你就不能用自己的精神货币买来思想家的精神面包。仅有物质货币的人是不可能精神充实的。所谓自己的精神货币，就是独立思考。这就是自由思想的终极价值！这一终极价值，无须以"比前人伟大"为前提。自由思想不需要任何前提，自由思想是人之为人的唯一本质。

何况任何人都无法证明谁是"有史以来最伟大的思想家"，退一万步说，即便全世界没有一个人反对，全体一致同意某人是"有史以来最伟大的思想家"，认为他发现了"有史以来最伟大的真理"，那也无法证明后来者就不能超越他。所以任何时候都没有足够理由剥夺任何人独立思考的权利,除非是世俗强权认为"我们需要这样",那就不是我在此处讨论的问题了。强权与公理当然穿不上同一条裤子。强权的两条腿是"力"和"利",而公理的两条腿是"理"和"丽",即生命之花开放的意义。无论世俗强权所说的"我们"包含多少人,哪怕包括除"我"之外的所有人,这个"我们"也只是一小部分人。因为"我们"的后代必将站在"我"的一边,"理"必能得到所有的"我"的同意,"丽"永远只能建立在每一个"我"之上。"我们"可以在肉体上消灭任何一个"我",却无法在精神上赢得"理"与"丽"。只要地球还在转动,人类还在繁衍,"我们"的后代的总数(他们中必然会有越来越多的"我")就一定会大大超过无论多么庞大的"现在的我们"。因此暂时的多数绝没有足够的理由强迫暂时的少数服从。更何况,所谓的"大我"并非数量上的总和,所谓的"大我"恰恰正是所有个体之"我"的自由开放。

三

对我来说,通过思想证明了自我的生命意义,这就已经足够了。我丝毫没有把自己的思想强加于任何人的僭妄念头,我甚至不相信自己的生活方式值得推广和仿效,恰恰相反,我认为自己的生活方式不值得推广和仿效。尼采说:"不要跟随我,跟随你自己。"这是人类有史以来最伟大的自由思想之一。大部分过去时代的思想家都把推广自己的生命理念和生活方式作为自己的毕生工作。他们用于推广自己的思想所投入的精力，甚至超过了用于思考的精力。他们认为，思想之所以有益，是因为值得推广。这与我的想法截然不同，我认为思想之所以有益，并非由于推广以后对别人有益，而首先是因为思想对思想者自己有不可替代、不可转让的独特价值，其次才是对别人有益之类的附加值。不能为了"其次"而放弃"首先"，但可以没有"其次"而仅有"首先"。每一种以推广为第一动力的思想，都是不值得推广的。一种以推广为唯一动力的思想，则是必须坚决反对的危险思想。一种对自己有意义的思想，是否必须推广，这是每个思想家都应该思考并加以决断的。这一决断很可能把全体思想家分为根本对立的两种，因此孔子说"古之学者为己，今之学者为人"。我的选择是不以推广自己的思想作为自己思想的第一动力。但是不以推广为第一动力的思想不但不反对交流，反而在强调每个人的思想权利的前提下，积极推动自由思想的平等交流，所以我乐于把自己的思想展示出来，与其他思想者交流，供有兴趣的人了解。这种了解可以是纯粹的猎奇：居然有人这么思想并且按这种思想生活。也可以是加以参考，然后修正或坚持自己的生活方式。毕竟，我的思想也是参考了许多思想家的思想才逐渐形成的。即便有人参考了我的思想，我的思想也不具有任何强加于人的成分。

如果我的思想不具有决定生活方式那么重大的作用，有时候仅仅是对某事的未必成熟的看法，那更是展览性质和设问性质的。毕竟所有的观点放在一起，才能够开一个"思想博览会"。如果仅有一种思想，那就不必开博览会了，而只须像秦始皇那样"以吏为师"，由审判官宣读判决书就行了。我的思想是展览会式的、博物馆式的，甚至远没有如此高雅，仅仅是百货公司式的。在人类精神的货架上，各种思想产品（如果有幸忝列，我的思想也仅仅是其中微不足道的一种）林林总总，任人选取。百货公司虽然不太高雅，却很有用：琳琅满目是对一个百货公司的货架的最高评价。当然，如果有人愿意，可以开专卖店，但是没有一个专卖店只卖一种货品，更不可能唯一的货品仅有一种款式一种型号。最重要的是，没有一个专卖店有权剥夺其他专卖店的存在。

如果说思想对他人有用，那也只对有自己思想的人才起作用。所谓"有思想的人"，并不要求一个人必须是思想家，而至少还包括两种人：准备接受他人思想的人，准备反对他人思想的人。准备接受他人思想的人，即便自己没有多少思想，但他至少有一个思想：认为他人的思想对自己有用。反对他人思想的人，至少不反对一个思想：他人的思想对自己没用。可见这两种人都有至少一种思想，因此他人的思想无论如何都对他起了作用。

对许多人来说，读他人之书是启动自己思想的契机。不读书的时候，他很少思想，或不知如何思想。一部二十四史，不知从何说起，面对三千大千世界，不知从何想起，于是他就读书。读书上紧了他的思想发条，他在阅读时开始了思想，于是放下书本面对世界之时，因为刚刚上紧了思想发条，才能继续思想。经常阅读的人，也因而逐渐成为一个有思想习惯的人，长期的思想习惯会培养思想能力，而思想的能力正是创造力。一个有思想能力的人，阅读之时绝不会单纯接受他人的思想，而会辨析、批判和判断。当然，并非所有的书都能上紧读者的思想发条，很多烂书的宗旨，就是松掉读者的思想发条。上紧思想发条或松掉思想发条，于是成为辨别好书、坏书的重要依据。一个没有养成长期阅读习惯的读者，偶尔读一本书，也许暂时上紧了思想发条，但是如果长期不再阅读，或者永远只读一本书，那么上得再紧的思想发条也会彻底松掉。更何况如果不勤于思想，那么刚刚被一本好书上紧的思想发条，也可能被另一本坏书立刻松掉。当然也有些人阅读的唯一目的，就是松掉自己的思想发条，他们是墨西哥诗人阿方索·雷耶斯所说的那种人："一些人主动接受权威，以求减轻自身的负担；接受权威最终成了主要的解决方式。"因为接受权威思想，是最安全的，也是最省力的，正如法国作家雷米德·古尔蒙所说，接受和服从权威是一条"天鹅绒铺成的小路"。即便这条小路通向人生的虚脱和无价值，但是他们愿意把安全和省力视为最高幸福，对这样的人，我无话可说。

许多没有阅读习惯和良好阅读趣味的间歇性读者，不仅自己不思想，而且坚信再有价值的他人思想都对自己完全无用。然而他们显然过于自信又缺乏自知，他们不知道自己已经接受了银行家的粗鄙思想："最好的书——你的银行存折。"

四

也许我未必有能力证明自己的思想对别人有用，但我肯定能够证明别人的思想对我有用。比如康德说："当最幸运的头脑正处在因自己的技术和经验而有可能希望获得最伟大的发现的边缘之际，他却老了；他变得迟钝了，于是就不得不留待第二代去迈出文化进步的下一步（而这第二代又得从头开始，并且必须再一次跋涉那由他所经历过的全部旅程）。"这段话帮助我认识了生命的局限及其本质，并在我景仰伟大思想家而略感卑微之后，重新鼓舞起我独立思考的莫大勇气。我意识到，如果我了解了伟大思想家的最后思想结晶，那么伟大思想家在"有可能希望获得最伟大的发现的边缘之际"衰老死亡了，而我还年轻，正可以迅速地"跋涉那由他所经历过的全部旅程"，然后在前人止步的地方，继续新的思想探索。精神劳动就具有这种代际接力赛的性质，而且是物质劳动不可能具有的超越性质。从某种程度上说，精神劳动绝对优于物质劳动，因为正是精神劳动推动着文明进步，逐步降低了物质劳动的严酷性和非人道性。当然对大多数人来说，他们不会加入这种思想接力赛，他们只是这种接力赛的旁观者、喝彩者乃至漠不关心者，但是无一例外都是受益者，哪怕他们完全没有意识到，或是出于粗鄙的自恋而不予承认。罗丹说："人们说思想没有用，但思想是他们的生命。他们生活于几个伟大人物的思想里。"

　　毕达哥拉斯曾经因为发现了"毕达哥拉斯定理"（即中国的"勾股定理"，但是后者逊于前者，因为后者没有完美的形式化证明）而举行百牛大祭，虽然伏尔泰认为这未免开销太大，但无论是毕达哥拉斯还是伏尔泰，显然都认为思想确实具有重大价值。依我看来，百牛大祭尽管开销很大，但是不仅没有抬高这一定理的价值，反而把思想的价值贬低到了可用物质财富衡量的地步。然而一个独创性思想的价值，是千金难买的无价之宝。

思想的价值，可以大致分为两部分：创造文明和批判文明。批判固然是为了阻止文明退化，也是为了防止文明因超越历史阶段的过度发展而恶化，两者都会使人类向动物界返回。创造是对必定不尽完善的现有文明中的不完善部分的改善，批判是对必定不尽完善的现有文明中的不完善部分的消毒。由于人类不可能在某天下午五点通过完美的创造把文明中的全部不完善部分改良到尽善尽美，因此在不懈创造的同时，不遗余力的批判尤为阻止文明倒退所不可或缺。在永不可能达到尽善尽美的人类文明中，任何创造必然是不尽完善的，因此任何创造从它被创造出来的那一刻起，就不可能具有批判的豁免权。从某种意义上来说，需要是发明之母，然而欲望永无止境，需要也永无止境，因此无论文明达致何种高度，新的创造都是必要的。但是当文明达到某种高度以后，自大的人们会怀疑自我批判的必要性，而狂妄的统治者会把文明已经达到的相对高度加以绝对化，以此剥夺人民的批判权利。就此而言，在现代社会，思想的主要功能就是批判。坚持自己的思想权利，必然意味着永不轻信和永远质疑，因此真正的思想必以批判为前提。当思想在其起点上批判了已有的现成思想之后，思想的进一步运作就必定诉诸创造，即在批判已有的现成思想的基础上进行创造。而思想的全部进程，与生命的全部进程同步，因此我在昨天创造的思想，将成为明日之我的批判目标，这就是梁启超所说的"不惜以今日之我与昨日之我作战"。生命不息，思想不止；思想不息，创造不止；创造不息，批判不止。

康德曾经意味深长地说："我暂时把道德解释为不是教导我们怎样才能幸福，而是教导我们怎样才能配得上幸福这样一种科学的入门。"只有思想者，才配得上这种真正的幸福。未必每个人都有能力成为思想家，但是每个人都可以成为一个思想者。我就是这样一个思想者，因此我已经享有一个自由人的真正幸福。让我感到特别幸福的是，任何力量，甚至上帝，都无法剥夺我的幸福。即便砍掉我用于思想的头颅，被剥夺的也仅仅是我的生命，而非我的幸福。我希望每一个人都能成为这样的幸福者，我更希望我的思想作为"别人的思想"，能够对我的读者有用有益。这样我的幸福就被你分享了，而你的幸福又增加了我的幸福。那么边沁向往的"最大多数人的最大幸福"，就离我们不太远了。

下卷

告别五千年

被逼成思想家的文学家

鲁迅研究方兴未艾，读了不少当代青年学者的有关论著，我奇怪地发现，尤为论者津津乐道的，是所谓"鲁迅的不宽容"，不仅时有微词，并且不时地直斥其非。这使我不禁想起鲁迅小说《在酒楼上》那个"苍蝇绕了一圈又回到原地"的著名比喻，仿佛时代又回到了"非骂鲁迅便不足以自救其没落的时候"（《我和〈语丝〉的始终》）。然而正如鲁迅所说：

> 苍蝇们所首先发见的是他的缺点和伤痕，嘬着，营营地叫着，以为得意，以为比死了的战士更英雄。但是战士已经战死了，不再来挥去他们。于是乎苍蝇们即更其营营地叫着，自以为倒是不朽的声音。……有缺点的战士毕竟是战士，完美的苍蝇也终竟不过是苍蝇。（《战士与苍蝇》）

不过我并非不平于高喊"宽容"的人们独独抓住鲁迅这一"缺点"不肯宽容，我的意见恰恰相反，"不宽容"正是鲁迅对中国思想史乃至世界思想史的最独特贡献。如果鲁迅是个奉行传统恕道的人，那么鲁迅就与那些饱读诗书的冬烘没什么两样；"不宽容"正是鲁迅最独特的思想精髓和前无古人的文化品格，鲁迅正是以此傲立于文化巨人之列。否定鲁迅的"不宽容"，就是对鲁迅的根本否定，在此前提下对鲁迅的思想与成就的任何肯定，若非不得要领，就是别有用心。

一

鲁迅幼年（十三四岁以前）家境较好，使他对世道人心的想象偏于美好，所以现实对他的打击总是令他意外，由于意外就格外孤愤，表现也就难免激烈。在性情平和的犬儒主义者看来，甚至有时是"反应过度"。然而，一辈子"反应过度"不仅不能说明鲁迅心胸狭窄、心理阴暗和睚眦必报，反而证明鲁迅天性淳厚、光明磊落，屡经惨痛教训而始终把人想象得太好，或至少愿意先把人想象得较好。由于这种想象始终与实际经验相差太远，给他带来了太大的心理落差和精神刺激，于是"反应过度"也就不难理解了。

不妨先假设有三种人。第一种天性凉薄，对人阴毒猜忌，把人尽往坏处想，那么一旦证实所料不差就不会震惊，他还会得意于自己有先见之明。第二种人天性虽淳，但牛性不重，很容易在事实面前学乖，吃了几次亏以后，他就懂得了世故，服膺"防人之心不可无"的古训。这种人年轻时可能把人想得太好，上当后也时常"反应过度"；然而一旦屡经惨痛教训，对人也就有了相当戒心（此即世俗所谓"成熟"），此后他也会像第一种人那样常常"料到"他人的算计，即便被人算计也不再感到意外，同时不再"反应过度"，但由于天性老实，心情还是沮丧的。第三种人天性极淳厚，"老实到像火腿"（鲁迅论王国维语），永远信任别人，永远把他人往善良处想，上再多的当都永远不会吸取教训，反而会激起其牛性来：我就不信世上会没有一个好人！这种人终其一生，每次上当吃亏遭到攻击时，都会感到震惊和意外，愤怒也格外强烈，然而终其一生学不会世故，永远像未谙世事的年轻人那样做出激烈反应，时不时地会"反应过度"。

鲁迅正是最后一种人，他自然是"蔑弃古训"的（《北京通信》），而"防人之心不可无"恰是古训的镇山之宝。因此从早年家道中落遭亲属和乡人鄙弃开始，一直到中晚年遭同一营垒中"战友"的"背后一刀"，他虽自认为"我的思想太黑暗"（《两地书》），即对普遍人性的判断太不堪，实际上却自始至终对具体的论敌乃至朋友的卑劣与自私、蛮性和兽性严重估计不足，因此永远对他人的攻击暗算和践踏公理感到震惊和意外。其实尽管每遭遇一次惨痛的现实教训，其思想都会进一步"黑暗"化，但"黑暗"化之极致，仍然远未抵达人性阴暗的边界。即便他对人性之黑暗的认识已足够充分，但他仍不愿对受过现代知识洗礼的论敌和同一营垒的战友进行蓄意的防范，因此一旦期望落空，愤怒就格外强烈。

> 倘有同一营垒中人，化了装从背后给我一刀，则我对于他的憎恶和鄙视，是在明显的敌人之上的。（《〈阿 Q 正传〉的成因》）
>
> 死于敌手的锋刃，不足悲苦；死于不知何来的暗器，却是悲苦。但最悲苦的是死于慈母误进的毒药，战友乱发的流弹，病菌的并无恶意的侵入，不是我自己制定的死刑。（《杂感》）

因此，无论谁标榜传统的中庸，提倡公允和费厄泼赖，劝鲁迅"带住"，尤其是"损着别人的牙眼却反对报复"，都会成为鲁迅的论敌，包括他的老朋友如刘半农、钱玄同、林语堂、蔡元培等，无论谁表现出某种半途而废的软弱和动摇，都无法逃脱他的抨击。

　　所谓"反应过度"，恰是激进主义者的普遍特征。鲁迅深刻了解中国传统文化的阴暗面及其顽固性，因此他不愿下一代再遭其腐蚀，他的反对读经甚至主张不读一切中国古书，除了说明他对传统文化弊端的深恶痛绝，更说明了他奢望在自己这一代人手里就毕其功于一役的急躁心理。为了这一目标，他不惜以"眉间尺"式的态度与敌人同归于尽。鲁迅在《野草·死火》中的一段话最能鲜明地体现其激进主义和牺牲情结："有大石车驰来，我终于碾死在车轮底下，但我还来得及看见那车就坠入冰谷中。""来得及看见"传统文化之覆灭，是鲁迅毕生的最大奢望。鲁迅深怕"来不及"及身而见传统文化灭亡以及唯恐其在"二十多岁的老先生"身上借尸还魂的急切心情跃然纸上。而《过客》中的独行者以必死的决心毅然走向坟场，也充分体现了鲁迅的根本思想。那坟场，正是鲁迅心目中传统旧文化的埋葬之所。

　　　路上有深坑，便用那个死填平了，让他们走去。……他们从我填平的深渊上走去。——远了远了。（《随感录·四十九》）

　　　苟有阻碍这前途者，无论是古是今，是人是鬼，是《三坟》《五典》，百宋千元，天球河图，金人玉佛，

祖传丸散，秘制膏丹，全都踏倒他。(《忽然想到·六》)

无论爱什么——饭，异性，国，民族，人类等等——只有纠缠如毒蛇，执着如怨鬼，二六时中，没有已时者有望。(《杂感》)

可见鲁迅那"二六时中没有已时"的不宽容，正是基于博大的爱：爱国，爱民族，爱人类，爱下一代——所以鲁迅的第一篇小说《狂人日记》，就迫不及待地喊出了"救救孩子"。

二

鲁迅那"我向来是不惮以最坏的恶意来推测中国人"(《纪念刘和珍君》)的自供，更是他对人性之恶估计不足的铁证，否则就无法解释他在"以最坏的恶意来推测"之后，为何终其一生对遭到的攻击和伤害还会震惊和意外。他自以为自己是个比他人更多"恶意"的人：

我的确时时解剖别人，然而更多的是更无情地解剖我自己，发表一点，酷爱温暖的人物已经觉得冷酷了，如果全露出我的血肉来，末路真不知要怎样。我有时也想就此驱除旁人，到那时还不唾弃我的，即便是枭蛇鬼怪，也是我的朋友，这才是我的真朋友。倘使并这个也没有，则就我一个人也行。(《写在〈坟〉后面》)

以鲁迅的襟怀坦荡，竟把自己想象成了人天共厌的恶魔。这种自我厌弃，只能说明鲁迅具有文学家特有的情绪化的精神洁癖。

理性的思想家、哲学家也会自我解剖，但态度比感性的文学家、艺术家平静得多，犹如进行一项科学研究，他会因为对自我的解剖而知道人皆如此，每个人都有"恶"的全部因子。但有精神洁癖的感性文学家却会对自己内心闪出的"恶念"深恶痛绝，夸张为"世人皆善我独恶"。因此当他遭到具有明显恶意的攻击时，就会对攻击者施以激烈的报复。因为当其认定"世人皆善我独恶"时，不美好的仅仅是自己，并未破坏"世人皆善"的美好想象，然而恶意攻击者那无法视而不见的明显的恶，却破坏了"世人皆善"的想象，使他从"我独恶"的自责中惊醒，不得不面对事实上的"众皆恶"。因此被激怒的文学家反击他人之恶时总是不留余地，常常具有"反应过度"的彻底性，因为只有除恶务尽，世界才会干净。

每次交锋结束后，鲁迅依然对任何一个新对手、新朋友寄予绝对的信任。因为天性是难以改变的，终其一生，鲁迅一如既往地信任他人，上当上不怕；终其一生，鲁迅一如既往地尊重论敌，明知对手可能卑劣，也先把你当高尚者看待。也正是因此，鲁迅对同一营垒的人显得"不近情理"的苛刻。这是浪漫主义文学家的典型反应方式。鲁迅说自己"思想上，也何尝不中些庄周韩非的毒，时而很随便，时而很峻急"。（《写在〈坟〉后面》）这正是文学家人格的自白。一个斯宾诺莎式的理智哲人，其处世态度和世界观绝不会因外在遭遇的偶然干扰而轻易动摇。然而另一方面，鲁迅并没有他自己所说的那么刻薄不近人情，他对恩将仇报的周作人以及诸多论敌，还是相当仁慈，并没有遗嘱中所说的"一个也不宽恕"那样决绝——这是典型的文学家的情绪化表达，充分证明了鲁迅要做出刻意为"恶"的姿态。正如鲁迅反对以暴易暴一样，事实上他不是能够硬起心肠以"恶"抗恶的人。在他身上，恰恰体现出一种"异常的残忍性和异常的慈悲性"。（《〈幸福〉译者附记》）

事先永不防范，而事后不遗余力儆其效尤，正是鲁迅的独特"恕道"。传统的恕道是在后的：先防范，被伤害后无力反击，于是不得不"宽恕"。鲁迅的恕道却是在先的：先不防范，对方的言行证明他不配得到信任后就"不宽恕"了。很明显，传统的事后恕道，大多是弱者的虚假标榜，有能力反击却真正宽恕的人，少得几近于无。但鲁迅的事先恕道却货真价实，是真正的大恕。当然事先不防范，也因为他是强者，有强大实力和充分自信在事后教训之。那种事先用疑神疑鬼的不信任逼得人人自危，个个小人，直到不可收拾才来抹稀泥，卖弄其事不关己的"宽容"，正是鲁迅毕生视为死敌的传统毒素。"勇者愤怒，抽刃向更强者。"（《杂感》）鲁迅的愤怒，是对"更强者"即恃强凌弱者的愤怒；鲁迅的"不宽恕"，同样是对"更强者"即恃强凌弱者的"不宽恕"。对"更强者"的愤怒和不宽恕，是替更弱者打抱不平，是鲁迅身上的眉间尺式豪侠精神。然而令人意外的是，竟不断有更弱者仅仅因为鲁迅对"更强者"的不宽恕，而对鲁迅这个不恃强凌弱的强者"愤怒"了。更弱者竟然来为"更强者"抱不平了！鲁迅能不吃惊吗？鲁迅能不这样想：这真是咄咄怪事，诚不知人间何世！然而答案却简单得出奇，说出来竟要让人失笑：更弱者替更强者打抱不平，是对更强者的献媚，以便得到更强者的保护，甚至接纳自己加入更强者集团，去欺凌其他的更弱者。

这么简单的道理，难道智者鲁迅会想不到吗？当然不是。那么鲁迅为什么好像永远不知世事、不通世故呢？是因为仁者鲁迅事实上不愿也没有真正"以最坏的恶意来推测中国人"，尽管他如此自称。在鲁迅身上，仁慈的成分最终压倒了智慧的成分。因此，仁者鲁迅大概也不会想到，以中庸来裁判鲁迅，"折中，公允，调和，平正之状可掬，悠悠然摆出别个无不偏激，惟独自己得了'中庸之道'似的脸来"（《论"费厄泼赖"应该缓行》）的事情，至今还在上演。恰如鲁迅所说："自以为'公平'的时候，就已经有些醉意了。"（《并非闲话（二）》）因而也就难免有些"醉眼中的朦胧"，其研究和议论之大失准星，也就可想而知。

世界史上少有鲁迅式坦然自承的"不宽容"者，这正是鲁迅最独特的伟大人格所在，也正是鲁迅最了不起的地方。倘有人认为鲁迅什么都不错，唯有这一点值得惋惜，那么这人就是恃强凌弱者、背信弃义者、践踏公理者的同伙，他对鲁迅的任何"肯定"都有点假惺惺。

鲁迅自称因"归纳了许多苦楚的经历"而导致自己"思想太黑暗"（《我还不能"带住"》)，其实一如他对《鬼谷子》作者的评价：鬼谷先生传授给苏秦、张仪的那些诡计，"人们常用，不以为奇，作者知道了一点，便笔之于书，当做秘诀，可见禀性纯厚，不但手段，便是心里的机诈也并不多。如果是大富翁，他肯将十元钞票嵌在镜屏里当宝贝么？"

（《补白》）这正可以用来反坐鲁迅自己：如果他真有那么黑暗，真有那么不宽容，那么他就不会对自己的正当防卫和偶尔的反应过度如此难以释怀。我相信鲁迅的内心无论已经"黑暗"化到何等程度，都绝不可能想到在他死后一甲子，"将来的青年"对他的攻击，所泼的污水并不比他当年的论敌为少，即此就可证明，其"青年必胜于老年"论是多么天真烂漫。

三

由于鲁迅对人性之恶严重估计不足，对人性善良的幻想一再被现实粉碎，所以一，他扬言要"报复"，而他的报复仅仅停留于知识分子式的"口诛笔伐"。二，他再也不能平静，尽管他一再说要"沉静下去"，独自过活，再不管世事，但事实上直到生命终止，他都没有放弃对世界的无限关爱。他的"恨"，是恨铁不成钢之"恨"。三，清醒对他来说只有痛苦而没有快乐，知识的快乐主要是理性的愉悦，而文学家更主要的精神立足点，却是感性的丰沛。鲁迅的文学家天性，使他对看与被看过于敏感，他刻意要让看客们"无戏可看"（《娜拉走后怎样》），这使他拒绝表演。但拒绝表演而又不得不有所动作，包括"装点些欢容"（《〈呐喊〉自序》）之类，都使他的"姿态"常常有点不自然，因为他担心自己的拒绝表演也可能被人视为一种特殊表演。这正是感性文学家很难逃避的心理重负。立足于理性的人，走自己的路，根本不在乎有没有看客，以及看客怎么看。比如说，"幻灯事件"里中国人做俄国间谍而被日本人所杀，有众多麻木的中国看客；小说《药》描绘反抗暴政的烈士被镇压，然而烈士的血却被暴政造就的愚昧暴民玷污……这原本不足为怪，烈士的血是否白流，与个别事件和枝节问题无关，与是否被看无关。事实上，烈士的血从来不会真正白流，仅就它激起了鲁迅的觉悟，至少是其作用之一。对于别人的不觉悟，理性的思想家会认识到民智开发的艰巨性和文化改良的缓慢性，但感性文学家和激进主义者却会对愚昧麻木的不觉悟者怒不可遏，恨铁不成钢，"哀其不幸，怒其不争"（《文化偏至论》）。因此，鲁迅对牺牲的无谓、辛亥革命的虎头蛇尾、"五四"时期文化界的动摇，以及曾寄予厚望的"新"青年的老气横秋，时有过于情绪化的不满，往往流于表面的愤怒和痛斥，而少有余暇从历史文化和社会深层进行冷静而系统的理性解剖，并对之产生"同情的理解"。

鲁迅对国民麻木的普遍性之认识是深刻的，但对潜伏在麻木背后的形成机制和心理价值却严重估计不足，甚至成为他终生的盲点。他无法理解，国民之麻木其实出于心理保护和精神平衡的需要——鲁迅则认为这只是天性下贱。另一方面鲁迅受了尼采超人思想的影响，认为人与人是不一样的，这既是他极为自信的思想根源，又是他蔑视"庸众"的原因。但仅仅指出鲁迅对"庸众"的蔑视是一种偏见，没有多大意义，重要的是必须理解，正是这种居高临下的偏见，使鲁迅无法深入了解"庸众"之麻木的"合理性"与"必要性"，更不知道麻木的平静海面下，并非一片空无。虽然他曾说"地火在燃烧"，但这"地火"仅指少数觉悟者，他认为将"在沉默中暴发"的，也是少数觉悟者。鲁迅对麻木如阿Q者，当然也有"哀其不幸"的"异常的慈悲性"的一面，但这种"慈悲性"的"异常"性，恰恰就是蔑视。因此这种慈悲，并非"同情的理解"，并非真正的大慈大悲。其实，每个人的人性因子都很相似，这是一切大慈大悲的"同情的理解"的唯一前提。上帝给予每个人的都是一副同样的牌，都是五十四张，麻木者不敢正视自己，把五十四张牌的大部分都掩盖了起来，这固然很"阿Q"，却是出于无奈。觉醒者并不比麻木者多什么，只不过是把五十四张牌尽可能亮出来而已。人性中自有蛮性乃至兽性，每个人的五十四张牌中自然不乏此类货色。鲁迅以比对他人更苛刻、更诚实的反省精神解剖自己，发现自己太黑暗，却误以为别人必没有自己这么黑暗。由于他不自觉地接受了儒家"性本善"论的错误预设，于是当他发现自己之"恶"时，就悲哀，就以为麻木之解除只有痛苦而无欢喜。于是当别人攻击他时，他因对他人的人性之卑劣估计不足而沮丧，而愤怒。尽管鲁迅十分可贵地直面了自己的"恶"，然而可惜的是，出于文学家的感伤主义情怀，也由于没有抛弃荒谬的"人性本善"的儒家伦理预设（这是中国传统思想对鲁迅的最大误导），他未能充分地直面人性之"恶"。如果真正直面了人性之"恶"，就该知道，那不是"恶"，而是人性之常。人性是没有善恶的，过度放纵无限丰富而复杂的人性之某一方面，人性之常就会畸变为人性之"恶"，而过度压抑某一方面，则人性之常就会畸变为人性之"善"，然而既非真恶，亦非真善。"过度"和"失当"，正是鲁迅式激进主义者和一切感性文学家的根本特点，而这是历来的鲁迅研究甚少涉及的：鲁迅是一个典型的热烈文学家，而非天生的冷静思想家。鲁迅之成为愤怒思想家，是被他所处的险恶时代环境和远未达到其思想境界的论敌逼成的。这是理解鲁迅的一把钥匙。

鲁迅原本是浪漫主义文学家，而非理性主义思想家，这从他早年之作《摩罗诗力说》里对浪漫派诗人拜伦、雪莱等的推崇，足以得到证明。只是因为文学家式的天真烂漫受挫，才迫使他进入了理性思考。一般意志薄弱的文学家，受挫之后大抵是颓唐，但鲁迅的意志是文学家中超常坚韧的，于是他从热烈的文学家，转变为愤怒的思想斗士，但这毕竟远离其初衷和气质。从热烈的文学家变成愤怒的思想家，已经与鲁迅的性情气质大异其趣，已经是险恶的时代环境和阴暗的文化背景逼出来的；再苛求鲁迅从愤怒的思想家变成理智的哲学家，甚至变成慈悲的宗教家，就未免过于强人所难和一厢情愿了。这种不顾实际的求全责备，是中国文化传统固有的对完美圣人的心理需求所产生的荒谬逻辑。

四

由于鲁迅是个热烈的文学家，所以他强调爱与憎，也反对麻木，但他对清醒之价值的认识却是偏颇的，他以为铁屋中人被惊醒只能增加痛苦，这反证他自己作为一个清醒的文学家和愤怒的思想家的极度痛苦。然而真正的理智型思想家，对自己的清醒是深以为喜的。作为热烈的文学家而非冷静的思想家，鲁迅没有充分认识到清醒（即知）

的积极价值。很难想象，一个冷静的思想家和理智的哲学家会对普及知识和传播真理抱有如此深重的疑虑：

> 假如一间铁屋子，是绝无窗户而万难破毁的，里面有许多熟睡的人们，不久都要闷死了，然而是从昏睡入死灭，并不感到就死的悲哀。现在你大嚷起来，惊起了较为清醒的几个人，使这不幸的少数者来受无可挽救的临终的苦楚，你倒以为对得起他们么？（《〈呐喊〉自序》）

> 代价也太大了，为了这希望，要使人练敏了感觉来更深切地感到自己的苦痛，叫起灵魂来目睹他自己的腐烂的尸骸。（《娜拉走后怎样》）

> 中国的筵席上有一种"醉虾"，虾越鲜活，吃的人便越高兴，越畅快。我就是做这醉虾的帮手，弄清了老实而不幸的青年的脑子和弄敏了他的感觉，使他万一遭灾时来尝加倍的苦痛，同时给憎恶他的人们赏玩这较灵的苦痛，得到格外的享乐。（《答有恒先生》）

在对知的积极作用的认识上，周作人不同于鲁迅。周作人自称"爱智者"，显然比鲁迅更了解知与智的积极价值。两兄弟在这一点上的重大不同，导致人生观的重大分歧，并与最终的决裂不无关系。鲁迅具有尼采式愤怒思想家的酒神精神，所以时常借酒浇愁，痛饮大醉，其日记中有大量记载。周作人具有爱默生式理智思想家的日神精神，所以周作人酷爱饮茶。周作人对人性的了解远比鲁迅深刻，这部分是由于其内心远比鲁迅阴暗，也正因此，他对人性的光辉不抱多大希望，更少不切实际的幻想，所以他没有因为深刻而更绝望，反而是更超然，更平静。但周作人的致命之处也在此，由于他情感淡漠，内心阴暗，他可以与恩重如山的兄长毅然绝交，也可以与父母之邦恩断义绝。在周作人身上，爱智与深情没有得到统一，这使他也同样没能成为深刻的思想家，而是见解不凡、行为庸常的知行分离者。或许正因为他对人性的阴暗了解更深，认定人人一有机会都会放纵自己，所以他认为自己也不妨失足。两兄弟的分别与高下，在这里自然是生死立判。深刻如果表现为世故，聪明如果用于为自己的沉沦寻找托辞，那就仅仅于己有利，而于人于社会于文化极有害——周作人正是如此。天真如果不是因为弱小，不是出于无知，而是对人性的光辉充满希望，那就仅仅于己有损，而于人于社会于文化大有益——鲁迅正是如此。人类的大部分文化遗产，正是由鲁迅式"天真汉"创造出来的。冷冰冰的智慧与深刻，是与鲁迅的热烈天性冲突的。鲁迅的价值不在于他留下了多少完美的作品，而在于他对美好与光明的终生热烈向往，在于他对黑暗势力（包括自己内心的黑暗）永不妥协的战斗激情。

作为热烈的文学家，鲁迅的自我关注较之一般思想家、哲学家更多。鲁迅在被逼之后，能够顺乎天性成为愤怒的思想家，但无论怎么逼，鲁迅都不可能违背天性变成理智的哲学家。大部分文学家的自我关注，主要是自恋，鲁迅甚少自恋而更多自嘲，常以无情解剖的方式表现出来。他的论战文章较多激情，并且激情时而流为意气，正是其文学家天性的明证。尽管其"不宽恕"遗言广受诟病，但如果言不由衷地高喊"宽容"，就更应该受到责难，因为那样他就失去了一个文学家最可贵的真诚。大部分高喊"宽容"者其实并不宽容，而是世故的虚伪，他们表面上也许是宽容的，但骨子里却是不宽容的——所以他们绝不会宽容鲁迅这样的异类；而直言"不宽恕"的鲁迅其实最为仁慈，直言"不宽恕"更是勇敢的反叛和高度的诚实，表面上他也许不宽恕，实际上却做到了最大限度的宽恕。

哲学家是很少不理解人的，而对理解了的必然能够宽恕。宗教家更以宽恕为旨归，即使不理解也一概宽恕，因为只有宽恕才能促人弃恶从善。耶稣说："宽恕他们，他们不知道自己在干什么。"耶稣知道他们在干什么，但他教导不知道他们在干什么的人们也宽恕他们。鲁迅之所以不宽恕，因为他对自己所受之攻击事先没有料到，他受了惊，更受了伤，受惊之深更甚于受伤之深。受惊如此之深，恰是禀性淳厚以致心理准备严重不足的铁证。鲁迅之所以对他自以为同情的阿Q也愤怒多于宽恕，也是因为他对阿Q的同情，其实是蔑视而隔膜的怜悯，而非感同身受的"理解的同情"。如果鲁迅的八字真言"哀其不幸，怒其不争"，能改成"哀其不幸，恕其不争"，一定能得到更多的认同者，因为更像中国的"圣人"而不是中国的异类了。然而这样一改，这位"哀而且恕"的好好先生就不是鲁迅了。"哀而且怒"的斗士，才是真正的鲁迅，才是独一无二的鲁迅，才是无可替代的鲁迅，才是不可或缺的鲁迅，才是伟大的鲁迅。中国传统弊端的顽固性，正需要鲁迅这一剂猛药来以毒攻毒——尽管从哲学立场上来看，也许鲁迅的道路并非正道。对此鲁迅也有清醒的自我认识，因此他才说"愿我的文章速朽"（《野草》）。如果被鲁迅批判的中国文化中的弊端确实被鲁迅的消毒剂消除了，那么鲁迅确实可以不再重要。但是看来这过于乐观，所以，鲁迅是永远的鲁迅，不朽的鲁迅。

五

因此，我不同意有的论者以为鲁迅是"知其不可为而为之"（道家谓孔子语）的人，这句话用在冷静的思想家孔子身上是合适的，用在热烈的文学家鲁迅身上并不恰当。我觉得还不如说鲁迅是"不知其不可为而为之"更恰当——这使鲁迅与他所批评的"做戏的堂吉诃德"正好相反。鲁迅正是一个真诚的堂吉诃德，以一己之微力，要与强大的传统势力决一死战，如同一个挡车的螳螂。比如，青年鲁迅不论是想疗救国民身体还是欲疗救国民灵魂，都是那么自信而毅然决然，毫无踌躇。当钱玄同请他为《新青年》写稿时，鲁迅的自信也是明显的："我懂得他的意思了。他们正办《新青年》，然而那时仿佛不特没有人来赞同，并且也还没有人来反对。我想，他们许是感到寂寞了。"（《〈呐喊〉自序》）鲁迅说这话，是自信他若参与必有反应的。事实也确实如此，鲁迅获得了喝彩和攻击。但鲁迅对喝彩是有预料和自信的，对攻击乃至攻击手段的卑劣却没有足够的心理准备，于是他在"呐喊"之后终于"彷徨"了。他的彷徨，主要是对自己从事思想启蒙的意义的疑虑，这其实是一切文化激进主义者都有的大苦恼。从哲学角度来看，这种苦恼无妨说是天真甚至幼稚。当鲁迅自以为他的思想启蒙毫无意义时，当鲁迅因对自己的工作之价值不明显而失望，而希望自己的作品速朽时，他错了。他的启蒙至今有价值，他的作品确是不朽的。

文明的进步，国民性之改造正是一个长期而且有反复的过程。当鲁迅的后继者因为鲁迅所抨击的文化弊病和民族劣根性大多至今犹存，而对现实表现出过度甚至失当的愤慨时，他们的心理中同样有与鲁迅相似的激进主义成分。这使鲁迅的后继者往往具有与鲁迅相似的、激进主义者大多难免的绝望，由于他们的意志没有鲁迅强悍，这种绝望压倒了他们，于是他们甚至会放弃鲁迅式的社会批判和国民性改造，而洁身自好地逃避现实。

尽管鲁迅是个文学家型的热烈斗士，但他依然是二十世纪初的激进主义思潮中最冷静的战士（比他更冷静的人放弃了战斗），因而也是在当时的时代背景下最为深刻的思想家。"共同抗拒，改革，奋斗三十年。不够，就再一代，二代……这样的数目，从个体看来，仿佛是可怕的，但倘若这一点就怕，便无药可救，只好甘心灭亡。因为在民族的历史上，这不过是一个极短时期，此外实没有更快的捷径。"（《忽然想到·十》）但从对历史进程更深入的把握来看，鲁迅还是难免时有急躁。事实上，仅有一个鲁迅，仅仅一个甲子，根本不可能完成历史长达五千年的中国国民性的改造。古老中国的新生，需要一代又一代鲁迅式斗士，而且需要比鲁迅更冷静更清醒地深知"战斗正未有穷期，老谱将不断的袭用"（《〈伪自由书〉后记》），而又绝不放弃战斗的战士。鲁迅提倡"韧性的战斗",说明他深知自己的急躁。他想避免急躁,但最终是心向往之,实不能至。他出于救国保种的时代急切,心情可以理解,但他对历史会直线进步的进化论式想象,则是当代鲁迅后继者和未来的文化战士、社会批判者,要尽可能避免的。

人类是否真正需要理想主义

　　顾准（1915—1974）是鲁迅以后最伟大的中国思想家，也是鲁迅之后引起我同等程度敬意的唯一一人。这一点，我已从不少朋友那里得到证实，我相信会有我不知道的更多的当代知识分子与我有同感。然而我不能清楚地判断，我对顾准先生的崇敬程度，是否已经超过了对鲁迅先生的崇敬程度，因为顾准先生身上同时具有鲁迅之外引起我同等程度敬意的布鲁诺的圣徒气质。如果说鲁迅对中国传统文化的弊端和他所处时代的社会现状进行了最无情的抨击——但不是全面冷静的哲学批判，而是游侠式的散打和艺术家式的嘲讽，那么顾准先生则是以圣徒般的献身精神，继鲁迅之后对中国现当代社会尤其是政治形态进行了最深刻的反省。顾准先生的现实感是如此强烈而自觉——与那些"其意图在于仰仗我们祖先的光荣历史来窒息科学和民主"（《顾准文集》，贵州人民出版社 1994 年版，第 348 页。以下只标页码）的书斋学者不同，他认为："历史的探索，对于立志为人类服务的人来说，从来都是服务于改革当前现实和规划未来方向的。"（311）

　　众所周知，研究现当代史与研究古代史的危险性不可同日而语，因此顾准先生知道，自己握着一支"用鲜血做墨水的笔杆子"（367）。先生认为："有一种个人主义在中国很少见；像布鲁诺那样宁肯烧死在火刑柱上也不愿放弃太阳中心说。……那种个人主义，中国不是没有，可是，好像只有一个类型，文天祥、史可法之类，而这已是中国专制政治到了末日时候的从容就义，不是社会上升进步中的殉道精神与自我实现了。"（379）很显然，顾准是以布鲁诺式的献身精神从事他的思想探险的。而布鲁诺说过："在真理面前我半步也不会退让。"

有人认为，现代中国只有鲁迅一人可以称"先生"而不名，人人皆知"先生"是尊称鲁迅。在下文中，我对顾准也遵循此例。

我认为，先生对中国乃至世界思想史的重要贡献，有如下三个方面：一，对民主的深刻理解；二，对科学的全面反思；三，对理想主义的独特批判。而这三者具有内在的逻辑一贯性，下面分别予以评介。

一、对民主的深刻理解

很久以来，民主与科学（即"五四"时期提倡的德先生和赛先生）已变成了人云亦云的老生常谈。然而正如黑格尔所说："熟知并非真知。"先生认为："五四的事业要有志之士来继承。"（367）于是先生深入探讨了这两个差不多已经沉没在集体无意识的大海之中的文明航标。

先生首先追本溯源，对希腊民主进行了深入的梳理，这是他的《希腊城邦制度》关注的核心问题。先生正是带着问题进行研究的，他自称与梁漱溟一样是"问题中人"。先生指出，希腊式民主，即由全体公民直接参与的民主方式，在现代大国（不仅中国）中不可能照搬："广土众民的国家无法实行直接民主。在这样的大国里，直接民主，到头来只能成为实施'仪仗壮丽、深宫隐居和神秘莫测'的君王权术的伪善借口。"（259）这一清晰而坚定的论断，比之于某些西方政治家所谓"民主是最不坏的制度"那种避实就虚与含糊其词，需要更深刻的思想洞察。

先生还指出了现代民主的一个特殊误区："有人把民主解释为'说服的方法'而不是强迫的方法。这就是说，说服者的见解永远是正确的，问题在于别人不理解它的正确性。……那么说服者的见解怎么能够永远正确呢？因为他采取了'集中起来'的办法，集中了群众的正确的意见。怎么样'集中起来'的呢？没有解释。"（343）这一判断，同样来自对希腊思想的深刻把握，它涉及辩证法的希腊起源，即苏格拉底所谓"真理助产术"。在希腊式或苏格拉底式辩证过程中，对话双方没有"说服者"与"被说服者"的先验设定，在柏拉图著录的苏格拉底式经典对话中，提问者苏格拉底总是从"我一无所知"开始，并以没有结论但引起对话者思考而结束；然而自称掌握了最高最后的辩证法结晶的现代"说服者"，却总是从我握有"放之四海皆准的普遍真理"开始，最后以"被说服者"放弃自我独立思考、全盘接受"说服者"的思想预制板而结束。"辩证法"的这种形而上学化，导致了当代中国思想的蜂窝状——"理论"、"学说"泛滥，但都是毫无独创性的正六边形！用这样的"思想"进行"说服"，虽然"战无不胜"，却是只有儿童才会相信的神话，与真理风马牛不相及。

先生对此开出了药方："把科学精神当做前提，就可以把'集中起来'的神话打破。你说'集中起来'这个集中，分明带有（1）集中、（2）归纳这两个因素。你主张你'集中起来'的是群众中正确的意见，你就是主张你归纳所得的结论是 100% 正确的。可是你的归纳，绝不比别人的归纳更具有神圣的性质，你能保证你没有归纳错了？何况，这种归纳，实际上往往不过是'真主意，假商量'而已。这么看来，惟有科学精神才足以保证人类的进步，也惟有科学精神才足以打破权威主义和权威主义下面的恩赐的民主。"（345）

先生进一步认为："民主不过是方法，根本的前提是进步。"（345）我认为，这可以反过来检验打着各种旗号的现代"民主"之实质：谁进步得更快，谁发展得更丰富多彩，谁就更民主。先生认为："人民当家作主，那一定是无政府。"（364）"民主，不能靠恩赐，民主是争来的。要有笔杆子，奢望什么人民当家作主，要不是空洞的理想，就会沦入借民主之名实行独裁的人的拥护者之列。"（368）先生致力于为民主呐喊，根本的理由是召唤科学精神："我主张完全的民主，因为科学精神要求这种民主。"（344）"惟有看到权威主义会扼杀进步，权威主义是和科学精神水火不相容的，民主才是必须采取的方法。"（345）于是先生从对民主的历史追溯，转入对科学的学理思索。

二、对科学的全面反思

先生认为，近代科学的真正起源是西方的唯理主义，而"中国思想只有道德训条。中国没有逻辑学，没有哲学。有《周髀算经》，然而登不上台盘。犹如中国有许多好工艺，却发展不到精密科学一样。中国没有唯理主义"。（352）

先生指出："唯理主义最大的好处是推动你追求逻辑的一贯性，而这是一切认真的科学所必须具备的东西。……那种庸俗的实用主义，把逻辑的一贯性和意义体系的完整性看得比当下的应用为低，低到不屑顾及，那也不过无知而已。"（252）我认为，那种把缺乏逻辑一贯性的谬论当作辩证法的"文革"遗毒，至今还在中国知识界作祟。全民背诵官方哲学教条的结果，只能是哲学的庸俗化；全民胡解辩证法的结果，只能是辩证法的形而上学化。当任何人对任何问题都永远"一分为二"时，辩证法就成了登峰造极的形而上学。在这样的集体无意识下，任何谬论都可以被广泛接受，任何人都会被任何谬论说得心服口服。当代中国有的是形而上学化的辩证法杂耍，而当代中国人却缺乏最基本的逻辑常识。正是辩证法的形而上学化，导致了对逻辑一贯性与思想融贯性的无知和蔑视。先生指出："'辩证法'作为批判的即'破'的武器，是有巨大价值的。一旦它成为统治的思想，它的整体性的真理，它的'一元主义'，都是科学发展的死敌。"（418）然而先生对唯理主义的认识并不停留在简单肯定的粗浅层面，因为唯理主义虽然是科学思维方式的起源，却不是科学精神的最后归宿。正如爱因斯坦所说："切不可把理智奉为我们的上帝。理智对于方法和工具有敏锐的目光，但对于目的和价值却是盲目的。"（《爱因斯坦文集·第三卷》，商务印书馆1979年版，第190页）一旦把唯理主义加以神学化，同样可能引发可怕的社会灾难。先生尖锐地指出："唯理主义的理性推理是人的一种心理能力。你怎样才能够唯理主义而不唯心主义呢？"（422）逻辑一贯性是仅就独立的科学学说和哲学论断而言的，正如牛顿的学说必须具有逻辑一贯性，爱因斯坦的学说也必须具有不同于牛顿学说的逻辑一贯性，但两种学说之间的继承和发展关系却是辩证的。所谓辩证，是允许不同意某种学说的人用另一种学说进行争论和加以批评，而绝不是指在同一种学说内部可以翻云覆雨，昨天那么说，今天又这么说；并把与旧说矛盾的新说，称为对旧说的"发展"，而又永远保留旧说的权威招牌。如果是真正的新说，那就应该明确宣布抛弃旧说，因为真正有价值的新说是无须假借旧说之权威的。真正有价值的新说，有自身的逻辑一贯性支持己说，这就够了。正如爱因斯坦的相对论，无须自称"新牛顿学说"，无须自称是牛顿学说的"最新发展"——而且事实上，如果保持牛顿学说的逻辑一贯性，是无论如何也"发展"不出爱因斯坦相对论的。任何理论、任何学说都必须具有逻辑一贯性，这是狭义的科学精神，也就是唯理主义精神；但无论具有怎样的逻辑一贯性，任何理论都没有足够的资格定于一尊，任何学说都没有足够的权威独霸真理。这种辩证的历史发展观，才是能够超越唯理主义局限的广义的科学精神，也就是更高的真正的科学精神。于是先生进入了对唯理主义或旧理想主义的独特批判。

三、对理想主义的独特批判

认为一种学说、一个主义就能全面最后地完成真理，是唯理主义的虚假承诺。且不说某些具有高度逻辑一贯性的学说，或具有内在融贯性的思想，完全可能是有条有理的胡说，这是稍具粗浅的哲学史常识的人都已了解的；即便某种学说思想伟大且正确得前无古人，一旦被神圣化乃至神学化，一旦开始压制和扼杀后之来者，就成了形而上学。也就是说，"前无古人"是可能的，但"后无来者"是绝对狂妄和反动的。哪怕是套着神圣光圈的辩证法，一旦神学化，一旦僵化为教条，也无法逃避这一命运。先生说："惟其只有一个主义，必定要窒息思想，扼杀科学！"（369）这种思想史上常演不衰的闹剧，源于一种根深蒂固的思维迷信。这种迷信认定人类有可能找到最高最后的终极真理或绝对真理，并有可能用这种最高最后的终极真理或绝对真理建立一个完美无缺的至善天国。先生指出："设定人负有神圣的使命，有其历史的终极目的；这比上帝之说当然进步了，进步得不可估量了。然而就其惟理论的特色而论，这不过是没有上帝的基督教而已。"（248）这种思维迷信，正是把唯理主义推向极端化所致。唯理主义的最大弊病，就是这种乌托邦的理想主义，这从唯理主义的祖师爷柏拉图的《理想国》就已经开始了。先生指出："相信绝对真理的人和狂热的基督徒一样，都讨厌庸人气息，赞美一天等于二十年的革命风暴。"（363）"地上不可能建立天国，天国是彻底的幻想；矛盾永远存在。所以，没有什么终极目的，有的，只是进步。"（370）"至善是一个目标，但这是一个水涨船高的目标，是永远达不到的目标。"（375）乌托邦式的旧理想主义，是人类做不醒的一个美梦；而由于做不醒，美梦就会变成噩梦！

先生最有价值的贡献，正是对这种来源于唯理主义的乌托邦式旧理想主义的严厉批判，这种批判集中体现在先生的《从理想主义到经验主义》一书里。极端的唯理主义会走向盲目的理想主义：唯理主义的逻辑一贯性固然是早期科学赖以萌芽的土壤，但唯理主义的逻辑一贯性一旦僵化，唯理主义的内在融贯性一旦反客为主地不顾现实，并且荒谬地以逻辑来强奸现实，就会走入思想独断论的死胡同。因此，必须把唯理主义与经验主义结合起来。正如早期科学的皇冠戴在数学头上（绝对的唯理主义），而现代科学的真正领袖却是实验物理学。先生指出："近代自然科学的实验主义、多元主义，以及自然科学的迅速发展，繁荣昌盛，总的说来，是唯物主义的经验主义的后果。"（426）

其实，先生原本也是理想主义者和唯理主义者，虽然他在思想后期宣布"坚决走上彻底经验主义"（424），但他不仅在事实上，而且在气质上，根本是个理想主义者："我自己也是这样相信过来的。"（424）因此先生在反思旧理想主义时不失公正地说："理想主义虽然不科学，它的出现，它起作用，却是科学的。"（406）先生厌恶的，是"把理想主义庸俗化了的教条主义"。（405）正是早期信奉的旧理想主义中的唯理主义独断论成分，使他在身受其苦以后幡然醒悟，于是先生投入了对旧理想主义最不妥协的批判。我相信，不是真正的理想主义者，就不会对变质了的理想主义作出如此坚决的反叛。先生虽然是个新理想主义者，但为了理论的尖锐性和立场的鲜明性，先生却宣布自己是个经验主义者。因为唯理主义是封闭的，而实验主义或经验主义是开放的。与此相应，旧理想主义是独断论的、终极论的，并且常常是末世论的；而新理想主义是科学主义、实验主义、经验主义，也就是多元主义和相对主义。先生认为："哲学上的多元主义，就是否认绝对真理的存在，否认有什么事物的第一原因和宇宙、人类的什么终极目的。……一切第一原因、终极目的的设想，都应该排除掉。而第一原因和终极目的，则恰好是哲学上的一元主义和政治上的权威主义的根据。"（346）先生对历史发展的认识甚至达到了这样的高度："最有害的思想也推动过思想斗争，而没有思想斗争，分明就没有进步。"（346）也就是说，即便是思想界的群魔乱舞，也比万马齐喑的定于一尊更有利于进步。在当年的政治背景下，一个没有理论勇气和历史洞察的思想家，不仅不敢这么说，甚至连想也不敢这么想。

即便旧理想主义在以前的思想斗争中一度正确过，在过去的社会实践中一度成功过，也无法用任何辩证法杂耍来证明它现在和将来也永远正确、永远成功，因为这在逻辑上是不完全归纳。先生反问道："你哲学家有多大能耐……你根据多广泛的观察，说你已经发现出来绝对的普遍的规律了？"（420）"自然界如此浩瀚广阔，丰富多彩，你能添一粒沙子进去已经很不容易了，你妄想用一种什么哲学体系来一以贯之，那简直是梦呓。"（420）对此，唯理主义哲学传统的最大反叛者尼采曾有过极痛快的意见："哲学体系仅在它们的创立者眼里才是完全正确的，在一切后来的哲学家眼里往往是一大谬误，在平庸之辈眼里则是谬误和真理的杂烩。然而，无论如何，它们归根到底是谬误，因此必遭否弃。"（《希腊悲剧时代的哲学·原序一》）先生借用了鲁迅的著名提问：娜拉出走以后怎样？先生认为："'娜拉出走以后怎样'，只能经验主义地解决。"（405）乌托邦主义、旧理想主义对成功地出走后的娜拉没用。历史已经证明，并且还将继续证明：

"哲学问题不解决，永远只能引入而不能创新，永远不会有'自主性的创造性'的学术研究。"（418）先生认为："每一个人有他自己的哲学。所以，惟有多元主义而不是一元主义，才是符合于百花齐放百家争鸣的。"（419）

正因为先生早年有过献身旧理想主义的经历，才会对唯理主义者具有感同身受的"同情的理解"："唯理主义者，尤其是革命家们，是革命的理想主义者。他们惟有坚持'理想'是唯物的，有根据的，同时又是绝对正确的（或者谦虚一些，是组成绝对真理的某个重要成分），他们才心有所安。他们惟有坚持真就是善，才能理论与实践一致地勇往直前。这是一种道德哲学的原因，本来应该为之肃然起敬的。"（424）我认为这种同情的理解非常重要，只有在此基础上，才能超越利益得失和个人恩怨，不流于意气，不激于义愤，冷静地论事不论人，客观公正地分析批判，总结历史教训，使已经发生的社会性灾难不白白付出代价，并且避免再发生同样的悲剧。

值得欣慰的是，诚如先生所言，历史正在进步，一元主义的大一统旧格局正在虽然缓慢但无可挽回地逐渐打破，先生"自己的哲学"作为多元主义之一元，也终于得以面世，成为中国现代思想史的重要创获。我坚信，历史将会进一步证明，先生不仅属于现代，同样属于未来；先生不仅属于中国，更加属于世界。然而，对先生的崇敬依然无法使我对先生的学说过分迷信。如果说我对先生有什么保留，主要就是他的旧理想主义和唯理主义的残余，这一点，即便在他的杰出著作中也是不难看到的。比如，"文革"、中国革命乃至世界社会主义革命的挫折，不完全是一时一地某种学说、某个党派或某个领袖的责任，它有更深远的思想史上的、思维方式上的深层原因，先生以过激的义愤归咎于一些偶然因素，过度谴责个别领袖，是不够冷静的，也是失之偏颇的。我疑心，历史有它自己的运作方式和自然节奏，并不是个别权威或反权威能任意操纵和左右的。先生对个别历史人物的过度愤怒，似乎折射出一些英雄史观的消息。我也很怀疑，社会的进步是否真正仰赖于个别先知或超人来指点江山？以天下为己任的思想家们，是否像他们所批判的对象一样，也犯了过于托大的毛病？因此我以为，在历史的长期不合理性的探求方面，以及对个人激情的不够节制方面，先生还是过于诗化了，这对于一个深刻的思想家来说，显得不够从容和丰厚，具有明显的精神贵族气质或文化精英倾向。这或许也是时代的共同错误吧！我相信，如果人要诗意地活着，哲学就必须少一些过于主观的诗意。正如顾准之弟陈敏之所言："诗的时代过去了，现在是散文的时代。"（434）然而这一白璧微瑕，或许与先生研究历史的初步性、表达方式的私人化（顾准的主要著作是作为私人通信保留下来的）以及那个特殊时代的特定氛围有关，因而我在感情上不愿苛求先生，我只能对先生没有如愿完成自己的研究计划而深深地遗憾，并因这一遗憾无法弥补而长长地叹息。因为毕竟，在基本的思想和立场上，我与先生同歌哭，共喜怒。愿先生在天之灵安息！

《围城》与吉卜赛情结

　　我不知道把钱锺书的《围城》称为"流浪汉小说"的具体依据是什么，因为众多乃至大部分优秀长篇小说都以广义的流浪为主题。《荷马史诗》以及一切史诗，骑士文学，海盗文学，冒险小说，流放小说；司各特，大仲马，康拉德，海明威；杰克·伦敦的航海小说，凡尔纳的幻想小说，吉卜林的印度小说，杜拉斯的西贡小说；《堂吉诃德》、《巨人传》、《格列佛游记》、《爱丽斯漫游奇境记》、《尼尔斯骑鹅旅行记》……这一书单是开不完的。西方作家甚至在以城市或定居者为主题的小说中，也每每充满热情地加入流浪的吉卜赛人的形象，比如雨果的《巴黎圣母院》和马尔克斯的《百年孤独》，更不必说直接讴歌流浪的浪漫主义作品：拜伦的《唐璜》和《恰尔德·哈罗尔德游记》，以及直接赞颂吉卜赛人的文学双璧：普希金的《茨冈》和梅里美的《卡门》。当然并非没有反例。如奥斯丁的《傲慢与偏见》、小仲马的《茶花女》以及毛姆的《刀锋》，包括所有以城市或沙龙为基本舞台的小说，但这些例外反而更坐实了定居民族对流浪的渴望。因为流浪型小说中的流浪主人公几乎都是作家心目中的英雄或理想人物，而定居型小说中的客厅主人公几乎都是作家讽刺和挖苦的对象。这是极少例外的。似乎可以大胆假设：小说家们一致认定，屋檐下只有假恶丑，旷野中才有真善美。门里门外被一条铁门限判然划开，城里城外为一堵高墙凛然阻隔。

——莫非这里面真有什么奥妙吗？

<h2 style="text-align:center">一</h2>

究其实，艺术是对现实缺憾的心理补偿和化装满足。生活中缺乏什么，艺术就描绘什么。小说产生于定居的城市文明，因此对于定居的、城市的并且闲暇而寂寞的人们来说，小说就必然要表现流浪的、旷野的并且紧张而危险的另一种生活——这也几乎注定了小说必然是虚构的和可望而不可即的。我在一首诗中曾经写道："流浪是城市的永恒渴望。"这种渴望的强烈程度确实达到了近乎原欲的地步，或许可以把这种渴望，恰当地称为"吉卜赛情结"。

其实在世界民族之林中，与流浪结下不解之缘的，除了吉卜赛人之外，还有犹太人，但犹太人的流浪总是具有某种被动性，他们仅仅是不情愿的、宿命的流浪者，仿佛是受了诅咒的该隐。上帝对该隐说："你必无家可归，漂泊一生。"无论是从埃及法老的皮鞭下逃出，还是从巴比伦王的囚笼里放出，或者最终从耶路撒冷的圣殿中被逐出，当犹太人一次又一次地浪迹天涯之时，他们更渴望的不是流浪，而是家园。犹太人渴望定居在"流奶与蜜"的迦南地而不可得，这使犹太人成了最具悲剧性的民族，仿佛是人类总体命运的象征。

吉卜赛人无疑是更悲壮的民族，他们是主动的天生的流浪者。对吉卜赛人而言，流浪是与生俱来的唯一的生活方式，他们世世代代地流浪着，没有目的地，没有终点站，仿佛是固置于"走廊意象"的偏执狂，他们拒绝被任何定居文明所同化。可是当他们——茨冈人、吉卜赛人、波希米亚人——欢天喜地地、奇迹般地出现在一个定居的、自认为是文明种族的土地上时，哪个定居者不为自己相形之下的平庸和凡俗、苍白和病态而感到羞愧呢？每一个人几乎都不由自主地萌动了潜伏在灵魂深处的渴望，这就是"吉卜赛情结"。

多少个世纪以来，诗人、小说家、音乐家们献给吉卜赛人的颂词，远远超过了他们献给自己恋人的热情，梅里美的小说《卡门》，借助比才的同名歌剧，创造了一个真正的艺术奇迹。而市民、农夫、修道士、灯塔守望者对于吉卜赛人的羡慕，也绝不亚于他们对天堂的向往。显克微支的小说《灯塔守望者》，就是以守望老人神秘失踪而开始的，我猜测老人是去流浪了，就像老托尔斯泰的离家出走。成为水手、传教士、云游僧、朝圣者、地质学家、推销员甚至流浪汉，都是定居者释放吉卜赛情结的可能途径，而更多的人则是通过郊游、旅行和观光来满足这一情结的。

我相信，鼓舞法显、玄奘、徐霞客和马可·波罗、哥伦布、麦哲伦的巨大激情，绝不仅仅是学者们言之凿凿的那些理由。况且我们从梅里美的《卡门》中得知，西班牙是吉卜赛人最多的国家，哥伦布船上那些安达路齐亚水手和加泰隆尼亚舵工的血管中，流动的正是被卡门激动起来的血液。毫不奇怪，虽然吉卜赛人也随着殖民者的远征，渡过大西洋来到了南美洲，虽然殖民者们在战争结束后纷纷从动荡回归定居，吉卜赛人却丝毫没有打算改变自己的生活方式，他们只是换一块大陆继续流浪罢了——中国人已经在电影

《叶塞尼亚》和小说《百年孤独》中多次见到了他们的身影。

每一个具有旅行经验的人都感受过逼近目的地时的那种欣喜若狂，你的眼前浮现出一切能够设想的奇景，这是人生最值得珍视的幸福之一。然而幸福感转瞬即逝，随着目的地的真正抵达，至福幻象立刻化为乌有。吉卜赛人以他们真正值得骄傲的阅历认定，海市蜃楼不仅仅存在于大海和沙漠那云蒸霞蔚的颤栗空气之中，也可能由钢铁、大理石或任何看似坚固不朽的材料建成。他们似乎天生就拥有《旧约·传道书》中"阳光底下无新事"的深刻智慧，对在人间找到乐园已不抱任何幻想；他们又似乎彻悟了人生的意义就在于追求的过程，因此义无反顾地把自己抛掷于由偶然性左右的悲壮的永恒流浪。据此猜测吉卜赛人起源于产生了最悲观同时也是最深刻的宗教与哲学的印度次大陆，或许并非无稽之谈。

二

颇为不可思议的是，吉卜赛人却从未沿着丝绸之路踏上过中国这块定居性最强的土地。中国曾接纳过包括犹太人、波斯人、穆斯林、基督徒和印度高僧在内的几乎一切民族，却唯独从来没有出现过吉卜赛人那极富反讽意味的悲壮行列。这从某种意义上暗示了中国人是世界上最非吉卜赛的民族，中国人的吉卜赛情结在封闭文化中受到了最深最久的压抑。几千年的封建户籍制和保甲制，把中国人禁锢在自己的土地上，并在儒家伦理的"成文化育"（《尚书》）下被合理化、理想化，"生于斯，长于斯"的定居生活成了天经地义的唯一生活方式。中国本土的流浪艺人从来没有赢得过艳羡的目光，而永远是看客同情的对象。黑格尔在《历史哲学》中曾大惑不解地写道："欧洲人被（中国人）当做乞丐那样看待，因为欧洲人不得不远离家乡到国外去讨生活。"在中国，商人的职业因要出门营运也长期遭到普遍的鄙弃。中国人的旅行总是要有赴考、贬谪、戍边、流放、逃难、避祸等迫不得已的理由，而极少有吉卜赛式的为流浪而流浪。

在中国丰富灿烂的文学宝库中，根本找不到正面抒发"吉卜赛情结"的作品。曰"不如归去"，曰"行不得也哥哥"，诗中常闻子规啼，笔下每传鹧鸪声。杜鹃几乎算得上国鸟。曰"父母在，不远游"，曰"征夫泪"、"游子悲"，边塞之愁惨风物，固不足与论本地之旖旎风光。《诗经》中最感人的诗句是："昔我往矣，杨柳依依；今我来思，雨雪霏霏。行道迟迟，载渴载饥；我心伤悲，莫知我哀。"（《小雅·采薇》）最富历史意识的中国人从来没有写过一部史诗——因为史诗必是流浪的，倒有无数悲哀的"明妃曲"和凄怆的"出塞图"。从文学角度来看，《法显传》和《大唐西域记》只是一大堆地名和国名的索引，从中找不到丝毫《马可·波罗游记》中那种吉卜赛式的欢欣。《西游记》的创作构想，就是以旅行为苦的，故有所谓"九九八十一难"。而与《西游记》写出门之艰辛相映成趣的是，荷马史诗《奥德赛》写的是回家之艰辛，两者的旨趣正相反对。唐三藏岂止是归心似箭，一到西天他就飞回来了。而奥德修斯（即尤里西斯）归途漫漫走了二十年——你很难判断他到底是想回家，还是想尽一切办法延宕着迟迟不肯回家。而且还必须注意到，唐三藏是个六根清净的和尚，奥德修斯却有老婆孩子热炕头在等着他。同样，与东来中土传教的印度高僧的人数相比，东去扶桑弘法的中国高僧的人数显然要少得多，因此鉴真东渡的故事才那么弥足珍贵而又催人泪下。可以发现，中土佛教主要是人家送来的，而日本佛教虽然源于中国，但主要是人家来取走的。总之，中国人就是"不动"明王，因为中国人信奉"一动不如一静"。与相信"生命在于运动"的西方人相比，中国人相信"生命在于静止"。从庄子的"坐忘"到唐以后的"坐禅"，中国人"坐地"坐了两千多年，却坚信自己正在"神与物游"地"坐地日行八万里"。

中国最伟大的小说《红楼梦》，也是极端定居型和室内型的，支撑全书的情节和魅力所在，正是属于中国文化精华部分的室内型游戏，诸如琴棋书画、酒令骨牌、戏文饮食等，如果抽去这些内容，也就"红楼梦残"了。而大观园式的中国园林艺术更充分地体现出中国人"吉卜赛情结"的贫弱，以世界上"最崇尚自然的民族"自居的中国人，却不肯劳动尊腿，像先知穆罕默德那样说："既然山不肯过来，那么只好我向山走去。"中国人以盆景的方式把户外的山水移到了自己家里，满足于以假充真；而造不起假山池沼的人们则满足于面对一幅云林山水"卧游"一番。如此固执而狡狯，难怪阿拉伯人要说"即便智慧远在中国，也要去求取"。反过来，中国人当然认定天下智慧尽集于斯，无须远行去求取的了。以吉卜赛人的立场来看，放着广袤的旷野不去闯荡和徜徉，却流连在方寸之地的回廊中转来转去，无论如何是滑稽且令人费解的。米诺斯迷宫是为了让别人而非自己来钻才建造的，而它的目的是让别人而非自己迷失方向。着迷于中国文化的博尔赫斯在他的杰作《小径分岔的花园》中，虚构了一座神奇的中国式园林，并说："写小说和造迷宫是一回事。"博尔赫斯至死不明白为什么自己没有像马尔克斯那样获得诺贝尔文学奖并饮恨而死，我想大概就是因为他过于迷醉于内心风景同时把读者搞得晕头转向的缘故；也就是说，他缺乏的只是吉卜赛激情，而非天才。

天才与伟大常常执着于一偏。中国人的民族性格冲和恬淡，看似不走极端，"叩其两端而执其中"（孔子），殊不知永远不走极端，甚至在需要走极端也就是需要某种彻底性的时候，也不敢彻底，恰是另一种偏执和极端。中国人的原欲，终于"发乎情，止乎礼仪"（《毛诗序》）了，然而并没有如所愿望的那样"止于至善"（《大学》）。不走极端的中国人很难想象"杀父恋母"的俄狄浦斯情结，也终于没有传染上吉卜赛情结——这可说是中国传统文化缺乏外向性的动力学根源。

三

由近代科学（军事技术是其副产品）所推动的全球一体化进程迫使中国人走出"国门"，亲眼见到了并非虚构的"西班牙"、"葡萄牙"，《围城》的作者钱锺书正是最早跨过这道铁门限的人之一。"门"在此几乎不是比喻性的，因为被"围"之"城"就是拥有世上最长之"城"的天朝。想冲进来的"城外的人"就是一八四〇年以后的列强，小说中则落实于当时的日本侵略者；想冲出去的"城里的人"则是"吉米张"所代表的极少数洋奴式人物。作者安排方鸿渐和孙柔嘉在中国香港草率成婚的深意，似乎暗示香港正是中西文化强奸式联姻的不良产儿。作者希冀的或许是更健康更平等的相互恋慕，但要达到这种平等健康，就必须抛弃屈原式的狭隘民族主义和传统爱国主义，这似乎是作者用屈原的官职"三闾大夫"做那所后方大学的校名"三闾大学"的命意所在。"导师制"从"牛津大学"的健康的朋友式演变成"三闾大学"的病态的主仆式，其结果，以妾妇之道被迫接受外来文化，得到的只有"梅毒和鸦片"，整个中国成了一所有名无实的"欧亚大旅社"。也就是说，中国成了欧亚列强和各国冒险家释放"吉卜赛情结"的奥林匹克竞技场。因此方遯翁、方鸿渐父子的命名取自《周易》"遯"卦与"渐"卦，就不仅仅是用来暗示他们的性格与命运，而是借《周易》的文化代表性让方氏父子象征二十世纪初完全不同的两代中国人。顺便一提，"遯翁"是朱熹晚年的别号之一。朱熹的文化代表性是不言而喻的。方遯翁对被迫逃出无锡老宅避入上海租界的耿耿于怀，深刻地揭示了传统中国的非吉卜赛思维，同时上海又是另一个强奸式文化联姻的产儿。而方鸿渐作为第一代向西方寻求真理的知识分子，由于根深蒂固的非吉卜赛传统，依然具有"中学为体，西学为用"（张之洞）的遗少习气和消化不良。并且作者用方鸿渐的化身赵辛楣的政治背景和行为特征（学政治学出身）来暗示中国第一个被迫走出封建"围城"的政府——中华民国的基本命运，也将与方鸿渐们相似。因此作者在小说末尾方、孙婚姻破裂后，方鸿渐应赵辛楣之邀即将赴重庆（战时民国首都）前，让他在丧“钟声”中睡成“死的样品”，就作出了一个书斋学者而非社会思想家在当时的言论限度内可能有的最辛辣的讽谕：预言国民党政府在大陆的统治即将寿终正寝。

从整体结构看，《围城》是一部召唤“吉卜赛精神”的象征小说——不过它的基本场景还是以室内为主，即便人在旅途，也不是在轮船中、旅馆内，就是在汽车里。而作者无所不在的讽刺，正是表明他试图从室内突围而出。小说以“热拉日隆子爵”号的流浪始，以方鸿渐即将走向重庆即走向死亡的流浪终。方鸿渐流浪的失败在于未摆脱“围城情结”，而“围城情结”正是“吉卜赛情结”的反面。惊“鸿”一瞥的唐晓芙是作者精心创造的“吉卜赛精灵”，她当然不是“围城”中的人物。因此我认为，《围城》既非爱情小说，也非婚姻小说，方、孙婚姻的失败象征了中西文化联姻的失败，失败的根源在于中国人尚未走出定居文化的“围城情结”，尚未义无反顾地走向吉卜赛。

《围城》的象征性在小说中在在有迹可循，比如“子爵号”和“三闾大学”的封闭性，赴“三闾大学”途中的轮船和长途汽车的封闭性，“欧亚大旅社”和那扇“破门框”所象征的开放的有名无实，以及方、孙从香港归沪途中，方鸿渐从收听广播引出的那段宏论所象征的精神性“围城”，等等，只是由于作者过于旺盛的语言巧智，使这种象征变得闪烁不定而难以窥破。

广义地说，“五四”以后所有的优秀作品都是针对传统定居文化中“围城情结”的批判，如巴金的《家》、老舍的《四世同堂》、曹禺的《雷雨》和鲁迅的全部作品（鲁迅称传统中国为"铁屋")。但现代文学尚未提供直接抒发中国人觉醒了的"吉卜赛情结"并且可与本文开头罗列的世界名著媲美的真正杰作。港台武侠小说中的吉卜赛潜意识因其旧瓶装新酒而回天乏术,落入"儒以文乱法,侠以武犯禁"(韩非)的围城困境,金庸不得不以韦小宝式的扯淡而被迫封刀。三毛可以说是中国第一个活生生的"吉卜赛女郎",但她的作品因过于纪实而缺乏强劲的感染力和深刻的悲壮感。尽管如此,"金庸热"和"三毛热"依然有效地应和了中国人压抑过久的"吉卜赛情结"的觉醒。金庸固执地拒绝重操旧业和三毛的绝望自杀,都充分显示出中国人走出围城走向世界的决心。三毛对西班牙人荷西和沙漠幻影的一往情深,更让我们想起梅里美笔下"不自由、毋宁死"的卡门形象。也因此,金庸和三毛具有非同一般的文化意义和特殊的时代意义。我似乎已经依稀看到了流浪型文学兴起的好兆头,看到了"吉卜赛情结"觉醒的契机。当然,伟大作品尚未出现,但或许已为时不远;而伟大的文学虚构,将重塑一个民族的精魂。

最后,我想借用一部描写定居与流浪的文化对峙的杰作——德国作家赫尔曼·黑塞的《纳尔齐斯与哥尔德蒙》中的两句话,来结束本文:

"他始终是财产拥有者和安居乐业者的对头和死敌。"

"要么当小市民,要么当流浪汉。"

间世异人资耀华

> 视之不见名曰微，听之不闻名曰希，搏之不得名
> 曰夷。
>
> 迎之不见其首，随之不见其后。执今之道，以御
> 今之有。
>
> ——《老子》十四章[1]

我对自己的文字嗅觉向来自信，瞄两眼就决定一本书
该立刻放下还是潜心读完。这一本很特别，瞄了两眼已打算
放下，但不知何故，我却翻到其中一章读起来。读完一章
又打算放下，但不知何故，我竟强迫自己硬着头皮从头读起。
整个阅读过程，文字嗅觉不断阻止我读完它，但非关文字的
直觉却驱使我欲罢不能。鬼使神差地读完全书，我目瞪口呆。

资耀华先生是难以概括的人。读其完成于 1990 年的自
传《世纪足音——凡人小事八十年》时[2]，我的脑中不断跳
出习见的各种人格类型，但是无一合适，只能承认技穷，
敬服资公为"异人"[3]。

1　本文多及湘人。湘人者，楚人也。自古惟楚有材，至今湘人多杰。因老聃
　　亦为"楚人"（老聃实为陈人，公元前 479 年楚灭陈，因而后世传其为楚人），
　　故注中广引《老子》（仅标章次），以与正文复调映射。注文为本文不可或
　　缺之有机组成，同步对观者可得相互发明之趣。

2　资耀华：《世纪足音——凡人小事八十年》，湖南文艺出版社 2005 年版。

3　二十章：我独异于人，而贵食母。

一、不幸之幸，吉人天相

资公1900年生于湖南耒阳。1916年小学毕业后赴东京，报考日本人返还部分庚子赔款招收的官费留学生。考场不在中国而设于日本，是因为日本人不相信中国官僚，怕他们徇私舞弊。在700多名中国报考者中，资公成了48位考取者之一，于是去东京的湖南省留学生监督处报到。学生监督是湖南人田汉（1898—1968），早已耳闻资公是最年轻的考生，所以对其他报到者一一登记了事，留下他最后登记，并催促他搬到隔壁，以便就近照应。

1918年10月的一天，资公感染了肆虐日本的西伯利亚流行感冒，突然病倒在床，不省人事。当晚田汉迟迟不见他回来，急得破门而入，把昏迷不醒的资公送入医院。医生说，若再迟两小时，就来不及抢救了。

资公说："真是不幸中的万幸。事后追忆，我曾有五个假设：假设田汉不是学生监督；假设我没有遇到田汉；假设田汉当时未管我搬家的事；假设不是搬在田汉的隔壁住；假设田汉那天晚间没来看我，而是第二天早晨来看我。这五个假设之中，只要有一个是真的话，我这条小命，在七十多年前就已经客死异乡而埋骨东瀛了。"

其实五个假设都不成立。我不是说历史不可假设，而是说由于资公的特异，他命中注定会逢凶化吉，九死一生而履险如夷。正是由于特异，资公每有困厄必有贵

人相助 [1]。但助他脱厄的贵人远没有他特异，无一能够自脱己厄 [2]。

资公在日本遇到的另一位湖南同乡是李达（1890—1966）[3]。无所不知的李达，巨细无遗地为他设计了一条理想进路：进入京都帝国大学经济学院，拜著名左派经济学教授河上肇（1879—1946）为师。资公说："李达的一席话，使我茅塞顿开，'胜读十年书'，事实上我以后的学习经历也就是按照他指示的道路进行的。"这句话看似轻易，其实隐含着惊人的毅力和才华。有几个人能够择善而从地设计理想，然后任重道远地抵达理想？对大多数人而言，抵达之地与理想目标总会发生偏离，但对资公而言，抵达之地与理想目标不会发生偏离。无论环境有多糟，干扰有多大，他总能挥洒自如地抵达至高境界。

1920 年，资公回国度假，在西湖岸边独自吹箫，吸引了湖中游船上的一家子 [4]。携小辈租船游湖的女主人，令长婿上岸致意。接谈之下，始知是京都帝国大学同校不同系的同学。十年后的 1930 年，资公成了女主人的次婿。资公夫人童益君同样令人钦敬，是一位品行高洁、人格完美的杰出女性。

1　五十五章：含德之厚，比于赤子。毒虫不螫，猛兽不据，攫鸟不搏。

2　湘人田汉 1968 年被迫害致死，时任文化部艺术局局长。

3　湘人李达 1966 年被迫害致死，时任武汉大学校长、中国哲学会首任会长。

4　资公多才多艺。除了品箫吹笛，还会胡琴、小提琴、曼陀铃等。也学过昆曲、戏剧，与京剧大师程砚秋（1904—1958）惺惺相惜。

二、见机之先，算无遗策

留日十年以后，1926年资公毕业。作为官费留学生，他必须去北京教育部报到，归国前向师长一一辞行。一位日本教授对他说："你是湖南人，我也到过湖南。我对湖南特别有好感，我钦佩你们湖南人。湖南出过曾、左、彭、胡那样杰出的人材，我看将来能够收拾大局的恐怕还是湖南人，所以我把名字改为内藤湖南。"[1]内藤湖南（1866—1934）托资公带一封信给其湖南老友，做过内阁总理、财政总长的熊希龄（1870—1937）。

资公在北京的两所大学短暂执教后，熊希龄把他介绍给自己的前秘书、《银行月刊》李编辑，于是他开始为《银行月刊》撰稿。熊希龄又把资公推荐给自己做财政总长时，曾任泉币司司长的汇业银行北京分行李经理，资公从此进入金融界。有趣的是，熊希龄派李编辑说项，欲将甥女嫁给他。李经理也派部下作伐，欲将胞妹嫁给他。足见资公玉树临风之卓异神采，然而早已有了意中人的资公，都一口回绝。

尽管不识抬举，资公还是凭着惊世才华，于1928年初春被调入汇业银行天津总行，并受命筹建奉天分行。然而资公迅即作出判断：经营不善的汇业银行难以维持到年底。正在此时，上海银行总经理陈光甫（1881—1976）因

---

1 曾国藩（1811—1872）、左宗棠（1812—1885）、彭玉麟（1816—1890）、胡林翼（1812—1861），为缔造"同治中兴"的晚清湘中四杰。

激赏资公发表在《银行月刊》上的文章，委托湖南人唐有壬（1893—1935）找到了他[1]。1928年8月，资公果断离开汇业银行，加盟上海银行[2]。从此以后，陈光甫对雄才大略的资公言听计从，上海银行也因此不断发展壮大。果然不出资公所料，汇业银行在1928年年底前宣告停业。这不过是其超常预见力的牛刀小试，此后还将屡试不爽，而且平生决策无一失误[3]。

除了东北和四川两大区域，上海银行当时已在全国各大商埠开设了分行。1930年，陈光甫委派资公前往东北，考察开设分行的可能性。尽管东北的银行同业热烈相邀，然而资公的考察结论是："东北三省已经成了一个大脓疱，迟早非穿不可，一切工作等脓疱穿了再看。"次年果然发生了日本侵占东北的"九·一八"事变。资公说："上海商业储蓄银行终于没有匆忙进入东北，这亦是大不幸中之小幸。"

随后陈光甫又委派资公前往四川，考察开设分行的可能性。这次资公听到两种意见：船王卢作孚（1893—1952），力陈上海银行入川之利。蜀中银行同业，痛陈上海银行入川之危。资公考察后力主入川，并提出具体方略。上海银行很快就在重庆、成都、自贡等地开设了分行。资

---

1 湘人唐有壬1935年遇刺身亡，时任南京政府外交部副部长。

2 六十四章：其安易持，其未兆易谋。其脆易泮，其微易散。为之于未有，治之于未乱。

3 二十七章：善数不用筹策。三十八章：前识者，道之华，而愚之始。是以大丈夫处其厚，不居其薄；处其实，不居其华。四十七章：圣人不行而知，不见而名，不为而成。

公说："这些分行的设立，其实具有战略意义。后来抗日战争爆发，重庆成了陪都，上海商业储蓄银行因有这些分行，很方便地将上海总管理处迁入四川，得益匪浅，此又是一个不幸中之小幸。"

资公屡屡言及"不幸之幸"，不自矜其能，不自伐其功，不以算无遗策自炫，极具为而不恃、功成不居的大宗师风范[1]。

三、外圆内方，狷介不苟

1931 年 1 月 26 日夜间，日本记者高桥赶到闸北资寓，告知战事在即，敦促资公尽快搬进租界。资公全家于当晚入住英租界的亲戚家。仅隔一天，"一·二八"上海战役爆发。闸北江湾一带，成了十九路军抵抗日军的主战场[2]。

1933 年，资公被上海银行派往美国进修。先到旧金山，一位曾经受聘上海银行的美国专家，驾车带资公观光。"有一次在高速公路上，他把车速开到每小时 90 多英里到 100 多英里，他是故意炫耀，我实在有些惊心动魄，但我也不肯示弱请其开慢点，不过我当时确实有舍命陪君子的感觉。"在温润柔弱的外表下，资公的内心竟然如此坚毅刚强[3]。

1　二章：功成而弗居。三十四章：功成而不有。五十一章：生而不有，为而不恃。二十二章：不自见故明，不自是故彰，不自伐故有功，不自矜故长。七十二章：圣人自知不自见，自爱不自贵。

2　五十章：出生入死。盖闻善摄生者，路行不遇兕虎，入军不被甲兵。兕无所投其角，虎无所用其爪，兵无所容其刃。

3　三十六章：柔弱胜刚强。七十八章：弱之胜强，柔之胜刚。四十三章：天下之至柔，驰骋天下之至刚。

随后资公抵达费城，进入陈光甫在美留学的母校，宾夕法尼亚大学工商管理学院——沃顿学院。陈光甫当年的导师约翰逊教授，受托指导资公的学业。约翰逊破例宴请资公，并允诺随时予以协助，不过资公并未投桃报李地选修约翰逊的课程。"此举可能引起教授的不快，但我选的课程已满负荷，无法再选不愿学习的课程来使其满意。"这一细节，充分显示了资公外圆内方、绝不曲己媚人的高贵品格。

1934年，资公由美赴英，考察银行制度，顺道游历欧洲之后返沪。1935年春，上海银行天津分行经营不善，三百多万贷款中的两百多万，成了无法收回的呆账。资公临危受命，接任天津分行和北京管理行经理，同时兼任中国旅行社华北区经理。资公到任后大展长才，不仅迅速扭转困局，而且在京津金融界异军突起。

1935年，资公频繁往返津沪两地，既要在天津分行独当一面，又不断被上海总行召回应对难题。鉴于金融界普遍银根紧缺，资公建议上海各大私营银行摒弃私见，打破壁垒，师法日本劝业银行，联合成立一个规模巨大的不动产抵押银行，以各行不动产作抵押发行债券，把死资产盘活为活资金，摆脱银根不足、业务萎缩的困境。上海各大银行沟通磋商之后，于1936年采纳建议，并且公推资公出任总经理。在向财政部、中央银行申请开业的同时，资公于开业之前，赴日考察劝业银行的制度设计。

赴日期间，一位反战的日本同学、评论家室伏高信对资公说："您怎么这个时候还来日本？日本军阀已准备大举侵略中国，这不是今年、明年的事，而是今天或明天的事了。您得赶快回中国去，否则就可能当俘虏了。"

资公当即返回上海，这边也发生了变故。宋子文（1894—1971）同意银行开业，条件是由其弟宋子良出任总经理。各大银行窥破了宋子文插手并控制各大私营银行的意图，不得已撤回申请。资公返回天津的次年，战争全面爆发。不少金融界同仁避往后方，但资公坚守在沦陷区济世救民，每天中午主持天津银行界同仁的聚餐会。

1941 年，资公到南京出差。湖南同乡、留日同学周佛海（1897—1948）找上门来，力劝他出任汪伪政府财政次长[1]。资公峻拒道："我资耀华如果想做官，或发财，早就有机会，不必等到现在。"周佛海只好作罢。资公意识到这未必是周佛海的个人意见，若不及时离开，可能后患无穷，于是见机之先提前回津。夫人童益君赞道："如果你做了汉奸，我立即与你离婚。"

1944 年，伪华北政府经济总署成立伪华北经济委员会，京津金融界要人都收到了委任书。资公写道："很明显，这是个伪职，如果担任就从此成了伪组织的一员。我很气愤，认为受了一次奇耻大辱，宁可牺牲一切，决不妥协担任。"他既未观望拖延，也不与同仁商量通气，当即挂号退回委任书。切勿小看这一细节，挂号能确保对方收到，避免遗失而导致误会。也许多一番纠缠，就有意想不到的变数[2]。

1939 年，华北河流泛滥，堤坝决口，天津顿成泽国。

---

1 湘人周佛海 1948 年因汉奸罪瘐死于南京狱中，此前曾任汪伪政府行政院副
   院长兼财政部长、上海市长。

2 六十三章：图难于其易，为大于其细。天下难事，必作于易。天下大事，
   必作于细。

英租界地势低，水深逾丈。上海银行天津分行，处于地势较高的法租界，居然没有进水，可以照常营业。只是门口成了码头，职员上班，客户存兑，都必须坐船。这可视为资公一生的注脚：常在河边走，就是不湿鞋。

四、无往不胜，长袖善舞

1945 年抗战胜利，有个施某宣布自己是国民党地下党员，声称奉中央政府之命，要天津各界推派代表，由他率团前往重庆商洽接收事宜。作为金融界代表，资公成了代表团四名成员之一。到重庆后始知，施某并未奉命，而是想借代表团抬高身价以谋私利。然而资公擅长变不利条件为有利因素，趁此机会从战时迁渝的上海银行总行，携带十万元法币返津。

不过回程颇费周折。由于重庆接收大员和各界避难人士急于赶往光复区，导致一票难求。资公敬重且交好的南开大学创办人张伯苓（1876—1951），也想尽快赶回天津复校。资公敬重且交好的老同学、湖南同乡范旭东（1883—1945），也想尽快赶回天津永利化学公司复工——资公留渝期间曾尽心尽力予以帮助，不料这位中国化工之父突发心脏病去世。

资公身为中国旅行社华北区经理，独自返津殊非难事，但他坚持要与另外三名天津代表同走，真是侠肝义胆，轻利重情。好不容易争取到搭载交通银行天津分行的包机，然而赶到机场时飞机已经超载，四人眼睁睁看着它起飞。孰料这架飞机因人员超载且携带大量金条，升空高度不够，一头撞上了秦岭。资公再次与死神擦肩而过。

为了尽快赶回天津，只能放弃直飞，绕道南京再转天津。然而资公突然发起了高烧，在从天津机场回家的车上，已经不省人事。富于戏剧性的是：多位名医正在资寓等他。这些名医都是北京协和医院的主治大夫，日占时期避入天津租界，成了资公好友。他们不请自来，并非预知资公患病，而是为了打探重庆方面的时局消息以决定行止，结果在第一时间对资公实施了名医会诊。原来资公在重庆期间，感染了美军士兵从南洋带来的登革热。此病死亡率极高。幸亏治疗及时，资公又一次从病魔手中夺下了索命牌。

资公养病期间，下属按其筹划拓展银行业务。由于比其他银行领先一步用法币代替伪政权货币，加上资公长袖善舞的金融韬略，十万元法币的功效被发挥到极致，因而轰动平津。

1946年春末，资公的湖南同乡兼留日老友、中共地下党员沈其震（1906—1993）秘访资寓，一是要求资公在天津组织民主党派，二是邀请资公前往就近的解放区张家口参观。资公应命其一，而拒绝其二。理由是内战一触即发，张家口乃战略要地，万一战事骤起不能脱身，一己安危事小，不能在天津主持应对提存挤兑，责任至大。果然不出一个月，1946年5月底，国民党向解放区发动进攻，首先攻占了张家口。

1946年末，全国大中学生掀起反内战、反迫害、反饥饿运动，资公暗中资助费用，还把国民党追捕的学生收留在家，帮助他们潜入解放区或转移别处。风声走漏之后，天津市警察局长李汉元，面见资公暗中通告。天津市长杜建时，也约见资公予以微讽。资公急电上海陈光甫，告以处境危殆，要求用出国考察名义把他调离天津，旋即离津赴美，前往哈佛大学商学院进修。

一年多以后，资公谢绝美国的中国研究机构之高薪挽留，打算坐船顺路观光返国。因国共战局易势，夫人童益君电告资公，准备离津回沪。资公急电家中不可轻动，立刻放弃归途观光计划，改坐船为乘飞机，在平津人士纷纷弃家南下之际，他逆向而动回到了天津。

五、尽弃长才，知止不殆

资公急急赶回国内，余生尚有四十多年，他干了些什么呢？可惜资公轻描淡写地草草略过，令人不胜浩叹，复又思之憬然[1]。

1949年1月15日天津解放以后，各界人士弃家南下者更多。4月下旬，刘少奇赴津稳住工商界。5月2日，刘少奇（1898—1969）与天津工商界人士座谈，资公在座亲聆了这位湖南同乡的"剥削有功"论[2]。

1949年9月，资公受托组建中国民主建国会天津分会。1950年春天举行的全国银行工作会议，通过了资公关于成立中国金融学会的提案，并命其负责筹备。金融学会会长由中国人民银行行长南汉宸（1895—1967）挂名[3]，其后循

1　下文材料多据《世纪足音》一书附录的资公三女资中筠、资华筠、资民筠回忆。

2　湘人刘少奇1969年11月12日被迫害致死，时任中华人民共和国国家主席。

3　中国人民银行首任行长南汉宸1967年在批斗后服安眠药自杀，时任中国国际贸易委员会主任。

例不断易人，资公终生担任副会长。

1950年秋天以后，全国各省市分别开始且先后完成了私营金融业公私合营。1952年春，资公提议实行全国私营金融业全行业公私合营，中国人民银行采纳并委派资公赴上海筹备，到年底全部完成。资公被从天津调到北京，出任公私合营银行总行副行长。这是资公最后一次建言。此时的资公刚过知天命之年，才智已臻巅峰，理应大展宏图，然而那双穿透历史烟云的无上法眼，业已窥破世纪中点即世纪拐点。在此之前可以与言，故资公频频建言。在此之后不可与言，故资公转而沉默。然而其默如雷，震耳欲聋；大音希声，万世遗响 [1]。

1952年的"三反五反"运动，是资公一生遇到的最大考验。《天津日报》头版头条登出大字标题："大奸商资耀华拒不坦白"。《人民日报》也在头版头条登出大字标题："资耀华罪行严重，拒不坦白引起公愤"。"拒不坦白"说明资公不仅问心无愧，而且处变不惊。"拒不坦白"也可视为资公保持半个世纪沉默的别解，而且是度过浩劫的最佳对策。有人对1957年资公未被划为右派深感意外，其实绝非意外。若非如此，就不是见微知著、明察秋毫、世事洞明的资公了 [2]。

1959年，资公调任中国人民银行参事室主任，担任

---

1 五章：多言数穷，不如守中。五十六章：知者不言，言者不知。四十一章：大音希声。

2 十六章：致虚极，守静笃。万物并作，吾以观复。夫物芸芸，各复归其根。归根曰静，静曰复命。复命曰常，知常曰明。不知常，妄作凶。二十六章：重为轻根，静为躁君。是以君子终日行不离辎重。虽有荣观，燕处超然。

此职三十八年，直到 1996 年去世。他先后收到过周恩来、赵紫阳、朱镕基三位总理签署的任命书[1]，被称为"世界上年龄最大的公务员"。资公曾以不是党员坚辞此职，中国人民银行行长曹菊如（1901—1981）说："这是周恩来点名任命的，会配备党员副主任和党员秘书配合你工作。"于是资公坚持要党员副主任全面负责行政、管理和人事，自己仅仅主管搜集近代货币史资料[2]。

资公心无旁骛地投入三十年精力，主编了数百万字巨帙的《钱庄史料》、《清政府统治时期货币史资料》、《中华民国货币史资料》（第一辑、第二辑）、《清代外债史资料》，从二十世纪六十年代至二十世纪八十年代先后出齐，但他坚决不署"主编"之名，仅署"中国人民银行参事室编"[3]。

六、功成身退，超逸绝尘

"文革"期间，资公也未受到严重冲击，仅仅是"靠边站"。曾经听说一则"文革"逸闻：某公生有三子，依次取名"爱国"、"爱民"、"爱党"，皆为趋时合宜之嘉名，然而"文革"期间被指控隐嵌"爱国民党"四字而获罪。资公生有三女，依次取名"中筠"、"华筠"、"民筠"。不知资公者或许虚捏一把汗：若再生一胎，必当取名"国筠"，

---

1 湘人朱镕基（1928—），中华人民共和国第三任总理。

2 五十一章：长而不宰，是谓玄德。

3 一章：名可名，非常名。四十一章：道隐无名。

则资公危矣。然而资公天人，预知国将不国，故仅生三位巾帼豪杰即止[1]。

资公长女资中筠女士认为，其父后半生平安无事的主因是：“他本来为人谨慎，以后就更谨慎。”似也秉承父风，绝不夸夸其谈。但我以为主因并非谨慎，仅举三事以证。

其一，资公从 1926 年进入银行界直至去世，七十年如一日地提前半小时上班，从未迟到一次。其信条是“一切失败从迟到开始”[2]。

其二，资公平生不打诳语，任何压力都不可能令其精神崩溃，更不可能自污污人。其信条是“一切坏事从说谎开始”[3]。

其三，由于公费医疗的报销渠道不同，资公夫妇即便吃同样的药，也严格分开[4]。

可见资公的安然无恙，非关谨慎，也非运气，甚至并非洞若观火的防患未然，而是至高人格的完美无瑕，因而找不到任何攻击点和突破口[5]。

改革开放以后，资公担任民建中央常委兼副秘书长、全国工商联顾问、全国政协常委。资公曾打算赠送礼品答谢此前长期善待自己的一位统战部官员。次女资华筠建议

---

1 九章：持而盈之，不如其已。三十二章：知止所以不殆。四十四章：知止不殆，可以长久。

2 六十四章：民之从事，常于几成而败之。慎终如始，则无败事。

3 二十七章：善言无瑕谪。

4 五十八章：圣人方而不割，廉而不刿，直而不肆，光而不耀。

5 十五章：执大象，天下往。往而不害，安平太。十六章：知常容，容乃公，公乃全，全乃天，天乃道，道乃久，没身不殆。

定制一件刻有古诗文的小型工艺品，资公欣然同意并主张刻《阿房宫赋》。资中筠以为最后几句"秦人不暇自哀而后人哀之，后人哀之而不鉴之，亦使后人而复哀后人也"，略显刺激，不合乃父一贯的谨慎作风，然而资公凛然曰："我要的就是那几句话！"可见对"天眼通"资公而言，一切皆如水晶般透明。

资公一生，可以两件颇堪玩味的小事作结。

1946年，南京政府成立全国银行业同业公会，资公以天津代表出席。会后宴请与会代表，徐柏园（1902—1980）引见介绍了资公，蒋介石（1887—1975）与之握手曰："抗战有功。很好，很好。"

1949年，北京政府召开政治协商会议，资公以天津代表出席。会后参加开国大典，周恩来（1898—1976）引见介绍了资公，毛泽东（1893—1976）与之握手曰："做了有益的工作。很好，很好。"

在天安门城楼上心潮澎湃地听罢湖南同乡毛泽东的庄严宣告"中国人民从此站起来了"，资公走下丹墀飘然离去。其背影酷似越人范蠡，汉人张良，明人刘基，然而又超迈前贤。范、张、刘都在功成名遂之后身退，因而是无人不知的传奇人物。但资公不会也不愿成为传奇人物，他功成以后不求名遂，不欲人知，便挥挥衣袖倏尔远逸[1]。

1　九章：功遂身退，天之道也。五十六章：挫其锐，解其纷，和其光，同其尘，是谓玄同。故不可得而亲，不可得而疏；不可得而利，不可得而害；不可得而贵，不可得而贱。

七、大象无形，自扫其迹

读毕全书，我终于明白了。资公的文字云淡风轻，大巧若拙[1]，绝非不善表达，而是有意淡化所致[2]。故"异人"一词，远不足以概括其特异。资公正是我在古人之中曾经隐约窥见身影，但在现实之中久觅未遇的"间世者"[3]。

与不遗余力凸显特异的入世异人乃至出世异人相反，间世异人的至异之处，就是不遗余力淡化特异。由于入世异人乃至出世异人刻意彰显自身特异，因而人们时常错认凡夫为异人。由于间世异人有意晦藏自身特异，因而人们更易错认异人为凡夫。既然才能稍逊的入世异人和出世异人也能轻易达到目的，让别人以为他是特异之士；那么才能更高的间世异人就更容易达到目的，让别人以为他是凡庸之辈。因此要透过双重"文字障"，窥破后者之"微妙玄通，深不可识"，殊非易与[4]。

沈从文因外力逼迫而放弃文学创作，被迫转向文物研究，留下了令人钦敬、喧腾众口的"历尽劫波今犹在"佳

1　四十五章：大成若缺，其用不弊。大盈若冲，其用不穷。大直若曲，大巧若拙，大辩若讷。八十一章：信言不美，美言不信。

2　二十章：我独泊兮，其未兆；沌沌兮，如婴儿之未孩；儽儽兮，若无所归。众人皆有余，而我独若遗。我愚人之心也哉！俗人昭昭，我独昏昏。俗人察察，我独闷闷。澹兮其若海，飂兮若无止。众人皆有以，而我独顽且鄙。三十一章：恬淡为上。三十五章：道之出口，淡乎其无味，视之不足见，听之不足闻，用之不足既。六十三章：为无为，事无事，味无味。

3　参阅拙著《寓言的密码》上卷《庖丁解牛：游刃有余的间世主义》。

4　十五章：古之善为道者，微妙玄通，深不可识。夫唯不可识，故强为之容。

话[1]。资公却在外力逼迫之前尽弃金融长才，主动转向史料整理[2]，而且大象无形、自扫其迹地不留任何佳话[3]。本文去蔽显影，抉隐发微，或许有违资公本意。倘若上善若水的资公问我："'风乍起，吹皱一池春水。'——干卿底事？"我只能惭惶无地[4]。

不过惭惶之余，我想如此自辩：抵达次高境界的沈从文之所以钦敬者众，是因为众人知道有这一自己达不到的境界存在，因此虽不能至，心向往之。然而抵达至高境界的资公之所以钦敬者少，乃是因为众人不知道有这一遥不可及的境界存在，因而不仅不能至，甚且不向往之。

境界高低，易起争议。此处无暇辨析，略下三解。一叶落而不知天下秋者最低，一叶落而知天下秋者居中，一叶未落即知天下秋者至高。吃一堑不长一智者最低，吃一堑长一智者居中，不吃一堑即知有堑者至高。自造困难然后被困难克服者最低，自造困难然后克服困难者居中，不自造困难因而无须克服困难者至高。为使高尚其志者明白，"大象无形"的至高境界绝非古今哲人形诸文字的向壁虚构，确有身心俱到、圆融证成的终生履践者，我不得已撰

---

1 湘人沈从文（1902—1988），作家。

2 二十八章：知其白，守其黑，为天下式。为天下式，常德不忒，复归于无极。

3 二十七章：善行无辙迹。三十九章：至誉无誉，是故不欲琭琭如玉，珞珞如石。四十一章：大象无形。

4 八章：上善若水。七十八章：天下莫柔弱于水，而攻坚强者莫之能胜，以其无以易之。

写了或违资公初衷的本文[1]。

尤为可叹者，由于不愿让人知道自己的超逸绝尘，资公这样的间世异人，大多喜欢被褐怀玉，轻易不肯留下雪泥鸿爪，连窥破"文字障"的机会也不给世人。资公的不欲人知、不求人解，甚至达到了对至爱的妻女也不愿多讲的彻底程度[2]。若非被有关方面列为"抢救史料对象"，资公必将湮没在历史长河之中，成为又一位"太上，不知有之"的遗世独立者[3]。感谢为保存史料而"强迫"资公撰写自传的人们，是他们无意之中，抉发和彰显了使中华民族成其伟大的伟岸人格[4]。

1996年1月23日，在夫人童益君辞世半年之后，与世纪同龄且几乎陪着二十世纪跑完全程的资公，仙逝于北京。倘若由我为波诡云谲的二十世纪中国，选择一位象征性人物，资公不作第二人想。不仅因为我从这部资公遗著中，听到了中国在整个二十世纪走向复兴的沉重脚步，一如其朴实而准确的书名——《世纪足音》。尤其是因为，资公一生打过交道的众多风云人物，或为头面人物，或为耳目人物，或为心腹人物，但无一可称脊梁人物。资公既非

---

1 二章：天下皆知美之为美，斯恶已。皆知善之为善，斯不善已。四十一章：上士闻道，勤而行之；中士闻道，若存若亡；下士闻道，大笑之。不笑不足以为道。

2 七十章：知我者希，则我者贵。是以圣人被褐而怀玉。

3 十七章：太上，不知有之。其次，亲之誉之。其次，畏之。其次，侮之。（通行本讹为"下知有之"）

4 二十一章：道之为物，惟恍惟惚。惚兮恍兮，其中有象；恍兮惚兮，其中有物。窈兮冥兮，其中有精；其精甚真，其中有信。七十章：吾言甚易知，甚易行。天下莫能知，莫能行。

头面，亦非耳目，更不是心腹，而是脊梁。正是资公这样无数不为人知的间世异人，组成了支撑中华民族挺立于天地之间的脊梁。

巍巍资公，耀我华夏。衡岳山高，湘江水长。

进入古典中国的五部经典

　　1840年的鸦片战争，把中国强行带入了近代。此前的中国，遂成古典中国。

　　此后的一个半世纪里，中国人先以消灭古典文化糟粕的方式"救亡图存"，继而以消灭古典文化精华的方式"变法图强"，尽管走了不少弯路，毕竟基本达到了目标，中国已不再有"亡国"之虞，然而为了"救亡图存"和"变法图强"，付出了惨重代价。时至今日，多数中国人已经失去了中国文化，成了文化难民。其突出表征是，古典中国正在逐渐成为考古学的论文主题，博物馆的珍稀展品，乃至古玩铺的摆设清玩，收藏家的投资目标。很多人都对中国的传世经典不屑一顾，却对外国的浅薄读物趋之若鹜。

　　不愿沦为文化难民的年轻人很想读一点中国书，然而中国书无限之多，何从入手呢？那些最著名的中国书，比如"四书五经"，几乎全是"糟粕"，稍具一点现代眼光者，必定兴味索然，掷书长叹。不识门径的年轻人，不得不询之师长，然而许多师长也是文化难民，对古典中国知之甚少。少数师长虽非文化难民，但也同样苦恼于不得其门而入。

　　曾有不少读者要我开一个进入古典中国的基本书目，但我自认缺乏资格，因而久讷于言。近来又有读者多次问及，我意识到自己固然不具资格，毕竟盲人摸象地摸索了二十五年，略知一点皮毛，稍识大概轮廓，何妨谈些心得，供年轻人参考？

把我读过的中国书删之又删，简而又简，最后剩下五部经典，似可视为进入古典中国的方便法门:《红楼梦》、《水浒传》、《三国演义》、《史记》、《庄子》。这一书单必定贻笑大方，谁没听说过这五部经典？何须郑重推荐？然而听说过不等于通读过，通读过也未必明其读法。若是买椟还珠，弃取失当，就会入宝山而空回，对古典中国依然隔膜。若是目迷五色，郢书燕悦，就会自以为了解古典中国，却走不出当代中国的困境。当代中国之困境，实为古典中国之困境的变体。

　　《红楼梦》是后轴心时代的中国家庭生活的百科全书，它先引领我进入琐碎凡庸的日常生活。崇拜女性的贾二爷，争夺的是高于人权的家庭主宰权。谁夺得家庭主宰权，谁就是大观园里的大爷。中国的家庭生活阴郁而且压抑，健全的人性因之而扭曲，天赋的创造力随之而窒息。被压抑的生命能量不可能消失，必定积聚恶变为破坏力。乖戾的破坏力不可能为门槛所限，必定要夺门而出。《红楼梦》遍及一切方面，而且通俗浅显，是古典中国的最佳入门书。读完入门书应该出门，随着贾宝玉的出家，我从压抑的"家庭"转向恣纵的"江湖"。

　　《水浒传》是后轴心时代的中国江湖生存的百科全书，它又引领我从室内走向室外。仇视女人的武松等梁山好汉，争夺的是高于家庭主宰权的江湖主宰权。谁夺得江湖主宰权，谁就是江湖之上的老大，女人更不在话下，被灭门的扈三娘，乖乖地成了矮脚虎王英的妻子。中国的江湖生存野蛮而且血腥，欺诈无处不在，横霸司空见惯，于是良民被逼成刁民，乃至被逼上梁山，人相杀进而相食。生存是一部无休无止的恐怖大片，民族的神经逐渐粗钝而终至麻木。家庭温馨乃至儿女情长，在浩荡江湖荡然无存，一个个家庭相继破碎，家破然后人亡，人亡然后国灭，最后连作为第一家庭的皇帝父子也成了异族征服者的俘虏。《水浒传》的阳性凶残，使《红楼梦》的阴性幽美黯然失色。险恶的江湖生存，似乎使压抑的家庭生活，变得较易忍受了。然而郁闷的回溯之旅才刚刚开始，随着宋江们被招安，我从辽阔的"江湖"转入幽深的"庙堂"。

《三国演义》是后轴心时代的中国庙堂权术的百科全书，它又引领我从室外重返室内。魏、蜀、吴三国，争夺的是高于江湖主宰权的庙堂主宰权。谁夺得庙堂主宰权，谁就是普天之下的共主，金陵十二钗和梁山一百零八将，也是囊中之物。在夺得庙堂主宰权之前，魏、蜀、吴就是三伙打家劫舍的梁山好汉，事实上在各自割据称帝后，每一伙依然被另外两伙视为贼匪，因为不杀到大一统就不可能尘埃落定。中国的庙堂权术邪恶而且酷烈，其炼狱图景与儒家冬烘所许诺的秩序井然的理想世界截然相反，江湖侠义乃至兄弟情义，在庙堂里毫无踪影。置身庙堂权力核心的每个人都被恐惧感裹挟，因为彼此深知对手没有底线，缺乏超越性的儒家伦理在权力折冲时毫无约束力。为了抵御恐惧感，获得安全感，优秀的中国头脑不可能用于探索自然奥秘和增进国民福利，而是投入你死我活的权力搏杀，每个人都急欲成为唯一居于食物链顶端的最强者。即使已经成功跃居食物链顶端，恐惧感依然无时不在，为了确保有生之年自身不受威胁，乃至一命呜呼后子孙不受威胁，每个人都不择手段，无所不用其极。《三国演义》

的阴阳怪气，使《水浒传》的阳性凶残相形见绌。严酷的庙堂倾轧，似乎使凶险的江湖肉搏，变得豪爽可爱了。文学三部曲至此告一段落，不过郁闷的回溯之旅远未终止，随着天下一统三国归晋，我又从虚构的"文学"转入纪实的"历史"。

《史记》是古典中国的无所不包的百科全书，它又引领我离开共时态，进入历时态。文学三部曲仅仅描述了后轴心时代的古典中国，《史记》却记录了轴心时代与后轴心时代两个迥然不同的古典中国。《史记》的时间优势，使囿于后轴心时代的文学三部曲瞠乎其后。这里不仅可以看见后轴心时代的家庭生活、江湖生存、庙堂权术的最初形态，而且能够窥见后轴心时代的古典中国如何形成，如何定型，甚至不难预见后轴心时代的古典中国为何僵化，为何停滞。但其真正价值在于，《史记》全息性地还原了一个轴心时代的古典中国：波澜壮阔，豪情万丈，阴阳互动，刚柔相济。此前沮丧不已的我激动得情难自已，顿感生于斯土，死不恨矣。郁闷的回溯之旅至此告终，挥之不去的沮丧涣然冰释。随着《史记》的索引，我终于从郁闷的"后轴心时代"跨入神奇的"轴心时代"。

《庄子》是轴心时代的伟大中国的集大成之作，它引领我穿越文学的茂密树林，涉过历史的湍急河流，抵达哲学的恢弘宇宙。这里没有家庭压抑、江湖凶险和庙堂倾轧，只有对天地万物的纯粹审美和对究极妙道的至高体悟。其"天子不得臣，诸侯不得友"的伟岸人格和充盈豪气，令我沛然神往。其恍兮惚兮的曼妙表达和汪洋恣肆的丰沛想象，让我望洋兴叹。其"间世"学说超越"入世"、"出世"的简单两分法，被我视为空前绝后的哲学奇观。在整个回溯之旅中让我耿耿于怀的中国之谜，至此终于豁然开朗：历经两千多年庙堂中国的无尽斫伤和致命戕害，为何后轴心时代的江湖中国依然永葆绵绵不绝的顽强生机？因为轴心时代的《庄子》为中国注入了一脉挥霍不尽的磅礴元气，因此后轴心时代的中国永远能够置之死地而起死回生，历尽劫波而一阳来复。

就这样，五部经典引领我由浅入深地逆流而上，走完了自今及古的回溯之旅。如此惊心动魄的时间旅行，仅历一次似乎意犹未尽。于是我又由深入浅地顺流而下，自古及今地走回今天。重游故地，感受照样新鲜。

首读《庄子》，就能一举接上轴心时代的磅礴元气，完成中国人的精神灌顶。次读《史记》，就能理顺秦始皇以前的中国与秦始皇以后的中国，既血肉相关又形质相异的逻辑关系，知其源流，明其得失。再读《三国演义》，就能破译后轴心时代的庙堂专制的文化基因，找到"天下大势，分久必合，合久必分"的历史渊源。再读《水浒传》，就能明白庙堂中国极大地弱化了江湖中国的创造力，而丧失了江湖支撑的庙堂必将溃败于异族。最后重读《红楼梦》，就能洞观在庙堂因腐败而控制力渐弱，江湖被挤压而创造力枯竭之后，古典中国的完成形态必定由糜烂臻于贫乏，经衰败直至终结。

要而言之，《庄子》展示了轴心时代的哲学"天籁"，尽管其中不无"人籁"。《史记》展示了后轴心时代的历史"衰退"，尽管其中不无"突进"。《三国演义》展示了后轴心时代的庙堂"狡智"，尽管其中不无"精彩"。《水浒传》

展示了后轴心时代的江湖"挣扎",尽管其中不无"豪迈"。《红楼梦》展示了后轴心时代的家庭"内耗",尽管其中不无"凄美"。

五部经典分属文史哲,无疑颇多相异之处。唯有《庄子》完成于轴心时代,唯有《庄子》不是百科全书,也唯有《庄子》超越历史,超越时间乃至空间。唯有《史记》跨越两大时期,汗牛充栋的中国史书,再也未曾有过如此卓越的品质,再也未曾有过如此厚重的分量。《三国演义》取材于《三国志》,历史成分多于文学想象,其人物、情节大多依附于正史。《水浒传》取材于《宣和遗事》,文学想象多于历史成分,其人物、情节大多独立于正史。《红楼梦》取材于作者身世,文学想象压倒了历史背景,其人物、情节完全独立于正史。文学三部曲的历史依附性一部比一部淡,因而艺术价值一部比一部高,对古典中国之本质及其困境的揭示也一部比一部深刻。《红楼梦》对古典中国之本质及其困境的揭示甚至高于《史记》,仅比《庄子》稍逊,再次证明了"艺术真实高于生活真实"这一真理。

分属文史哲的五部经典,竟然都有引人入胜的美妙故事,因此既便于初学,又适合反复阅读,俱臻"深者得其深,浅者得其浅"的至高之境。文史经典都讲故事并不奇异,哲学经典大讲故事才是意外之喜。故事的重心则无一雷同:《红楼梦》偏重于女人与女人的家庭争宠,《水浒传》偏重于男人与男人的江湖争霸,《三国演义》偏重于帝王将相的庙堂争雄,《史记》兼而有之,《庄子》超然独笑——

有国于蜗之左角者,曰触氏。有国于蜗之右角者,曰蛮氏。时相与争地而战，伏尸数万，逐北。旬有五日，而后反。[1]

清人入关后，大儒顾炎武说："有亡国，有亡天下。亡国与亡天下奚辨？曰：易姓改号，谓之亡国。仁义充塞而至于率兽食人，人将相食，谓之亡天下。"顾炎武恪守儒门宗风，而且表达很不精确，必须用现代语言重新表述：主权丧失，是为"亡国"；文化消亡，是为"亡天下"。

1644 年清人南下入关以后，"国"虽亡但"天下"未亡；1840 年列强东行叩关以来，"国"未亡而"天下"几亡。在二十一世纪的今天，中国的焦虑主题已不再是"亡国"，而是日益迫切的"亡天下"。

不愿沦为文化难民的中国人，最低限度不能不读这五部经典。阅读这五部经典，就其小者而言，必能舒愤懑，除苦恼，解大惑，增怡悦；就其大者而言，或能挽狂澜之既倒，振末世之雄风。

---

1 语见《庄子·则阳》。

告别五千年

人们常常喜欢把文明和历史，比拟为人的生命历程，比如"希腊是人类的童年"，"中华文明过于早熟"等。这种把历史有机化的东方式隐喻，现在已经没什么市场。原因或许是"太人性"（尼采），太文学化，太不科学。不过依我看来，至少在长时段的历史判断上，科学没什么用。所以我还是想用"传统"的、"东方神秘主义"的比喻。不过有必要说明，我既不是历史衰退论者，也不是历史循环论者，我甚至不相信历史有什么"客观规律"。因为如果真有"客观规律"，那么"自由意志"就无处安身。这是中外哲学家至今尚未解决的莫大难题。为了头脑的"自由意志"，我只能对"客观规律"存疑。因此本文所论，与"规律"无关，仅是比喻。

我的比喻与上述把历史阶段比拟为生命时段，既有相同之处，都取自人，也有不同之处，我不取人生的"时间性"，而取人体的"空间性"。人体的空间性，大要是两部分：以腰际为界，分为上半身、下半身。细分是五小段，其中上半身三小段：头脑、胸腔、腹部；下半身两小段：胯部、膝部。五大身段，可以代表五个基本的文化层次。每一阶段的历史，从占主导地位的文化层次中获得基本动力，其他文化层次或者退居次席，或者被贬抑到无足轻重。

中华文明史，大致正是两大段，以唐中叶的女主武则天称帝、安史之乱、禅宗兴起为界，此前是上半身，此后是下半身。上下半身之内，按颇为时髦的遗传基因学说，也各有五小段。五小段内的每一朝代，又有同样的五小段，比如开国皇帝大抵颇有头脑，继任的皇帝也大抵很有胸膛，随后的皇帝沦落到肠胃、胯部，亡国之君则用膝盖跪迎新主。如果某位皇帝在位时间足够长，大抵也有相似的五部曲，如同孕妇一般，自己五脏俱全，腹中胎儿也应有尽有。但我又不愿用史实附会理论，所以据实而论，唐中叶以前，作为中国历史总体的上半身，其力量始终来自上半身，而非来自下半身——这并不意味着没有下半身，而是上半身主宰着下半身；唐中叶以后，作为中国历史总体的下半身，也并非没有上半身，只是下半身主宰着上半身。值得注意的是，上半身主宰下半身的时代，下半身往往相当强健；而下半身主宰上半身的时代，下半身必定非常虚弱。

上篇、上半身和上半时

中华文化发轫于传说中的尧、舜、禹时代，历经夏、商、周三代，到中华文明之父孔子（前551—前479）降生之前，属于中华文明的史前期，但归入总的中华文化史。孔子以前的中华文化史，属于史前巫术时代，所以文化层次未分，天人合一，人兽合体，百兽率舞。那时人还没有独立，历史的文化层次尚未充分展开。需要补充的是，天人合一时代过去之后，中国人一直在试图重建天人合一，然而从未获得成功。

孔子降生前后，天人一统被打破，天梯断了，人天阻隔（《尚书·吕刑》"绝地天通"），中国人开始了自己的文明历程。"天行健，君子以自强不息。"（《易传·乾》）春秋战国是中国头脑大放异彩的时代，所以有诸子百家——都是迄今为止最好的中国头脑：老子、孔子、墨子、庄子、公孙龙、荀子、韩非，等等。好头脑产生的历史影响不尽相同，但这与那些头脑的关系不太大。因为即便某些好头脑的历史影响极坏，那也是不肖子孙自己没头脑。春秋战国时代，不仅是中国人的头脑时代，也是印度、希腊、犹太等伟大民族的头脑时代。这一在全球范围内平行发生的头脑时代，被德国哲学家雅斯贝斯命名为人类文明史的"轴心时代"。诚哉斯言！如果不以头脑为轴心，那么文明必然衰退[1]。

　　天梯本是华夏民族的共祖黄帝上下仙凡两界的电梯。到秦始皇，春秋战国的人文发电机都被砸烂，于是天电人电齐断，书被焚，儒被坑，天神黄帝不再乘天梯下来，人间的头脑又全都只长荒草，不再开花结果，于是中国历史进入两千多年的没头脑时代。初民的主神，大抵都司雷电，中国人没有了神，就再也没有思想的闪电。对此儒家起了主要作用，他们把人神合一的神话加以人文化、历史化，于是神退了位。神道设教的墨家又被儒家击败，中国人的没头脑，终于长期无药可救。西方中世纪也像秦以后的中国一样没头脑，但由于有神，尽管头脑休克千年，毕竟没有成为植物人，十字军东征以后，被从阿拉伯出口转内销的希腊思想重新一充电，长期冬眠的头脑再次激活，于是开始了伟大的文艺复兴。而中国人的头脑，在秦以后除了被砍，

1　中国的轴心时代，参阅拙著《寓言的密码》，北京出版社 2021 年版。

别无他用。也许当荆轲白白献上樊将军自愿割下的头颅，却刺秦未成之时，此后两千年的历史悲剧即已注定。

于是秦王嬴政综合"三皇五帝"，成了"皇帝"。秦始皇重新建立一统，但不是天人一统，而是由人一统天下。秦始皇一登上中国的历史舞台，中国人的上帝就死了，从此中国进入没有头脑、只有胸膛的时代，像"以乳为目，以脐为口"（《山海经》）的刑天那样，狂舞干戚。

秦始皇的胸膛拍得够响，也把奴役人民的鞭子甩得够响，但只在"宇内"拍得响。而这个"宇内"，被他用长城圈了起来，全体中国人，从此成了皇帝的家畜[1]。

汉承秦制，依然没有头脑，但是胸膛拍得更响。至今中国人若拍胸膛，仍然骄傲地自称"汉人"、"汉子"、"好汉"、"男子汉"。没头脑的流氓，胸膛倒是有的。街头流氓只要一拍胸膛，没头脑的良民都很害怕。无论是秦始皇嬴政，汉高祖刘邦，还是西楚霸王项羽，都是只有胸膛、没有头脑的政治流氓。只要爱拍胸膛，都是流氓，不管是在街头，还是庙堂。王道既要头脑，又要胸膛；霸道不要头脑，只要胸膛。孟轲虽然主张王道，但他拍胸膛的腔调，十足一个文化流氓，儒学就是被他"舍我其谁"的大拍胸膛，拍成了僵化的正统思想。秦始皇以后的中国皇帝，最高境界就是没头脑的霸道。霸道越成功，越被没头脑的臣民称颂为王道。秦以后的中国百姓，最高境界也是没头脑的霸道，民间叫作"地头蛇"，以便与庙堂真龙对称，或者直

1　贾谊《过秦论》："始皇奋六世之余烈，振长策而御宇内，吞二周而亡诸侯，履至尊而制六合，执敲扑以鞭笞天下。"

接叫他"恶霸",当然是在背后。当恶霸偶尔与官府捣蛋时，就被老百姓称为"侠客"。

西汉是最有胸膛的时代，气魄极盛。汉武帝是中国最有胸膛的皇帝。他的胸膛拍得很响，他的臣子也拍得很响，卫青、霍去病、张骞的拍胸膛声，至今还听得到。但霍去病墓前的那几只石猪石马，一看就知道是没头脑者雕刻的，比秦始皇的兵马俑不知差多少——那是秦始皇时代最后一代先秦优秀头脑雕刻的。西汉最有头脑的司马迁，却被没头脑的汉武帝阉割了下半身。也正是这个没头脑的汉武帝，宣布独尊最没头脑的思孟学派儒学，罢黜一切有头脑的诸子学说。导致此后两千年的中国优秀头脑，因为只读儒书而变得毫无头脑。至于汉大赋就更不用说了，有头脑者怎么肯把脑力耗费于这种雕虫小技？"洛阳纸贵"，仅仅说明全体都没头脑。

一个失去头脑的民族，只能以胸膛以下的腹部代替头脑，以肠胃的蠕动代替头脑的活跃，于是孔子之前的愚昧巫风重新大炽。于是汉武帝时代最没头脑的董仲舒，开始鼓吹"天人感应"的巫术儒学。延至东汉，谶纬巫蛊之风臻于极盛。唐代最没头脑的韩愈，也看不上妖人董仲舒，宣布跳过他，直接承续一千年前先秦诸子中最没头脑的孟子之"道统"，全不顾孟子关于"五百年必有王者兴"的可笑预言。巫术迷信是比有头脑的宗教远为低劣的信仰代用品，与其说"宗教是人民的鸦片"（马克思），不如说巫术是头脑的毒品。世上最没头脑最接近巫术的宗教，就数汉代兴起的道教了。道教追求此岸肉体长生，而非彼岸精神永生，与无神论的先秦道家毫无关系，但被没头脑的人们混为一谈。

既然士大夫的头脑已被儒学淤泥堵死，民众的头脑又被巫术迷信堵死，中原文明的早发优势当然不复存在。在魏晋时代的胸膛气魄最后回光返照之后，很快就是五胡横扫北中国。这一时期，中国人继失去头脑之后，连胸膛也开始气喘吁吁。诸葛亮像关羽、张飞一样，是口气比力气大的拍胸膛者，其名文《前（后）出师表》实在难以卒读，倒是当时最有气魄的曹操父子留下了千古名篇。整个六朝，除了陶渊明，没有任何头脑。但是陶渊明的头脑，仅够自己逃避那个没头脑时代，不足以给整个时代重新充电。虽然他也唱过两句"刑天舞干戚，猛志固常在"，但他深知自己所处的时代，连西汉的刑天式胸膛也已不复存在。所以只能"不知有汉，无论魏晋"，"悠然见南山"地独自天人合一而去。从他的祖父陶侃为了不用头脑，每天把陶瓮搬进搬出，你就不难看出一点端倪。由于失去了头脑的精神理想和胸膛的世俗理想，六朝人只剩下最为世俗的肠胃。然而一味满足肠胃，迟早会肠胃功能紊乱，于是士大夫们不得不嗑药吸毒，服五石散，乞求长生久视；黎民百姓不得不吃斋念佛，崇拜偶像，乞求往生极乐。佛教的精深信仰，在没头脑时代的中国，只能沦为与道教一样浅薄的巫术迷信。

　　由于唐中叶以前属于中华文明的上升期，也就是历史的上半身，所以唐中叶以前的中华文明，也仅仅停滞在腰线以上。荒淫的隋炀帝受尽千古唾骂，但他以惊人气魄开凿的大运河比秦始皇的长城远为功德无量，并且为唐代的文化复兴创造了条件。也就是说，下半身在唐以前还没有过分活跃，至少远未活跃到导致上半身彻底瘫痪。不过下半身的房中术，已经开始了星星之火。

及至唐代，没头脑的胡人的粗粝胸膛，与先失头脑（秦、汉）、后失胸膛（六朝）的汉人一结合，终于生出一个强悍的杂种。这一胡汉结合的胸膛，开拓了中国有史以来的最大疆域。广阔胸膛中那颗搏动的心脏，产生了辉煌的唐诗。唐诗足以代表中国之心，不过唐诗同样毫无头脑，因为从中找不到任何先秦没有的新思想。倒不如说，唐诗是对中华文明走向脑死亡这一重大悲剧的深情哀悼，是一曲"壮士一去兮不复还"的易水之歌。然而悲壮的易水之歌，被胡人安禄山的渔阳鼙鼓打断，此后的宋词、元曲、明清小说，只是心力衰竭以后的长长呜咽。作为宋词之祖的李白（701—762）《菩萨蛮》为之定了基调："西风残照，汉家陵阙。"

中经如同天鹅之歌的开元盛世，从七世纪末到八世纪中叶的半个世纪里，女主武则天（624—705）[1]，禅宗和尚惠能（638—713）[2]，胡人安禄山（703—757），这三个划时代的"非主流"人物，把唐代划开，也把中国历史的上半身与下半身划开，更不妨说是剖腹或腰斩。用陈子昂作于696年的《登幽州台歌》形容这一历史分水岭，真是再恰

1　武则天（624—705，690—704在位）颁伪佛经《大云经》，制造弥勒佛"为化众生，现受女身"之舆论，690年践帝位，改国号周，704年自去帝号，让位其子唐中宗李显。

2　武则天700年召神秀（？—706）入京，封国师。神秀死后，被唐中宗李显（656—710，705—710在位）谥为"大通禅师"。惠能（638—713）弟子"七祖"神会（688—760）在惠能死后编纂《六祖坛经》，发动"南宗革命"，唐宪宗李纯（778—820，806—820在位）815年追谥惠能为"大鉴禅师"，标志神秀的北宗禅被打垮，从此惠能的南宗禅一统天下。参见胡适《荷泽大师神会传》。

当不过："前不见古人，后不见来者。念天地之悠悠，独怆然而涕下。"从此以后，日渐兴盛的禅宗告诉中国人，不识字更好，人根本不需要头脑。表彰禅宗的武则天，告诉乾纲不振的汉子们，女人也可以成为皇帝，男人也可以充入后宫。从此中国汉子们继早已失去头脑以后，进一步失去了胸膛。在没有胸膛的逼仄胸腔中，是否还有心肝？只有天晓得了。

捉弄人的是，从公元前三千年尧、舜、禹时代到孔子时代（前551—前479），是两千五百年。从孔子时代到公元后两千年我撰写本文之时，也是两千五百年。所谓"上下五千年"的中华文化史，其上半身和下半身，上半时和下半时，恰好上下各半，完全对称。甚至从孔子时代到唐中叶的安史之乱（755—763），是一千两百多年；从唐中叶的安史之乱到公元后两千年我撰写本文之时，也是一千两百多年。也就是说，从孔子至今的两千五百年中华文明史，其上半身和下半身，上半时和下半时，同样上下各半，完全对称。

下篇、下半身和下半时

进入文明下半身和历史下半时的中国人，头脑的思想精魂，胸膛的阳刚之气，再也没能复原，于是永远没头脑却永远有胸膛的胡人，比六朝之时更加没遮没拦地长驱直入，终于直抵南中国的边陲。从五代至两宋，辽、金、西夏的塞北刑天们，都视中原如无人之境。苟延残喘的宋人只能在西湖之畔，夜夜笙歌地醉生梦死，放任腰际上下的食色大欲了。

如果皇帝大拍胸膛，那么臣民也有胸膛可拍，乃至书生班超之辈，愿意投笔从戎，扬威异域。然而到了南宋，皇帝没有胸膛，辛弃疾辈虽有胸膛，也拍不响，只能"把栏杆拍遍"。所有的书生，除了苦读旨在消灭头脑的朱熹版四书五经，唯一的日常功课就是参禅，参那个不识字也没头脑的佛学"叛徒"惠能的禅学闷葫芦。唐以后最为优秀的文化头脑苏轼，除了"遥想公瑾当年"，只能"姑妄谈鬼"了。但他却与远比司马迁没头脑的司马光（《资治通鉴》与《史记》不可同日而语）合伙，与远比自己更有政治头脑的王安石作对，使之重振胸膛（作为儒生，王安石不可能致力于恢复头脑的尊严）的计划归于流产，终于"人生失意无南北"。肠胃时代的宋词，当然令人肝肠寸断。奉旨填词的柳永唱道："今宵酒醒何处？杨柳岸，晓风残月。"

然而元代以前，中华文明的总体水位毕竟尚未降至腰部以下，仅仅是在腰线上下徘徊。蒙古人的铁骑，把中国人的最后一点胸膛气魄也践踏殆尽。本该用头脑挣饭吃的儒生，在"九儒十丐"的天条之下，彻底丧失了尊严。元代最有胸膛的关汉卿，拍着胸膛夸耀的只是腰部以下的力量，自称是"蒸不烂、煮不熟、捶不扁、炒不爆、响当当一粒铜豌豆"。元曲的最高成就《西厢记》，却在出世的佛寺中，上演腰部以下的入世喜剧。而时代的绝唱，则是马致远的《天净沙·秋思》："枯藤老树昏鸦，小桥流水人家，古道西风瘦马。夕阳西下，断肠人在天涯。"

元朝以后，就到了中华文明最为黑暗的朝代，然而它却自诩为可与日月争辉的"明朝"。这一朝代的特点，就是从放纵腰线以上的食欲，转入放纵腰线以下的色欲。腰线如同楚河汉界，轻易不能越过，一旦越过，就如过河卒子，再也无法回头。下半身不遂的自由人，照样可以保有人类不可或缺的头脑和胸膛。下半身不遂的有尊严者，照样可以是可杀不可辱的大丈夫。上半身不遂而下半身活跃的人，已与禽兽相差无几。不幸的是，明朝正是这样一个下半身高度活跃的朝代。

首先，这是一个下半身残缺又彻底没有头脑和胸膛的太监主宰的朝代。其次，这是一个最为优秀的头脑致力于撰写《金瓶梅》和《肉蒲团》的朝代。胯部时代的明清小说，读了当然令人胯下蠢蠢欲动。明朝是控制士大夫最为严酷的朝代，由于政治上无可为，文化上完全失去活力，士子们不能拍着胸膛在战场上厮杀，只能扭动胯部在床笫上采战。既然他们的双手不能大拍上半身的胸膛，只能把玩女人下半身最底部的"三寸金莲"了。床笫上的战士，号称"采阴补阳"和"返精补脑"。真不明白，毫无阳刚的精神太监还补什么阳，毫无头脑的思想奴隶又补什么脑？一泻千里的西门庆，大把大把地吞吃着胡僧给他的壮阳药，以及自家药房里的各种补药。大概正是从那时起，中药房里卖的主要不是治病救命的药，而是滋阴壮阳的"十全大补膏"了。

明代的帝王，根本不再需要臣民贡献腰线以上的头脑和胸膛，于是再次修起了长城，而且修得比秦长城远为坚固。作为下半身主宰一切的最大证据，明代帝王只需要臣民提供腰线以下的屁股和膝盖。所以，明朝除了是西门庆的"驴行货"时代，未央生的"狗行货"时代，也是动辄打屁股的廷杖时代，更是充分使用膝盖的下跪时代。总之，明朝作为上半身彻底被废的中华古典文明的最后尾声，全力开发的都是下半身的功能。由于雄性激素严重缺乏，整个明代没有出产一篇雄文。孱弱文士们津津乐道的张岱名句"舟中人两三粒"，大概算是时代最强音了。

至于清朝，那已经不是中华古典文明的时代，而是中华古典文明的木乃伊时代，是借满清征服者的"以汉治汉"政策而还魂诈尸的时代。清初的所谓"太平盛世"，只是中华古典文明等待埋葬之前的"太平间"，乾嘉巨子只是在为文化遗体做入殓前的整容化妆而已。在更为严酷的异族统治之下，中国人连西门庆式色厉内荏的下盘功夫也没有了，只剩下贾宝玉式的"意淫"，只能下作兮兮充满绮念地神游"太虚幻境"了。

很显然，中华文明急需脱胎换骨，急需新的头脑和新的胸膛，于是西方的头脑适逢其时而来。但是西方人不仅有头脑，更有胸膛，他们到中原大地上把胸膛拍得山响。不甘心被铁屋关死的极少数中国人，虽然暂时还没有强健的胸膛，但已开始向西方的头脑学习，并且在学习的过程中重新获得了胸膛。因为真正有头脑的人，一定有胸膛，只是未必像仅有胸膛的流氓拍得那么响。重新获得头脑的那些中国人，终于成了有胸膛的革命党，埋葬了早已成为僵尸的帝王制度和古典文明。于是历史走到了我们正在与之告别的二十世纪，中华民族进入了衰极复振又前途未卜的痛苦蜕变期。

二十世纪是一个浓缩的世纪。说它浓缩，一是上下半时都开办过西方文化的速成班，然而这种压缩饼干式的精神食粮，导致了严重的消化不良，并且主要停留于肠胃，还来不及改良头脑。二是它同样具体而微地按照时间顺序，逐级走过了五个文化层次，或者说五个文化身段。

第一、第二个十年（1911年辛亥革命、1919年五四运动）是头脑时代。当然，此时最有头脑的中国人，头脑里主要是西方思想。其后三个十年（二十、三十、四十年代）是胸膛时代。先是各地军阀像大猩猩一样，互相比赛谁的胸膛拍得更响，然后是国、共两党比拼谁的胸膛拍得更响。这一比拼尚未分出胜负，中华古典文明最为优秀的学生日本人加塞进来，与全体中国人比拼拍胸膛，妄图上演蛇吞象的奇迹。然而日本人低估了中国人，没有记住一句中国谚语"兄弟阋于墙，共御外侮"（在没头脑时代，中国人就靠这些谚语代替思考），更没想到另一句中国谚语"瘦死的骆驼比马大"专门等着他们。于是，因身材矮小而胸膛毕竟不大的日本人被赶走。随后，比国民党更有头脑的共产党成了最终的胜利者。气魄极盛的毛泽东唱道："秦皇汉武，略输文采；唐宗宋祖，稍逊风骚。"

于是，进入二十世纪下半时的最初三个十年（五十、六十、七十年代），全体中国人把胸膛拍得山响，表示要胸怀全球。不幸的是只重胸膛不重头脑，有头脑的知识分子都被洗脑，洗去其中的西方思想，代之以唯一被奉为正统的西方思想。公允地说，这是唐中叶以后，中国人在世界上地位最高、影响最大的时代，然而代价太大了，除了胸膛以外，头脑和肠胃都被漠视。进入八十年代以后，中国人终于醒悟，饿着肚子不可能把胸膛真正拍响，至少拍不出汉唐气象。于是开始了低调的韬光养晦，进入肠胃时代，希望吃饱肚子以后再拍胸膛，依然不考虑头脑。因为历史和文化有巨大的惯性，从上半身越过腰线的楚河汉界降入下半身不容易，反过来从下半身升入上半身就更不容易。

历史的巨大惯性表现为，在八十年代初步满足肠胃之后，不仅没有向胸膛和头脑方向发展，反而随着历史惯性，继续向腰线以下发展。由肠胃领唱的八十年代，主旋律自然是"端起饭碗吃饭，放下饭碗骂娘"。然后饱暖思淫欲，由胯部主演的九十年代，压轴大戏自然是"玩的就是心跳"，"过把瘾就死"。文化的巨大惯性表现为，没头脑者还在为帝王时代的唯一正统思想招魂，阻碍中国人的头脑得到真正解放。由于上半身不遂，下半身又再次活跃起来。一本号称"《金瓶梅》第二"的脏书是这一时期的唯一"名著"，其作者是当代最为优秀的没头脑作家，然而上半身的胳膊毕竟拧不过下半身的大腿。"以笔为旗"之辈，自以为得毛泽东之真传，继续把胸膛拍得山响。然而毛泽东确有胸膛，贴假胸毛的假"好汉"却没什么胸膛可言。至于到底有没有头脑，只要看看那种刑天式的架势，就不难找到答案。九十年代不仅是胯部的时代，更是膝盖的时代，宣称"抵抗投降"的人，却不得不向权力、金钱和愚昧屈膝投降。鲁迅说："老调子还没有唱完。"然而时辰已到，大幕将落，时代的歌手该谢幕了。"俱往矣！"五千年不散的筵席，终于该散场了。

中华古典文明的下半身或下半时早已过去，过渡性质的二十世纪也即将过去，上下五千年终于走到了终结点。这不禁使我产生了莫大期待：也许中国人确实到了重新挺起胸膛，用自己的头脑自由思想的时候了。

被庙堂遮蔽的江湖中国
——为毕来德中国观作证

引言、造化必然，文化偶然

存在两个"文化中国"：众所周知的儒家主宰的庙堂中国，鲜为人知的道家主导的江湖中国。中华帝国的研究者，因而分为两种：属于大多数的轻信者，属于极少数的批判者。

轻信者对于唾手可得的现成史料，不加辨析，径直采信。轻信者从不自问：中华帝国可曾允诺言论自由？中华帝国能否容忍不利于君主专制的言论，任其公开刊布并传诸后世？

批判者对于卷帙浩繁的巨量史料，辨伪存真，抉隐发微。凭借对古今中外一切专制主义之共同本质的基本常识，批判者事先认定：中华帝国的历史真相，必被吞噬一切的专制庙堂遮蔽。批判者进而明白：只有深入辨析庙堂允许存在、有利于意识形态谎言的现成史料，才有可能彰显已被遮蔽的历史真相。

中华帝国时空内的无数民众，早已洞悉专制庙堂的意识形态谎言。其中的大多数人，为免诛杀而被迫沉默。其中的极少数人，曾经不怕诛杀地反对专制和揭露谎言。然而反对者和揭露者已被诛杀，反对之言和揭露之言已被剿灭。凭借空前强大的话语霸权，专制庙堂空前成功地完成了自我论证。

1911 年中华帝国终结之后，揭露专制庙堂的意识形态谎言，才不再具有政治风险，然而仍有挑战集体"成心"的学术风险，以及"于史无征"的举证困难。因为不利于庙堂谎言的绝大部分证据，早已因剿灭而消失，因篡改而遮蔽。批判者必须投入大量精力，辨析巨量史料，从反复修补、日益精致的巨大谎言中，发现因先天弱智而残留的证据，搜寻因后天疏忽而导致的破绽。学术风险和举证困难，会让大多数研究者望而却步，乃至中途放弃，然而必有坚持到底者。

比如顾颉刚及其同道，在帝国终结后第一时间，就立刻开始了石破天惊的"古史辨"，很快取得了初步成果。不幸其后国难当头，战乱频仍，文化浩劫，"救亡压倒启蒙"，刚刚开始、远未深入的历史批判，被迫中止了将近一个世纪。

1978 年开始的"拨乱反正"和"改革开放"，再次把揭露谎言、彰显真相提上了时间表。瑞士汉学家毕来德先生，来到北京研究中华帝国，重点是前帝国的先秦元典，关注中心则是江湖中国的先秦元典《庄子》。法国汉学家弗朗索瓦·于连先生，也来到北京、上海研究中华帝国，重点也是前帝国的先秦元典，关注中心则是庙堂中国的先秦元典《孟子》。与此同时，我也在上海研究中华帝国，研究重点和关注中心，均与毕来德相同。

2008 年 1 月，毕来德先生的杰作《驳于连》，由郭宏安先生译成中文，在《中国图书评论》杂志上发表。毕来德与于连的分歧，源于研究重点和关注中心的不同。两种持之有故、言之成理的观点，再次证明存在两个中国。毕来德认为，于连像大多数中外学者一样，把庙堂中国视为唯一的中国，没能看见被庙堂中国遮蔽的那个江湖中国。

平心而论，于连对众所周知的庙堂中国的剖析颇有创见，不无启发性。然而毕来德对鲜为人知的江湖中国的抉发更有创见，更具突破性。因研究重点和关注中心的相同，毕来德与我的基本观点，达到了令人吃惊的高度一致，应验了两千年前超前批判庙堂中国的道家集大成者庄子的名言："相视而笑，莫逆于心。"本文扼要概述庙堂中国之伪道遮蔽江湖中国之真道的历史路径，为毕来德的中国观作证。

一、人间下帝，僭代上帝

前359年，时任魏相的公叔痤临终，向魏惠王举荐32岁的卫人商鞅（约前390—约前338）继任魏相，或者杀掉，以免异国用之，不利魏国。魏惠王笑其老而昏悖，两计均拒。商鞅于是离魏至秦，分别以道家"帝道"、儒家"王道"、法家"霸道"，先后三次游说秦孝公。秦孝公以道家"帝道"为虚幻，以儒家"王道"为迂远，闻法家"霸道"而大悦，拜鞅为相，实行变法，从而奠定秦国一统天下之根基，成为两千年中华帝国以"霸道"戕贼天下、强暴万民之缘起。不过中华帝国从未坦承"霸道"，而是僭称"王道"，终至僭称"帝道"。

商鞅概括了此前全部华夏古史的历史演进和观念秩序，所论道家"帝道"、儒家"王道"、法家"霸道"，首三字"帝"、"王"、"霸"，是依次递降的三级观念；末三字均作"道"，则是重大混淆。

"帝"之本义是皇天上帝，属于宇宙顶级名相。史前初民社会，"十日并出"（《庄子·齐物论》），人人可与皇天上"帝"沟通。尧舜时代进入阶级社会之后，"绝地天通"（《尚书·吕刑》），"羿射九日"（《淮南子·本经训》），从此"天无二日，民无二王"（《孟子·万章上》）。政教合一的天下共主夏商周三"王"，从此独霸祭"帝"特权，臣民乃至诸侯，不得僭越染指。

"王"之本义是贯通"天地人三才"，属于人类顶级名相[1]。夏商周建立华夏共同体之后，"王"被天下共主独霸，此即所谓"王天下"。作为夏商周三"王"之"臣"的天下诸侯，不得僭称"王"。

"霸"原作"伯"，本义是排行之长，属于诸侯顶级名相。春秋五"霸"均以武力震慑胁从诸侯共同朝拜周王，由周王"致伯"，册封为"霸"（伯），从而"挟天子以令诸侯"。

华夏固有观念认为："霸"不能僭称"王"，"王"更不能僭称"帝"。然而随着华夏历史演进，皇天上"帝"逐渐弱化（欧洲则逐渐强化，从多神教向一神教历史演进），于是商代后期诸"王"死后受祭，遂被僭称为"帝"[2]。人不可僭称"帝"的华夏固有观念，即从死去之"王"开始被

1　汉儒董仲舒《春秋繁露·王道通三》："古之造文者，三画而连其中谓之王。三画者，天地与人也；而连其中者，通其道也。取天地与人之中以为贯而参通之，非王者孰能当是？"参阅张远山《庄子奥义》第332页正文及注，天地出版社2020年版。

2　《释名》："王，天子也。"《礼记·曲礼》："君天下，曰'天子'。……崩，曰'天王崩'。复，曰'天子复矣'。告丧，曰'天王登假'。措之庙，立之主，曰'帝'。"参阅《庄子奥义》第331页正文及注。

打破。

孔子（前551—前479）殁后，历史从春秋进入战国，随着子思、孟轲鼓吹的阴阳五行说兴起，游说诸侯的儒墨诸子，纷纷托古论"道"，竞相僭称上古酋长为"帝"，终成"五帝"谬说。姑且认为，炎"帝"、黄"帝"、"帝"喾、"帝"尧、"帝"舜均非虚构，但他们在世之时仅是部落酋长"后"，连"王"也不是，更不可能僭称"帝"。僭称五"后"为"帝"的儒墨诸子，倘若遭到反诘，可以如此狡辩：自己仅是因循商周两代称先"王"为"帝"之例上推，追认已死之"后"为"帝"，并未违背礼制。其实商周礼制，早已违背华夏固有观念。倘若儒墨诸子不遇反诘，则故意含混，不予挑明。"五帝"谬说盛行以后，战国中后期的人们误以为，五"后"在世之时，均已被称为"帝"。后世之人，更加习焉不察。人不可僭称"帝"的华夏固有观念，遂被进一步打破。

商周两代僭称先"王"为"帝"，奉为王室家族的祖先神，儒墨诸子僭称先"后"为"帝"，奉为华夏民族的祖先神，各有历史合理性，在人类历史上并非孤例。其他民族历史上，也有奉已死先王或民族祖先为"神"之例。然而此后的华夏历史演进，则在人类历史上纯属孤例，并且导致了中华帝国的诸多"独特性"。

"帝"两次降格于死人，仍未填平人、神之间难以逾越的巨大鸿沟。跨出最后一步之前的历史准备，是"王"两次降格于活人。第一次是楚、吴、越等非中原诸侯，在春秋末期僭称"王"。第二次是齐、魏、宋、秦、韩、赵、燕、中山等中原诸侯，在战国中期的三十年间（前353—

前 323）先后僭称"王"[1]。华夏共同体"王天下"格局的彻底打破，把天下共主独霸的人类顶级名相"王"，降格为分封诸侯共享的人类次级名相。于是天下共主僭称宇宙顶级名相"帝"，遂被提上了华夏历史演进的时间表，并有三次失败的预演。

前 288 年，秦昭王僭称"西帝"，齐湣王僭称"东帝"，月余即先后被迫撤销。前 286 年，齐灭宋。列国担心引发多米诺效应危及自身，遂有策士向欲报齐仇的燕昭王献策：鼓动秦昭王僭称"西帝"，赵惠文王僭称"中帝"，燕昭王也同时僭称"北帝"，然后联合伐齐。伐齐尽管成功，但三"王"僭称三"帝"再告流产。前 257 年，秦军携长平之战活埋四十余万赵军降卒之余威，进围赵都邯郸。眼看赵国将灭，列国担心引发多米诺效应危及自身，情急之下欲为秦昭王再进"帝"号促其撤兵，又因齐人鲁仲连"义不帝秦"而流产。

倘若不是活"王"不可僭号称"帝"的华夏固有观念深入人心，三次预演就不会失败。

倘若不是活"王"不可僭号称"帝"的华夏固有观念深入人心，各大诸侯更不可能甘冒灭国危险，而被一介布衣鲁仲连轻易劝阻。

倘若不是活"王"不可僭号称"帝"的华夏固有观念深入人心，就无法理解：为何此后三十年秦国逐一消灭天下诸侯，再也未有"帝秦"之议？

---

1 《史记·鲁世家》："景公二十九年（前 323 年），六国皆称王。"详见《庄子奥义》绪论一《战国大势与庄子生平》，第 6—12 页。

前 221 年，彻底实行法家"霸道"的秦国，尽灭杂用儒家"王道"和法家"霸道"的天下诸侯。秦王嬴政下旨拟议尊号，媚上的法家丞相李斯，与媚上的众多儒家博士合议尊号，仍然不敢逾越活"王"不可僭号称"帝"的华夏固有观念，故进尊号"泰皇"。嬴政去"泰"加"帝"，自称"始皇帝"，悍然越过人、神之间的巨大鸿沟，开启了活"王"僭号称"帝"的中华帝国史，延续 2132 年。

二、庙堂伪道，僭代真道

商鞅对秦孝公所进三"道"，业已混淆另一组三级观念"道"、"术"、"方"。

"帝"与"道"位格相同，均为宇宙顶级名相。反对君主专制的道家，把宗教性的人格化之"帝"，转化为哲学性的非人格化之"道"，遂成中华唯一真道。

"王"仅是人类顶级名相，不能与宇宙顶级名相"道"匹配，因此"王道"属伪道。主张温和君主专制的儒家，把"王"之"术"拔高一级，僭称为"道"，遂成商鞅所谓"王道"。

"霸"仅是诸侯顶级名相，更不能与宇宙顶级名相"道"匹配，因此"霸道"更是伪道。主张极端君主专制的法家，把"霸"之"方"拔高二级，僭称为"道"，遂成商鞅所谓"霸道"。

秦孝公采纳商鞅所谓"霸道"35 年之后，秦惠王"霸"而成功，僭号称"王"。秦孝公采纳商鞅所谓"霸道"138年之后，秦王嬴政"王"而成功，僭号称"帝"。至此，商鞅所论"帝"、"王"、"霸"三级观念,也已彻底混淆。

秦始皇以活人僭称"帝"之后,剩下的历史使命,就是草创帝国的专制意识形态:把法家"霸"之"方"拔高二级,僭称为"帝"之"道",即"天(上帝)人(下帝)合一"的伪"帝"伪"道"。其根本举措,就是采纳法家丞相李斯的献策"焚书坑儒"。"儒"含广义,包括法家之外的一切先秦诸子。倘若秦始皇不"焚书坑儒",那么活人不可僭称"帝","霸"之"方"不可僭称"帝"之"道"的华夏固有观念,必将严重阻碍伪"帝"僭称真"帝",必将严重阻碍法家"霸"之"方"僭称"帝"之"道"。

秦始皇版专制意识形态过于粗陋,未能挽救违背天道的秦帝国仅仅 14 年就迅速崩溃。汉承秦制,继承法家"霸道",但是为了延长帝国寿命,汉初被迫"与民休息",暂行道家"帝道",遂有"文景之治"。这是两千年帝国史上,中华真道获得部分实行的唯一时代。

秦鉴不远的汉武帝认识到,自己的历史使命是把专制意识形态从赤裸裸的秦始皇版,改良为更具欺骗性的升级版:先把法家"霸"之"方"拔高一级,用儒家"王"之"术"包装,然而再悄悄拔高一级,僭称"帝"之"道",当然仍是"天(上帝)人(下帝)合一"的伪"帝"伪"道"。其根本举措,就是采纳鼓吹"天(上帝)人(下帝)感应"的儒生董仲舒之献策:"独尊儒术,罢黜百家。"因距先秦未远,"帝↘王↘霸"和"道↘术↘方"的观念秩序仍然深入人心,不可全面混淆,只能真假混杂地逐步混淆,因此从专制君主汉武帝,到媚上儒臣董仲舒,均不敢把"儒术"直接拔高一级,僭称为"儒道"。普遍僭称"儒道"而不以为非，要到中华伪道成功僭代中华真道的唐宋之后。倘若汉武帝不"罢黜百家"，活人不可僭称"帝"，"王"之"术"不可僭称"帝"之"道"的华夏固有观念，必将严重阻碍伪"帝"僭称真"帝"，必将严重阻碍儒家"王"之"术"僭称"帝"之"道"。

汉武帝改良的专制意识形态大为精致，成为两千年不变的祖传秘方：挂儒家"王道"（实为"术"）之羊头，只说不做；卖法家"霸道"（实为"方"）之狗肉，只做不说。汉宣帝不打自招："汉家自有制度，本以霸王道杂用之。"

汉承秦制，魏、晋、唐、宋、元、明、清皆承汉制，伪"帝"伪"道"僭代真"帝"真"道"两千年。两千年中，汉武帝版专制意识形态，又被历代儒生集团不断改良和升级，越来越精致，越来越具欺骗性，但永远换汤不换药，正如设计者董仲舒所预言："天不变，道亦不变。"修正、改良、升级专制意识形态，儒家始祖孔子称为"损益"，并且预言千古不变，"百世可知"[1]。儒法一家两宗，王霸文武杂用，早被鼓吹"王霸"的儒家集大成者荀子充分论证。其两大弟子，正是秦始皇服膺的法家集大成者韩非，以及秦始皇的法家丞相李斯。因此1898年戊戌变法失败后慷慨赴死的谭嗣同所著《仁学》认为："二千年来之政，秦政也，皆大盗也。二千年来之学，荀学也，皆乡愿也。"贬斥专制君主是僭号的"大盗"，并非谭嗣同的发明，而是出自超前

---

1 《论语·为政》："子曰：殷因于夏礼，所损益可知也；周因于殷礼，所损益可知也；其或继周者，虽百世可知也。"

批判君主专制的道家元典《庄子》[1]。

由于皇帝不可能承认自己是僭代真帝的伪帝，也不可能承认以儒家"王道"为表、以法家"霸道"为里的专制意识形态，是僭代真道的伪道，因此中华帝国两千年如一日的系统文化工程，就是无情剿灭、刻意篡改、竭力遮蔽真帝真道。毕来德称为："彻底重建前帝国文化。"

毕来德认为，"汉朝的皇帝和他们的股肱之臣"，成功地使"帝国在他们之后持续了两千多年"：

> 历史学家们解释这一非凡的成绩，一般强调他们所创立的中央机构及军事、行政和礼仪的各种制度。他们说得对，因为这些制度基本上一直持续到帝国的结束，即二十世纪初。但是，这一成绩的真正的奥秘，历史学家们没有看到，或者没有足够地明白，乃是皇帝们、他们的顾问们和替他们行事的官员们将文化当作手段，以至于重建了文化，使其全部成为新秩序的基础。
>
> 为了使人忘记帝国所由产生的、用以维持自己的暴力和专断，帝国必须显得符合事物本身的秩序。一切都要被支配于一个观念，即帝国的秩序符合宇宙的原理。

---

1 《庄子·胠箧》："田成子一旦杀齐君而盗其国，所盗者岂独其国耶？并与其圣、知之法而盗之。故田成子有乎盗贼之名，而身处尧舜之安，小国不敢非，大国不敢诛，十二世有齐国。则是不乃窃齐国并与其圣、知之法，以守其盗贼之身乎？……圣人不死，大盗不止。虽重圣人而治天下，则是重利盗跖也。为之斗、斛以量之，则并与斗、斛而窃之；为之权、衡以称之，则并与权、衡而窃之；为之符、玺而信之，则并与符、玺而窃之；为之仁、义以矫之，则并与仁、义而窃之。何以知其然耶？彼窃钩者诛,窃国者为诸侯；诸侯之门而仁、义存焉，则是非窃仁、义、圣、知耶？"

所有的学术领域，所有的思想、语文及表达形式，必须一致地使人们相信，这一秩序本质上说是合乎自然的。

这是保证王权和在它下面的各个等级制度，保证统治与服从的最永恒性的、最有效的手段。

这一大重建产生了中国人自己从那时起所说的并且今天人们在国内与国外仍然在说的中国文化。前帝国的历史文化也得到了彻底的重建，变成了新思想体系的组成部分。……这种大综合是由帝国的政权产生的，而它的主要功能是掩盖这种政权的性质。

三 "重建文化"，三大工程

"重建前帝国文化"，包含三大系统工程。

一是剿灭古书的强攻工程，即"破"，彻底剿灭不符合专制意识形态又难以"重建"和"转化"的先秦诸子。

其最著者，道家姑举二例：老聃后学中言词最为激烈、强力抨击专制君主"悉天下奉一身"的杨朱，曾是鼓吹儒家"王道"的大儒孟子的第一攻击目标，其书只能彻底剿灭，其人被丑化为"禽兽"[1]。因此后人盲信杨朱"自私自利"，"杨朱为我，一定不著（书）"（鲁迅）。庄子后学中言辞最为激烈、强力抨击专制君主的魏牟，曾是鼓吹法家"霸道"的大儒荀子的第一攻击目标，其书只能彻底剿灭[2]，

1　语见《孟子·尽心》。参阅《庄子奥义》第339页。

2　《汉书·艺文志》："《公子牟》四卷。"今已亡佚。其部分思想残存于今传郭象版《庄子》外杂篇。

其人也被丑化为"禽兽行"[1]。因此后人极少知道魏牟,生平学说更为茫然。

非道家,也举二例:《惠子》彻底剿灭,《公孙龙子》剿灭大半[2]。

《汉书·艺文志》记录了大量剿灭之书的部分书目,然而绝非全部。

在中华帝国时空内,直言剿灭古书已属禁忌,只能婉称"亡佚",更不可能指控专制庙堂是导致"亡佚"的元凶。民间为了避祸也主动销毁违禁古书。先秦古书汉后部分重出,既有违抗秦始皇焚书令的冒险私藏,也有孔壁藏书和出土简帛,均为"古文"。也有秦代士人原先背熟,入汉之后再用"今文"默写,甚至托古伪撰,遂有"今古文"两大系统。

儒家元典的"今古文"之争,日益演变为:究竟是坚守儒学原教旨主义,做孔子褒扬的"君子儒"?还是自我篡改乃至伪撰儒家元典以迎合专制意识形态,做孔子鄙视的"小人儒"?

历史给出了合乎逻辑的答案:以帝国暴力为后盾的"小人儒",轻松战胜了"君子儒"。

二是伪撰古书的配套工程,即"破"而后"立"。

其他道家著作《关尹子》、《列子》、《子华子》等也全部剿灭,今本均属伪书。威胁庙堂伪道的先秦真书尚须剿

---

1 语见《荀子·非十二子》。
2 汉儒扬雄《法言·吾子》:"公孙龙诡辞数万。"今传《公孙龙子》删残本,不足三千字。

灭，不符合庙堂伪道的伪撰古书，既不可能自取其祸地炮制出笼，更不可能获得庙堂容忍而公开刊布并传诸后世。

伪撰古书，通常由渴望晋身庙堂的"小人儒"自发完成，然后进献庙堂。其最著者，是东晋儒生张湛伪撰《列子》，进献庙堂，获得奖赏，官至光禄勋。这一公案直至"古史辨"时代方成铁案，此前少有人疑，鲜为人知。

三是篡改曲解的重建工程，即寓"立"于"破"的篡改，寓"破"于"立"的曲解。

其最著者，是篡改曲解《老子》、《庄子》。这两部道家元典能够幸免于秦始皇、汉武帝的两次剿灭浩劫（儒、法以外的诸多先秦子书大多未能幸免），有两大原因：

一是影响巨大，引用者摘抄者无数，难以彻底剿灭；

二是不像杨朱、魏牟那样激烈直白，无须彻底剿灭。

不过《老子》、《庄子》注定难以幸免于第三次浩劫，因为日益高明的专制庙堂，在两次失败后终于找到了对付它们的最佳方法——篡改曲解。

四、竹林七贤，被迫分裂

两汉四百年，庙堂伪道能量耗尽，君主专制弊端尽显。秦汉士人无不喜爱老、庄，尤其酷爱庄子亲撰的"内七篇"[1]。儒生撰文，频繁征引庄文伟词。佛徒译经，无不借用庄学名相。然而《庄子》仅是士林秘笈，并非庙堂显学。仅当

---

1 六朝沈约《宋书·谢灵运传论》："有晋中兴，玄风独振。为学穷于柱下，博物止乎七篇。"

历史进入秦汉以后首次打破大一统的魏晋时代，专制庙堂鼓吹的儒法"名教"，与江湖民众信仰的老庄"自然"，两者究竟孰为真道，又再次成为魏晋士人必须辨明的人生根本问题，社会根本问题，宇宙根本问题。

《世说新语》记载：

> 阮宣子有令闻。太尉王夷甫见而问曰："老庄与圣教同异？"
>
> 对曰："将无同？"
>
> 太尉善其言，辟之为掾。世谓"三语掾"。

这一晋身庙堂的儒生"必答题"，证明：老庄真道对信奉庙堂伪道的儒生，具有难以承受的巨大观念压力，不缓解这一集体焦虑，全体儒生就灵魂不得安宁，难以安身立命。

因此魏晋时代的儒生集团，必须再次"重建文化"：先予创造性"重建"，即篡改；再予创造性"转化"，即曲解；使《老子》《庄子》从坚守江湖真道、贬斥庙堂伪道，转而成为遮蔽江湖真道、支持庙堂伪道的专制意识形态组成部分，一劳永逸地彻底消除老庄真道对儒生集团的巨大观念压力。

彰显真道与遮蔽真道的剧烈对抗和重大转折，就是"竹林七贤"因庙堂高压而分裂，其成员遭遇不同命运。

"竹林七贤"的四位中坚，是稽康（224—263）、阮籍（210—263）及其追随者刘伶、阮咸。主张"越名教而任自然"，意为：超越儒法"名教"伪道，信仰老庄"自然"

真道。

嵇康所著《养生论》、《答难养生论》，阮籍所著《达庄论》、《大人先生传》、《咏怀诗》，刘伶所著《酒德颂》，在绝对信仰并终生履践老庄真道的陶渊明之前，达到了庄学最高水平。他们啸聚"竹林"，取意于峻拒楚王聘相的庄子对魏相惠施的讽谕，"鹓雏非竹实不食"，视庙堂富贵为"腐鼠"[1]。

"竹林七贤"的两个叛徒，是贪恋庙堂富贵、依附专制庙堂的山涛、王戎。王戎家有好李，欲以牟利，又恐别人得佳种分其利，遂钻其核，然后出售，故被阮籍讥为"俗物"。山涛欲使嵇康同流合污，遂向司马氏举荐嵇康。嵇康撰写公开信《与山巨源绝交书》，宣称"非汤武，薄周孔"，讥刺司马氏即将成为"窃国大盗"，如同商汤、周武僭代夏商那样僭代曹魏，又僭窃周公、孔子倡导的"仁义"，因而被司马氏罗织罪名公开诛杀，年仅40岁。同年阮籍郁悒而卒，年仅54岁。而王戎活了72岁，山涛活了79岁。

最后一位特殊成员，是小阮籍17岁、小嵇康3岁的向秀（227—272）。

有鉴于信仰老庄真道、挑战庙堂伪道的嵇、阮贫困早夭，而背叛老庄真道、屈服庙堂伪道的山、王富贵长寿，向秀撰写祭文《思旧赋》，既对嵇、阮深表怀念，自述天人交战之心曲：

　　悼嵇生之永辞兮，寄余命于寸阴。

1　语见《庄子·秋水》。

又对嵇、阮怀惭告罪，请求嵇、阮原谅他违心屈服：

将命适于远京兮，遂旋反而北徂。

向秀被迫屈服于庙堂的主要举措，就是违心地篡改曲解嵇、阮酷爱的《庄子》，佯装与嵇、阮划清界限。但是书未写完，嵇、阮死后9年，向秀也郁悒而卒，年仅46岁。倘若向秀预知"余命"未能稍延"寸阴"，必定后悔"旋反北徂，适于远京"的屈服于庙堂，更将后悔违心篡改曲解《庄子》。

向秀违心篡改曲解《庄子》未完即死，其书未及公开流布（或许正是天人交战，才不愿注完流布），遂被与山涛、王戎心术相同，才学低下又品行卑劣的郭象剽窃，毫不违心地进一步篡改曲解《庄子》。《世说新语》、《晋书》都揭露了郭象剽窃向秀《庄子注》，斥其"为人行薄"。不过在郭象篡改曲解《庄子》之前，王弼已经完成了对《老子》的篡改曲解。

儒生王弼（226—249），小阮籍16岁，小嵇康2岁，大向秀1岁，大郭象26岁。早于嵇、阮之死而早夭，年仅24岁。所著《老子注》，与嵇康、阮籍唱对台戏，主张"名教本于自然"，意为：庙堂"名教"伪道，植根于老庄"自然"真道。两者毫无冲突，仅有局部小异。而这局部小异证明，庙堂"名教"伪道高于老庄"自然"真道。其名言见于《世说新语》：

圣人（孔子）体无，无又不可以训，故言必及有。

老庄未免于有，恒训其所不足。

然而老聃之反名教一目了然，王弼实为刻意曲解。为了掩盖曲解，王弼只能篡改《老子》原文。

王弼对《老子》的篡改曲解，大大缓解了儒生集团的观念压力，从而一举成名。然而更大的观念压力来自《庄子》，王弼的早夭，把篡改曲解《庄子》的历史使命留给了郭象。

儒生郭象（252—312），小阮籍 42 岁，小嵇康 28 岁，小王弼 26 岁，小向秀 25 岁。王弼死后三年，郭象出生。嵇、阮死时，郭象 11 岁。司马炎篡魏称"帝"之时，郭象 13 岁。向秀死时，郭象 20 岁。所著《庄子注》，也与嵇康、阮籍唱对台戏，主张"名教即自然"，意为：庙堂"名教"伪道，正是老庄"自然"真道。两者不仅毫无冲突，而且毫无相异。其名言见于《逍遥游注》：

圣人虽在庙堂之上，然其心无异于山林之中。

然而庄子之反庙堂一目了然，郭象实为刻意曲解。为了掩盖曲解，郭象只能篡改《庄子》原文。

老聃反对君主专制并不彻底，王弼对《老子》的篡改曲解也不太彻底，仅仅从《老子》中创造性"重建"出初级荒谬的"名教本于自然"。庄子反对君主专制非常彻底，郭象对《庄子》的篡改曲解也非常彻底，居然从《庄子》中创造性"重建"出超级荒谬的"名教即自然"。因此郭象的《庄子注》，比王弼的《老子注》更为彻底地缓解了老庄真道对儒生集团的观念压力，从而一举成名，得到庙堂奖赏，官至黄门侍郎、太傅主簿，"任职当权，熏灼内外，由是素论去之。"[1]北齐颜之推也予鄙视："郭子玄以倾动专势，宁后身外己之风耶？"[2]

《世说新语》、《晋书》揭露郭象剽窃向秀，魏晋士林和北齐颜之推鄙视郭象，足证魏晋六朝尚未"舆论一律"，老庄真道在朝野之中仍有极大影响。然而随着中华帝国不断演进，君主专制日益强化，微弱的抗议之声也将逐渐消失，起码不敢形诸文字，无法公开流布，遑论传诸后世。

五、魏儒王弼，篡改《老子》

老学是"君人南面之术"，颇得战国诸侯和汉初君主喜爱，于是死后随葬入墓。后人考古发掘，出土了马王堆帛书、郭店楚简等多种《老子》初始版本。一经比对，儒生王弼及其追随者对《老子》的篡改曲解，业已无处遁形。

低级篡改与避君主名讳有关，意图不算险恶，后果却很严重。王弼版《老子》的著名首句：

道可道，非常道。

原作：

道可道，非恒道。

1　语见《晋书·郭象传》。
2　语见《颜氏家训·勉学》。

因汉文帝名刘恒，遂改"恒"为"常"。与之相同，战国篡姜齐的田恒（即"田成子"）改为"田常"，月亮女神姮娥则改为"嫦娥"，三例全都沿用至今，不以为非。

每个君主登基以后，为了避讳都要大规模挖改古籍。因秦始皇名嬴政，遂改正月为"端月"，汉后恢复。战国诸邦均有相邦，因汉高祖名刘邦，遂改"邦"为"国"，改"相邦"为"相国"，沿用至今。直到清初以后，为皇子取名尽量选用僻字，才无须在登基后再为避君主名讳而费事。然而清代另有诸多必避之讳，仍须大规模挖改古籍。清修《四库全书》，是惨不忍睹的又一浩劫。避讳闹剧延续两千年，中华古籍早已面目全非，而且积非成是，以讹为正。两千年"成心"，难以撼动。恢复原貌，必被哂笑。"邦"原指诸侯封疆，"国"原指诸侯都邑，专名专用，不可混淆。但是倘若今日有人把《国语》《战国策》改称为《邦语》《战邦策》，谁能接受？

高级篡改与专制意识形态的冲突有关。王弼篡改曲解《老子》的更多证据，拙著《老子奥义》将深入展开，本文仅举二例。

例一、王弼版《老子》十四章："执古之道以御今之有。"马王堆帛书甲、乙本均作："执今之道以御今之有。""道"是古今不变的宇宙至高存在，遍在永在的宇宙普遍规律。"执古之道"是鼓吹伪道的儒家之主张，而非弘扬真道、反对儒家的道家之主张。"执今之道"也不意味着道有古今之别，而是仅仅说明古今真道完全一样，无须像儒家那样复古倒退。这正是韩非创造性"重建"老学，反对"法先王"、主张"法后王"的原因。

老聃此义，可用发挥老学的《庄子·天运》证之：

> 夫水行莫如用舟，而陆行莫如用车。以舟之可行于水也，而求推之于陆，则没世不行寻常。古、今非水、陆欤？周、鲁非舟、车欤？今蕲行周于鲁，是犹推舟于陆也，劳而无功，身必有殃。

此节原为批判儒家，也是对王弼篡改本《老子》"执古之道以御今之有"不可移易的批判，足证王弼改"今"为"古"[1]。《庄子》外杂篇对其称颂的"古之博大真人"老聃，从未有过如此针锋相对的批判。

例二、王弼版《老子》十七章：

> 太上，下知有之。其次，亲而誉之。其次，畏之。其次，侮之。信不足焉，有不信焉。悠兮其贵言，功成事遂，百姓皆谓我自然。

元代吴澄《道德真经注》等版本保留首句原文之真："太上，不知有之。"

以形近之字"下"，取代原文"不"，是篡改者的高明之处，因此坚执"成心"的辩护派否认有人故意篡改，而用形近无意而讹、钞刻字坏缺笔来辩解。指控篡改的最后

---

1 枝节尚可争论：早于三国王弼的初汉河上公版，为何也作"古"？我认为河上公时代盛行黄老学说，河上公篡改原文的必要性甚小，因此极可能是后儒据王弼版倒改河上公版。即便确为河上公所改，仅是提前篡改时间，并不改变篡改意图，仍是迎合专制意识形态。

利器，就是寻求原文原意的逻辑融贯性。

唯有"不知有之"，方能"百姓皆谓我自然"，方才符合"无为而治"的老聃"自然"真道。倘若"下知有之"，则成"百姓皆谓君主让我自然"，方才符合"有为而治"的专制"名教"伪道。倘若王弼不篡改老聃原文，不曲解老聃原意，就无法论证"名教本于自然"，就不可能"使人们相信，帝国秩序本质上说合乎自然"（毕来德）。

六、晋儒郭象，篡改《庄子》

道家集大成者庄子（前369—前286），小商鞅21岁，亲睹战国诸侯僭号称"王"的全程，亲见秦、齐二"王"僭号称"帝"的失败预演，坚守活"王"不可僭称"帝"的华夏固有观念，凭借见微知著的先知般洞察力，预见到了活"王"僭号称"帝"已是未来中国历史演进之必然，于是在秦始皇僭称"帝"之前半个多世纪，就已写下不朽的"内七篇"，超前批判君主专制违背天道，超前批判假君假宰僭代"真君真宰"[1]，超前批判庙堂伪道僭代江湖真道，从而成为两千年专制意识形态必须竭尽全力应对的最大挑战。应对挑战的最大功臣，则是"天降大任"的西晋儒生郭象。

郭象先删去严重威胁专制意识形态的外杂篇十九篇，把《史记》记录的《庄子》"十余万言"、《汉书》记录的《庄子》五十二篇，删残为不足七万言的今本郭象版《庄子》

---

1 语见《齐物论》。参阅《庄子奥义》之《〈齐物论〉奥义》，第103—105页。

三十三篇。再对删残的三十三篇进行迎合专制意识形态的篡改，再予迎合专制意识形态的曲解。因此今传郭象版《庄子》，没有一篇全真原文，郭注义理完全违背庄学真义。郭象篡改曲解的大量例证，详见拙著《庄子奥义》和《庄子复原本》，本文仅举篡改之例和曲解之例各一。

篡改之例，郭象版《逍遥游》：

> 小知不及大知，小年不及大年。奚以知其然耶？朝菌不知晦朔，蟪蛄不知春秋，此小年也。楚之南有冥灵者，以五百岁为春，五百岁为秋；上古有大椿者，以八千岁为春，八千岁为秋。此大年也。而彭祖乃今以久特闻，众人匹之，不亦悲乎？汤之问棘也是矣。

此段末句"汤之问棘也是矣"，在郭象版中难以索解。今人闻一多据唐僧神清《北山录》及宋僧慧宝注文，考定其下尚有二十一字：

> 汤问棘曰：上下四方有极乎？棘曰：无极之外，复无极也。

此节佚文至关重要，由于庄子原文"无极之外复无极"与郭象注文"物各有极"直接冲突，遂被郭象删去。郭象只有删去此节，才能谬解整部《庄子》都在褒扬大知，贬斥小知。然而整部《庄子》褒扬的都是不待外物、独待天道的至知，贬斥的都是倚待庙堂、鼓吹伪道的大知。郭象篡改之后的曲解，仍然破绽百出，比如仍与《逍遥游》原文"众人匹之（众人效法大知大年），不亦悲乎"不可兼容，更与《庄子·在宥》"彼其物无测，而人皆以为有极"直接抵牾。然而盲从郭象的研究者，反诬《庄子》义理混乱，自相矛盾。

曲解之例：庄子亲撰的"内七篇"末篇《应帝王》，郭象谬注篇名曰："应为帝王。"郭象追随者进而谬解《应帝王》篇名为"谁应该做帝王"，或"如何应对帝王"。

"帝王"二字，仅在秦"王"嬴政僭号称"帝"之后，方为可以连读的合词，上文已述："帝"、"道"均为宇宙顶级名相，道家把人格化之"帝"转化为非人格化之"道"，因此篇名之"帝"，义同"道"。庄子之前的所有先秦文献，从未有过一次"帝王"连写，因此《应帝王》之"帝王"是汉语史上首次连写，但是不可连读，并非合词。作为道家集大成者，庄子坚守人"王"不可僭号称"帝"的观念，不可能以"帝王"为合词。庄子又深知这一观念深入人心，也不必担心误解。《应帝王》篇名，读作"应帝之王"，意为：顺应天帝（即道）的"王德之人"[1]。也就是顺应天道的至人，有德无位的"素王"[2]。

郭象及其追随者迎合专制意识形态的误读和曲解，完全违背先秦固有观念，也完全违背《应帝王》篇旨和庄学整体宗旨，使反对君主专制的庄子，极其荒谬地成了"帝王术"的创始人。然而庄学绝非"君人南面之术"，而是"逍

---

1 语见《庄子·天地》所引庄子语。
2 语见《庄子·天道》，为汉语史首见。"素王"被汉儒违背庄学地创造性转化后专用于孔子。参阅《庄子奥义》之《〈应帝王〉奥义》，第331—357页。

遥江湖之道"。

　　郭象对《庄子》的篡改曲解,是对中华真道的最大遮蔽,负面影响极其深广。不过一方面古代民众不像儒生那样服膺郭象谬解,而是撇开郭注直读庄子白文,仍能部分领悟庄学真道;另一方面酷爱《庄子》的古代士人,在《庄子》真本于唐宋时代失传之前频繁引用,留下了与郭象版《庄子》不同的大量异文,还有郭象版《庄子》没有的不少佚文。古今学者投入无穷心血,搜寻异文、佚文,近乎罗掘俱尽。拙著《庄子奥义》充分吸收了前人成果,梳理校勘了庄子亲撰的"内七篇",总计补脱文103字,删衍文82字,订讹文82字,移正错简3处118字,更正文字误倒16处。厘正通假字、异体字198字,篇内重复不计。纠正重大错误标点10处,小误不计其数[1]。

　　"脱文"、"衍文"、"讹文",仅是价值中立、不寓褒贬的学术语言。其实大部分脱衍讹误并非钞刻过程的无意之失,而是郭象及其追随者为了迎合专制意识形态而创造性"重建"庄学的有意篡改。治庄儒生奉为庄学至高权威的郭象义理,实为反庄学的伪庄学。倘若郭象不篡改庄子原文,不曲解庄子原意,就无法论证"名教即自然",就不可能"使人们相信,帝国的秩序符合宇宙的原理"(毕来德)。

七、庙堂伪道,四大版本

　　中华帝国的专制意识形态,经历了草创、改良、深化、

1　详见《庄子奥义》,天地出版社2020年版。

确立的四大历史阶段，共计四大伪道版本：

秦始皇凭借"焚书坑儒"，草创了纯粹法家的 1.0 版；

汉武帝凭借"罢黜百家"，改良为佯儒实法的 2.0 版；

魏晋玄学凭借"篡改曲解"，深化为"儒道合流"的 3.0 版；

宋明理学凭借"消化吸收"，确立为儒、释、道"三教合一"的 4.0 版。

1.0 版因其粗陋早已抛弃，3.0 版因其隐秘千古未明，于是仅剩 2.0 版与 4.0 版之争，也就是所谓"汉学"、"宋学"之争。

作为 3.0 版的魏晋玄学，实为确立专制意识形态的关键一环。王弼《老子注》和郭象《庄子注》伪造了"儒道互补"、"儒道合流"的假象，极其成功地完成了对老庄真道的创造性"重建"和"转化"，使之成为与专制意识形态毫无冲突的组成部分。因此王弼、郭象日益博得庙堂儒生的普遍推崇，乃至江湖民众的轻信盲从，终成老庄之学的至高权威。然而与庙堂伪道"互补"乃至"合流"的并非真道家，而是已被篡改曲解的伪道家。不幸的是，即便故意篡改铁证如山，坚执"成心"、盲从"权威"的辩护派，仍把故意篡改称为"文本改善"。[1]

辩护派拒绝思考："文本改善"出于什么目的？

辩护派拒绝回答："文本改善"究竟有利于谁？

本文无暇展开，但必须提及，汉代传入中国，原与专制意识形态异质而且对立的印度佛教思想，也在魏晋六朝

---

[1] 今人刘笑敢《老子古今》(中国社会科学出版社 2006 年版)，详尽比对《老子》历代版本之异同，把不合初始版本的历代篡改，一概称为"文本改善"。

初步完成了创造性"重建"和"转化",至援道入儒、援佛入儒、"三教合一"的宋明理学大功告成。

作为4.0版的宋明理学,实为专制意识形态的终极版,把"天子不得臣,诸侯不得友"的真道家,以及"沙门不敬王者"的真佛家,全都消化吸收,充分收编御用,彻底改造为对专制庙堂完全无害的伪道家和伪佛家。从此"假作真时真亦假",再也无人知晓真道家、真佛家,仅知伪道家、伪佛家,而又不知其伪。后人不得不相信庙堂谎言,而又不知谎言是谎言。此后的儒生集团,仅仅是为庙堂伪道终极版,不断增补抵御真道的种种补丁,把关于真道的任何信息视为超级病毒,格杀勿论。庙堂中国之伪道,终于空前成功地剿灭、篡改、遮蔽、僭代了江湖中国之真道,从此"物论齐一",天下太平,再也没有理论创新,走上了日薄西山的衰退之路,直到帝国终结。

明太祖朱元璋,因为《孟子》曾有与虎谋皮的种种迂阔之论,不识好歹地龙颜大怒,命人删去"民为君本"、"君视民为草芥,则民视君为寇仇"等八十五章。朱元璋死后,经过儒生集团向庙堂力争,阐明那些迂阔之论有利于君主专制长治久安,是专制意识形态欺骗民众所必需,于是《孟子》得以恢复原貌。倘若采信面目全非的朱元璋版《孟子》,怎么可能明白《孟子》真义?

王弼篡改《老子》然后曲解,郭象篡改《庄子》然后曲解,在1911年帝制终结之前,不可能有任何人向庙堂力争恢复原貌,因为唯有篡改才有利于君主专制长治久安,唯有曲解才是专制意识形态所必需,唯有篡改曲解才能缓解老庄真道对儒生集团的巨大观念压力。倘若采信面目全非的王弼版《老子》和郭象版《庄子》，怎么可能明白老、庄真义？怎么可能彰显被庙堂伪道遮蔽两千年的中华真道？

尽管江湖中国之真道，被庙堂中国之伪道遮蔽两千年，然而"青山遮不住，毕竟东流去"。由于真道遍在永在于宇宙，真德遍在永在于人心，因此江湖中国之真道不可能被庙堂中国之伪道真正剿灭，而仅仅是转入地下，成了江湖民众"谨守不失"[1]的隐秘信仰。在两千年庙堂伪道的专制高压下，中华民族凭借对老庄真道的隐秘信仰和对天赋真德的隐秘坚守，仍然创造了"符合宇宙原理"的璀璨古典文化。这就是"东方神秘主义"的谜底，也是"李约瑟难题"的谜底，乃至一切中国之谜的谜底。

结语、完美犯罪，今始起诉

世上有没有完美犯罪，不仅完美到犯罪难以指控，而且完美到犯罪不被怀疑？

倘若假设中的犯罪是形而下的烧杀抢掠，那么有理智、有头脑的人们，必定无须举例，就会相信必有这样的完美犯罪。

倘若假设中的犯罪是形而上的篡改历史，那么有理智、有头脑的人们，必定要求举证，才能相信确有这样的完美犯罪。

中华帝国的集体性文化犯罪，延续两千年，同案犯众多，其中的少数人积极主动，其中的多数人消极胁从，涉

---

1 语见《庄子·秋水》。

及诸多探索真道的先秦经典的全部销毁、局部篡改、主旨曲解。犯罪集团两千年如一日地销毁犯罪证据，制造种种假证，妄想阻挠犯罪指控，逃避历史审判。

两千年后的人们，即使怀疑这一空前成功的文化犯罪，也很难找到犯罪证据。从卷帙浩繁的历史谎言中收集证据，是一项浩大工程。为此，我把揭露庙堂中国之伪道、彰显江湖中国之真道的系列著作，称为"庄子工程"。《庄子奥义》是"庄子工程"的第一部专著，也是两千年来对这一文化犯罪的第一部起诉书。书中仅仅列出了我收集二十五年的部分证据，更多证据将用后续著作不断补充。我必须承认，犯罪近乎完美，起诉远不完美。但我同时坚信，谎言终将揭露，真相必会大白。

拙著《庄子奥义》说："凭借轴心时代的不朽《庄子》对客观真理的开放心态和至高敬意，后轴心时代的古典中国在上有专制庙堂、下无逻辑利器的双重不利条件下，依然在近代以前抵达了文明与文化的双重高峰，创造了全球文化视野内独一无二的中华奇迹。被专制庙堂钦定为意识形态的儒家官学，是支撑庙堂中国的专制制度僵化为奇迹般超稳定结构的主要原因，因此《十三经》成了庙堂中国的政治圣经。这是中国之谜的一半谜底，业已为诸多国人了解，也已被迷惑于'东方神秘主义'的异邦人士部分了解。与儒家意识形态彻底对立的庄子哲学，是支撑江湖中国之文化形态发展出奇迹般中华特质的主要原因，因此《庄子》成了江湖中国的文化圣经。这是中国之谜的另一半谜底，远未为国人了解，更未被迷惑于'东方神秘主义'的异邦人士充分了解。"能够在《庄子奥义》出版后的第一时间幸运获悉，有位异邦人士毕来德先生，与我不约而同地达成共识，令我深感"吾道不孤"。

毕来德先生在批评于连先生误读中国之时，追溯到了伏尔泰对中国的误读。

伏尔泰仅仅知道，欧洲君主的顶级名相是"恺撒"（Caesar），而不可能僭称"上帝"（God）。因此欧洲乃至其他大陆的任何帝国，无不"上帝的归上帝，恺撒的归恺撒"。伏尔泰曾以特有的戏谑说过："如果上帝不存在，那就造一个。"然而伏尔泰不知道，中华帝国消灭皇天上帝之后，在两千年中伪造了很多活着的皇宫下帝。伏尔泰更不知道，自从秦始皇僭号称"帝"之后，在他无限向往的神奇中国，恺撒的归皇帝，上帝的也归皇帝。

伏尔泰痛恨法国乃至欧洲的宗教战争，并且由于误读而盛赞中华帝国的"宗教宽容"。伏尔泰不知道，"三教合一"的中华帝国，不存在"宗教宽容"。争夺"皇帝"之号的改朝换代之战，正是争夺僭号称"帝"之权的"宗教战争"。伏尔泰更不知道，违背天道地把"上帝教"创造性重建为"皇帝教"的隐秘思想战争，延续了两千年之久，惨烈程度不亚于任何民族的宗教战争。

两百多年前的伏尔泰误读中国，两百多年后的于连接受伏尔泰以降的现成主流观点，均不足深怪，因为大部分中国学者同样误读中国，同样接受现成主流观点。坚执"成心"、盲从"权威"的中国学者，同样情有可原，因为揭露庙堂谎言、指控完美犯罪的历史审判，才刚刚开始。

沉埋两千年的语言哲学

——公孙龙《指物论》奥义

　　约当公元前四世纪前后，希腊哲学和中国思想差不多同时臻于极盛，止于绚烂，这就是被公认为"轴心时代"的伯利克里时代和战国诸子时代。学者们津津乐道于它们最深刻的代表人物柏拉图和庄子的共同特征"汪洋恣肆"，却忽略了两者最根本的差异：柏拉图高度信任乃至崇拜语言，认为语言是世界和真理的本源；庄子却高度不信任乃至鄙弃语言，认为语言是导致人类丧失自然之道的根源。但语言尤其是文字乃是文明伊始的标志，而文明的起步必肇端于用语言为社会立法，为社会立法必仰赖于语言的精密化和形式化，语言的形式化必走向"语言的语言"——元语言即逻辑的成熟。

　　实际上，所谓"轴心时代"正是元语言和思维原型的黄金时代。但由于语言自身的多义和歧义本性，逻辑的初级形式几乎无一例外地呈现出诡辩色彩，这是柏拉图以前的智者学派和庄子以前的墨辩学派的共同特征。然而由于语言观的根本差异，柏拉图的弟子亚里士多德总结了智者学派的全部成果，一举完成了语言的立法。直到两千多年以后，列宁还不得不说："亚里士多德如此完满地叙述了逻辑形式，以至'本质上'没有什么可以补充的。"与之相反，庄子不仅自己对形式逻辑毫无贡献，反而以他天才的伟力把墨辩学派及其集大成者公孙龙一举扼杀在摇篮里："公孙龙辩者之徒，饰人之心，易人之意；能胜人之口，不能服人之心，辩者之囿也。"他竟不屑于想一想，为什么公孙龙能胜人之口？可悲的是，庄子用于反对语言的"寓言"表达法，从此却李代桃僵地成了中国文化两千多年的最高思维准则。

在不信任语言这一点上，儒、道两家实无二致。因此，它们最强有力的共同敌人墨子及其后学，在汉代以后被互为表里的儒道主流文化压制和抛弃，《墨子》和《公孙龙子》也很快就不为人知，直到宋代儒道传统文化中衰以后才重见天日。但宋代以后成为主流文化的理学，不但是儒道反语言传统死而不僵的卷土重来，反而因为注入了禅宗的新鲜活力而借尸还魂。佛教在中国变质为禅宗并得以深深扎根直至渗透到一切领域绝非偶然，因为禅宗正是中土佛教最不信任语言的宗派，它不仅抛弃了佛学中的因明逻辑，而且以"不立文字、直指心源"的宗风受到不信任语言的儒道传统的特殊青睐。甚至最不重视佛理探索也最受士大夫们轻视的净土宗也比禅宗更重视语言，因为净土宗相信："宣一声佛号，便有无量功德。"

直到清末民初，随着儒道主流文化的彻底破产和西方逻各斯主义的输入，墨辩学派才获得一次新的契机，这期间出现了三本重要的书。第一本书是严复于1903年翻译出版的《穆勒名学》，尽管影响极大，但终因救亡图存的时代迫切与异质文明的排异阻抗，未能产生强有力的文化整合作用。第二本书是胡适于1917年在美国用英文写成的博士论文《先秦名学史》，直到1983年才译成中文出版，因而在国内影响甚微。第三本书是胡适回国后撰写、于1919年出版的名著《中国哲学史大纲（卷上）》。胡适的两本书是中国人首次站在西方"逻各斯—语言中心主义"的立场上对墨辩学派作出高度评价，但其动机主要是"吾国古已有之"的民族自尊心，因此流于以西方形式逻辑为基准的简单比附，对《公孙龙子》未能予以融会贯通的理解，评价也不得要领。

作为五四新文化运动的杰出代表，胡适对名学（即西方意义的逻辑学）的重视足以说明他深刻地把握住了中国传统文化的基本弱点，尽管他没有意识到简单搬用西方名学并不能真正解决问题，这也注定了他不可能建立迥异于西方名学的、适合于解剖中国传统文化的崭新的形式化系统，但其开拓性功绩依然不可抹杀。胡适的《中国哲学史大纲》之所以写不下去，而贻人"上卷博士"之笑柄，恐怕正是由于缺乏完整有效的形式化（元语言）系统。

时间又过去了半个多世纪，若不能解答胡适于二十世纪初提出的公案，那么中国就很难完成文化复兴和思维转型。

一

客观地说，从庄子到胡适到当代诸贤，古今几十位注家"胡说"《公孙龙子》，有汉语自身的局限和公孙龙表达上的不足，而公孙龙表达上的不足更深刻显露了汉语的局限。以公孙龙最著名的命题"白马非马"为例，自古及今甚少有人认识到这一命题的哲学深刻性，因而也从未有人为这一命题做过真正有力的辩护。甚至可以认为，连公孙龙自己也被这一命题弄得有些晕头转向。正如古希腊的大部分诡辩是不自觉的、语言内在矛盾的显现一样，"白马非马"的诡辩色彩植根于汉语没有复数形式的特点，在有复数形式的西方拼音文字中，它只是一句正确而平淡无奇的废话——"A white horse is not horses."（一匹白马不是所有的马。)根本不可能震惊任何人！公孙龙在《白马论》结尾明确指出："故其为有马也，不可以谓'马马'也。""马马"（horses）这个复数形式，在汉语中是"不可以谓"即无法表达的。而且汉语在提到名词单数时允许并已习惯于省略数量词"一匹"或"一个"，但拼音文字却必须加上冠词（a or the）。如果我们用繁体字"馬"代表复数，用简体字"马"代表单数，这一怪论就获得了"白马非馬"的合理形式，尽管听觉上依然如故。

实际上公孙龙把单数的"白马"称为"名"，即逻辑学的单称和哲学的殊象；而把复数的"馬"称为"指"，即逻辑学的全称和哲学的共相。因此单数的"名"与个体的"实"相对，"夫名，实谓也"（《公孙龙子·名实论》）；而复数的"指"与全体的"物"相对，"物也者，大共名也"（《荀子·正名》）。但这只是"指"的一种用法，公孙龙的"指"至少有三种用法，由于汉语固有的单音节特性，加上公孙龙形式化方法的不够明晰，这三种用法被混同在同一个字之中，以致公孙龙的不朽杰作《指物论》成为无人能解的"天书"。真所谓"非但能言人不可得，正索解人亦不可得。"（《世说新语·文学》阮裕论《白马论》语。）

二

下面是一个具有"诡辩"表征的"寓言"。

甲举起手"指"（A），"指"（C）着天上的"月亮"（B）问乙："这是什么？"乙答道："月亮。"甲笑道："错了。是手指。"甲又问丙："这是什么？"丙答："是手指。"甲又笑道："错了。是月亮。"甲又问丁："是什么？"丁抓住甲的手指问："是问这个吗？"甲说："不是。"丁怡然答道："是月亮。"甲大笑："又错了。这回'指'的是'太阴'，是'月球'，是'望舒'，是'嫦娥'，是'银蟾'，是'玉兔'，是'广寒'……但偏偏不是'月亮'。"乙、丙、丁皆愕然。

　　可见，作为名词的"指"有三种内涵：

　　（A）能指，即符号，在语言中则是声音或书写形式，如上文的"手指"。

　　（B）受指，即与能指对应的物质实体，如上文的"月亮"、"太阴"等能指共有的现实对应物。受指与能指有相对、相异、相关三种关系，公孙龙在《指物论》中分别用"物"（表示相对）、"非指"（表示相异）、"物指"（表示相关）来指代不同语境中的受指——他没有给受指一个专门术语，是造成解读困难的原因之一。

　　（C）所指，即能指与受指对应后附着于能指的思维内容。所指在古汉语中常被称为"旨"，由于不了解能指的"指"和所指的"旨"之间的区别，"旨"又常常误成"指"，如王夫之《庄子解》论《逍遥游》："'其神凝'，一篇之大指。""大指"之正写，当为"大旨"。现代汉语十分正确地称语言的"所指"为"意义"，不过尽管揭示了"意"与"义"之相关，却又遮蔽了先秦诸子早已明白的"意"与"义"之微妙差异。

所指植根于受指，凝结于能指。"义"是语言的内涵中相对稳定和客观的部分，"意"是语言的内涵中相对流动而主观的部分。所指和受指常被误以为同一，从上面的寓言中可以看出，不同的能指（如"月亮"、"太阴"）可与同一受指对应，但所指不同。同样，同一能指一旦与不同的受指对应，那么所指也不同。比如，当能指"玉兔"对应于天上的月亮或玉雕的兔子这两个不同受指之时，意义就完全不同。甚至同一能指对应于同一受指之时，所指也会因人因时而异，因为对语言所指的理解，立足于每个人对现实世界的体验，而每个人对现实世界的体验不可能完全相同，同一个人也会随着时移境易而不断改变对现实世界的体验。

公孙龙的《指物论》主要讨论的是能指与受指，即语言（而非思维）与存在的关系，但没有涉及所指。《指物论》是公孙龙语言哲学的总纲，也包含着他的全部世界观。

在深入阐释《指物论》全篇奥义之前，必须指出，"指"除了上述三种名词用法以外，还有另外两种动词用法。

（D）指谓，其向度和目标是所指。

（E）指称，其向度和目标是受指。

由于《指物论》没有讨论所指，因而没有细分"指谓"和"指称"，文中的"谓指"全都是"指称"。因此《指物论》的"指"共有三种用法：即两种名词用法——"能指"（A）、"受指"（B），和一种动词用法——"指称"（E），但没有"所指"（C）和"指谓"（D）这两种动词用法。三种用法混在一起，是导致千古聚讼、难以索解的主因。下面我将补出公孙龙表述不够清晰的术语，并逐节加以尽可能简洁的疏解。好在《指物论》极短，仅有 269 字。但我严守一个原则：对原文一字不加改动，也不调整语序。历代注家总是在不能自圆其说时任意改动原文以迁就己说，实在不足取法。[1]

我坚信现存《指物论》完全是公孙龙的原文。理由有三。一、全文极短，钞刻讹误的可能性极小。二、全文极难懂。人们最容易抄刻讹误的是一看就懂的文本，对艰涩深奥的文本，钞刻者必然战战兢兢不敢稍懈，因此误钞误刻的可能性反而随之降低。三、强作解人又企图自圆其说者，才会归咎于文本讹误而妄加改动。

下面我将运用自己对语言哲学的研究心得，对《指物论》进行逐节阐释和简略评述。经过阐释的《指物论》几乎可以称得上圆融晓畅、无可挑剔，这是证明文本无误的最强有力证据。

三

原文一：
物莫非（受）指，而（能）指非（受）指。

译文一：
万物无非是受指，但能指不是受指。

---

[1] 许多注家因《指物论》义理难通，而视为对话体。或改字，如改"兼"为"无"。或增字，如增"非指"为"非非指"。谭戒甫《公孙龙子形名发微》，王琯《公孙龙子悬解》，均未改一字，本文从之。

评述：这是公孙龙关于语言与世界之关系的根本性命题，也是《指物论》全文立论的基础，开篇先对"指"、"物"分别下定义。"指非指"像"马非马"一样，千古无人能解。《庄子·齐物论》："以指喻指之非指，不若以非指喻指之非指。"实未悟之语，正如紧接着的那句"以马喻马之非马，不若以非马喻马之非马"，同样没弄懂公孙龙"白马非马"之真义。只有弄清"指非指"揭示了"受指"与"能指"的根本区别，才能廓清笼罩古今的重重迷雾。而这正是公孙龙对语言哲学和哲学史的最大贡献。

原文二：

天下无（能）指，物无可以谓（指）物。

非（能）指者天下，而物可谓指乎？

译文二：

如果世上没有能指，此物又不能指称彼物。

在（只有物而）没有能指的世界里，万物如何被指称呢？

评述：在上节肯定语言之唯物主义基础的前提下，指出语言对于文明的必要性。因为如果没有语言，此物与彼物不能相互"谓指"（即指称），人类的任何交流与合作都不可能，文明也就无法启动。传统误读的根源之一，是把此节末句的"谓指"两字分开，并把"可"（可以）与"谓"（谓指，即指称）连读，又把"指"作名词理解。

这一节是针对道家"反语言论"的论战性诘难。

原文三：

（能）指也者，天下之所无也；物也者，天下之所有也。

以天下之所有，为天下之所无，未可。

译文三：

能指是世上原本没有的，万物（受指）是世上原本就有的。

用世上原本就有的（万物），去迎合世上原本没有的（后来才有的能指），是不对的。

评述：此节首句的唯物主义立场昭然若揭。第二句是针对儒家"正名主义"的论战性诘难，显示了源出墨家的名家公孙龙挑战儒道主流文化的莫大勇气。与道家的绝对不信任语言略有不同，儒家用古代的"名"来正当代的"实"，是颠倒了物与指（略当于又异于实与名）产生的先后关系。像一切唯心主义者一样，儒家"正名论"者不明白，语言的首要功能就是正确地反映客观世界。既然古代的"实"已变化发展为当代的"实"，那么古代的"名"也必须有与"实"相应的变化和发展，而不能强迫当代的"实"反过来去符合古代的"名"。公孙龙在《名实论》中说得极明白："夫名，实谓也。知此之非此也，知此之不在此也，则不谓也；知彼之非彼也，知彼之不在彼也，则不谓也。"以天下实有的"受指"（人或物）去迁就本非实有的"能指"——"未可"！

公孙龙旗帜鲜明地对儒道思想提出挑战之后，下文进入严密的论证。

原文四：

天下无（能）指，而物不可谓指也。

不可谓指者，非（能）指也。

非（能）指者，物莫非（受）指也。

译文四：

世上（原本）没有能指，所以万物不能被指称。

（万物）不能被指称的原因是，（万物）本来就不是能指。

（万物）不是能指的原因是，万物无一不是受指。

评述：这是对第一节第一句"物莫非（受）指"的论证。

原文五：

天下无（能）指而物不可谓指者，非有非（谓）指也。

非有非指（谓）者，物莫非（受）指也。

物莫非（受）指者，而（能）指非（受）指也。

译文五：

若世上没有能指，那么万物就无法被指称，然而一旦有了能指，那就没有一物不能被指称。

没有一物不能被指称的原因是，万物无一不是受指。

尽管万物无不能被能指指称，但能指本身却不是受指。

评述：这是对第一节第二句"而（能）指非（受）指"

的论证。

　　第四、第五两节，用极其严密、丝丝入扣的论证，把首节的基本命题阐发得淋漓尽致。因此下文在新的理论背景下进入与儒道两家的实质性交锋，把第二、第三两节的诘难具体化。实际上，"非有非指"（没有一物不能被指称）已经隐含对道家"不可名"主义的批判。而传统误读的根源之二，正是把"非有非指"的"指"（指称）当成了名词。并且与误读"物莫非指"一样，误读为"物无非是名，没有不是名"，由于古今注家不明白"指"与"名"的区别，也不明白"指"的名词用法与动词用法之不同，导致了两千多年来对公孙龙的莫须有指责。

　　原文六：

　　天下无（能）指者，生于物之各有名，不为（能）指也。

　　不为（能）指而谓之（能）指，是（能指与受指）兼不为指。

　　以（天下之所）有不为（受）指，（以天下）之（所）无不为（能）指，未可。

　　译文六：

　　（语言产生以后）世上依然没有能指（能够指称事物）的原因，是因为万物把能指拥有独占为专用名称，（专名已经）不再是能指了。

　　（专名）不再是能指而仍然称为能指，这样（能指与受指）两者就解除了指称与被指称的关系。

使（世上原本）有的（万物）不再是（能被指称的）受指，（使世上原本）没有的（语言）不再能用于指称，是不对的。

评述：本节是全文最深奥、最艰涩，也是历来争议最大、分歧最繁、注家改动最多的一节。究其原因，一方面是公孙龙的思想远远超出了同时代人的水平和古汉语的负载能力；另一方面是公孙龙的行文省略过多，这也与汉语造句的随意性太大有关。

据上文，"物"为天下所有，"指"为天下所无，但无"指"则"物"不能被指称，于是人类创造了原本没有的"指"；有了"指"以后，就无"物"不能被指称了。那么道家为何认为"恍兮惚兮"、"其中有物"的"道"不能被指称而浩叹"天下无指"呢？公孙龙的回答是："生于物之各有名"——"有"之义为"占有"，即某些"物"（含"人"）独占了作为能指的名相，使具有指称功能的"指"，降格为失去指称功能的"名"。而导致能指"不为指"的罪魁，就是儒家的"正名"、"名分"乃至"名教"。能指不"能"再"指"，导致"物"不能被正确指称。于是"指"不再是能指，"物"不再是受指，陷入能指与受指"兼不为指"的困境。（"以有"承前，是"以天下之所有"的省略，"之无"承前，是"以天下之所无"的省略，不得不说过于轻率。尽管如此，根据全文的逻辑结构，省略还是不难识别，可惜前贤未有识者。）天下所有的"物"，原本不能做能指，只能做受指；天下所无的"指"，本来只能做能指，不能做受指。现在因为"指"被个别"人"、"物"独占，而降格为"名"、"讳"，失去了功"能"，导致了能指的低能和无能。公孙龙对此再次大声疾呼："未可！"

原文七：

且（能）指者，天下之所兼。

天下无（能）指者，物不可谓无（能）指也。

不可谓无（能）指者，非有非（受）指也。

非有非（受）指者，物莫非（受）指。

译文七：

况且能指，本来就是世间万物共有兼用的。

世上没有能指可用是（儒家造成的）暂时现象，不能（像道家那样）断言万物不能被能指正确指称。

不能断言万物不能被能指正确指称的原因是，万物无一不是受指。

万物无一不是受指的原因是，万物无非就是受指。

评述：此节的首句用科学的语言观揭示了语言的社会性和人民性，强调了能指为万物万民兼有共享，批判了儒家以及法家关于"国之利器（即所谓"名器"）不可以示人"的愚民政策和反语言、反文化立场。公孙龙并且对科学必然战胜愚昧、文明必然战胜野蛮的历史法则充满信心，认为能指暂时被权力霸占、异化为"名"，不足以得出"物无指"和"不可名"的错误结论，因为天下万物无一不能被指称，而天下万物也迟早要被正确指称和科学认识。至此论战全部结束，用全文开头的基本命题"物莫非指"作结。

但公孙龙的伟大不仅在于他超越了同时代的所有思想家，更由于他借助语言的形式化思辨超越了历史的有限发展阶段，雄辩地显示了理性（即语言的本性）的预见性和真理性，在最后两节中，他惊人地洞见了从语言走向元语言的必然发展，显示了高度的语言自觉，而这种自觉即使在自古以来逻辑学高度发达的西方，也要迟至两千年后的二十世纪初才刚刚萌芽。

原文八：

（能）指，非非（受）指也。

（能）指与（万）物，非（受）指也。

使天下无物指，谁径谓（能指）非（受）指？

天下无物，谁径谓（受）指？

天下有（能）指无物指，谁径谓（能指）非（受）指？径谓无物非（受）指？

译文八：

能指，也并非绝对不能充当受指。

只不过能指与万物相联系、相比较时，不是受指罢了。

如果世间的能指不用来指称万物（而用此能指来指称彼能指），谁又能断言能指不能做形式受指？

如果世间没有万物，谁又能断言什么是真正的受指？

如果世间只有能指而没有被指称的万物，谁又能断言能指不是受指？谁又能断言万物无一不是受指？

评述:仅仅在"指"与"物"相对之时,能指才不是受指。但这仅限于经验性的具体思维,一旦进入立足于经验又超越经验的抽象思维,其思维之对应物就不再是物质世界中实有的具体受指——即"物指"(这是狭义的名与实之层次),而是以人类创造的抽象概念、观念、理念为形式受指,如"道"、"仁义"等(这是广义的指与物之层次)。另外,无论是狭义的名与实之层次,还是广义的指与物之层次,运用"名"或"指"进行思维的结果一旦落实为文本形式,能指文本就会被批评、议论、分析、评价,因而能指文本中的所有能指,都成了高一级思维层次之元语言的形式受指。也就是说,不仅世上原有的具体之"物"可以成为"指"的对应物,而且世上本无的人造之"指",也可以成为元语言的形式受指。

这段话的假设语气是明显的,因此坐实地认定公孙龙宣扬"天下无物"或指控他是柏拉图式的所谓"指化物"主义者,实为武断。这一节最充分地表明了《白马论》、《坚白论》和《通变论》是公孙龙把语言(即能指)当作思维的形式受指(即思维对象)进行研究,并试图建立科学的元语言法则(即形式逻辑)的产物。而清醒地认识到语言和元语言的区别,自觉地从事元语言研究,不仅在墨辩学派中,甚至在中国古代哲学史上,公孙龙也是绝无仅有的。

西方传统把以语言(概念、观念、理念)为思维对象的思维活动称为"反思",中国没有这种传统,只有曾子"吾日三省吾身"式的"反省"——思维直接受指,即个体的人;或是庄子式的"坐忘"、"心斋"——忘却语言;或是禅宗式的"非想非非想"——忘却思维。唯一似乎以词语为思维内容（而非哲学上的对象）的思维活动是"训诂"，但那只是与被思维的词语同一级思维层次的能指（近义词）置换，绝非比被思维的语言高一级思维层次的元语言式哲学思维。

原文九：

且夫（能）指固自为非（能）指，奚待于物而乃与为（能）指？

译文九：

况且能指仅仅是自己（被另一能指指称并成为指称它的能指之形式受指时相对而言）不是能指（而实际上它自己依然是可以指称事物的能指），又何必一定要等它在指称具体事物时才认定它是能指呢？

评述：至此，《指物论》从"物莫非指，而指非指"的基本命题出发，对天下本有的"物"作为语言的"受指"坚定不移，贯彻始终，但对天下本无的"指"即语言作为物质世界的"能指"则有所限定和补充，即只有当"指"与"物"相对时，能指才不是受指，但当此"指"与彼"指"处于两个思维层次，即一个能指被另一能指所指称时，那么被指称的能指既可以是具体事物的能指，又可以是指称它的另一能指的形式受指。后者尤其是人类高级思维之必有，为抽象的哲学思维所不可或缺。

四

　　总观《指物论》全文，一旦把公孙龙未表达清晰的术语加以澄清，如"物"、"物指"即"受指"，"指"又有"能指"、"受指"、"谓指"三义，而"谓指"就是"指称"，并把公孙龙不该省略却轻率地承前省略的句子补充完整，如"以（天下之所）有"和"（以天下）之（所）无"，也就不难发现，这篇两千多年前的不朽文献之科学性、融贯性和深刻性，都是无与伦比的，尤其是其严密性、明晰性和形式化方法的彻底性更是无懈可击，几乎达到了无须任何注解就一目了然的自明性。

　　完成于轴心时代末期的《公孙龙子》，是古典中国独一无二的科学思维、哲学思维和逻辑思维的至高典范。可叹的是如此精深、足以引导中华文明走向科学昌明的思想瑰宝，却被不信任语言、不尊重语言的陋道腐儒任意肢解割裂，妄说胡释，从而沉埋不显两千余年。重新发现中国的亚里士多德——公孙龙，或许为中华文化的伟大复兴提供了一个千载难逢的契机。

语言的创世和哑巴的创世
——中西思维层次之差异及其影响

　　索绪尔（1857—1913）的《普通语言学教程》，经他的两个学生整理听课笔记，于二十世纪二十年代出版以后，"当代语言学中为许多研究方向所共有的关键词语，不是源出《普通语言学教程》的是很稀少的。"[1] 其中最著名也最通行的，就是七组对比性术语，本文所涉及的"能指"与"所指"，又是其中影响最大、流传最广的一组。

　　索绪尔用"所指和能指分别代表概念和音响形象"[2]。"能指"术语的提出确实是革命性的，但"所指"术语的提出却功过参半。一方面，索绪尔开创性地指出，所指不仅仅是静态的词典"意义"，它还包括动态的使用"价值"。比如，同义词的不同使用范围，就显示它们"各有自己的价值"。法国人索绪尔的所指理论，显然受启发于语言哲学创始者德国人弗雷格（1848—1925）（"一个词语只有在语境中才有意义"[3]），然后又启发了奥地利人维特根斯坦（1889—

1　《西方语言学名著选读》，胡明扬主编，中国人民大学出版社 1988 年版，第 103 页。

2　［瑞士］索绪尔：《普通语言学教程》，高名凯译，商务印书馆 1980 年版，第 102 页。

3　《语言哲学名著选辑·英美部分》，涂纪亮主编，生活·读书·新知三联书店 1988 年版，第 35 页。

1951）（"语言的意义就是它的使用"[1]），并成为结构主义语义学批评的远祖。但另一方面，无论是"意义"还是"价值"，都仅仅涉及与"所指"等价的"概念"之一部分——内涵，却未涉及与语言对应的存在基础，即"概念"之另一部分——外延。

倘若索绪尔的所指，自始至终等价于内涵，我们除了批评他抽去了思维的物质基础外，仍然不得不承认其体系的完整性和片面深刻性，但问题在于，混乱始于索绪尔本人，并且愈演愈烈。现在，无论是西方学界还是中国学界，凡是使用"所指"术语的学者，都是忽而指涉"意义"、"内涵"，忽而指涉"外延"、"对象"；个别较为清醒的学者，不得不用括弧特地注明：所指（意义）、所指（对象）。于是"所指"不再是定义明晰的正当术语，然而大家仍然凑合着用，于是不断陷入混乱而不自知。最著名的例子，莫过于英国人伯特兰·罗素（1872—1970）关于"当今法国国王"以及"飞鸟"、"金山"的研究[2]。罗素认为，既然实行共和制的"当今法国"已经没有国王，正如世上不存在会飞的马和纯金的山一样，因此上述词语没有"所指"（此处指涉外延），也就没有"意义"（此处指涉内涵）。假如索绪尔听说，世界上居然存在"没有所指（此处指涉意义、内涵）的能指"，必定大惊失色。因为他曾正确地指出："能指与所指就像一张纸的两面，只能在理论上而不能在事实

1　［奥］维特根斯坦：《逻辑哲学论》，贺绍甲译，商务印书馆1996年版；《哲学研究》，李步楼译，商务印书馆1996年版。

2　［英］罗素：《论指谓》，见《西方语言学名著选读》，第85页。

上截然分开。"如果"飞马"和"金山"毫无意义,不仅索绪尔的整个理论体系会立刻崩溃,而且迄今为止的全部神话、所有小说乃至一切艺术,都会因为没有"所指"(外延)而毫无"意义"(内涵)。这样一来,数千年的人类文化积累,也就所剩无几了。

罗素也被自己的"无意义"论吓坏了,于是炮制了一套"摹状词理论"[1],希望其"无意义论"具有逻辑"意义"乃至哲学力量,结果轰动一时。但是罗素似乎并未意识到,"摹状词理论"之所以引起轰动,是因为他替苦恼于"所指"混乱的学术界同行,提供了一种绕开"所指"术语的笨拙方法。"摹状词理论"其实似是而非,换汤不换药,因而无法阻止混乱,只不过使混乱不再显而易见,易于视而不见。西方语言哲学,遂因方法论的不完备,而走进了死胡同。

一

从索绪尔到罗素的错误,其实其来有自。表面上看,索绪尔忽视外延,罗素重视外延,前者似乎是唯心主义,后者似乎是唯物主义,但两者的共同之处即重视"能指",却充分显示出西方哲学传统的根本立足点。这一根本立足点,被法国人雅克·德里达(1930—2004)称为"逻各斯—语言中心主义",但我愿意更直截地称其为"能指主义"。

众所周知,西方文明的源头有二:希腊哲学—数学传统和希伯来宗教—律法传统。希腊第一位大哲学家是发现勾股

---

1 [英]罗素:《论指谓》,见《西方语言学名著选读》,第85页。

定理的大数学家毕达哥拉斯，他认为"数创造了整个宇宙"。数是一切人类符号中，最能指化的符号，其内涵和外延，也最为抽象化。希腊最后一个大哲学家是柏拉图（苏格拉底"依附"于其能指），他认为世间一切事物，均从"理念"（纯"能指"）中派生出来[1]。西方最后一位古典型大哲学家黑格尔，似乎觉得"理念"还不够抽象和唬人，于是改称为"绝对理念"，但在另一处又泄露天机："所谓绝对，除了指抽象以外，别无他意。"[2]柏拉图的最后一位信徒海德格尔，则把他的世界图式概括得更为简洁："本质先于存在。"一方面用来反对萨特的"存在先于本质"，更重要的是用来反对唯物主义的存在本体论，以便推销他所谓的"基本本体论"[3]，也就是说，能指比事物更基本，所以他荒谬地认为："语言是存在的家。"

如果说哲学过于高高在上，还不足以说明问题，那么让我们像马丁·路德一样"回到《圣经》"，看看希伯来智慧描绘的世界图式究竟如何。《旧约》第一篇《创世纪》开宗明义：

上帝说，要有光，于是就有了光……

上帝说出一个词，立刻就出现这个词的对象或曰对应物（逻辑学谓之"外延"）。上帝说出一切词，于是便有了

1　［古希腊］柏拉图：《文艺对话集》，朱光潜译，人民文学出版社1963年版。《柏拉图全集》，王晓朝译，人民出版社2003年版。

2　［德］黑格尔：《小逻辑》，贺麟译，商务印书馆1980年第2版，第248页。

3　［德］海德格尔：《存在与时间》，陈嘉映、王庆节译，生活·读书·新知三联书店1987年版。

一切物。先有词，后有物——就这么简单！

必须指出，创世神话的思维方式，就是创造或接受该创世神话的民族的思维"基本原型"。更何况，经由基督教会的两千年强力传播，基督教世界的普通民众，远比其他文化区的普通民众更为熟悉本文化区的宗教"圣经"及其创世神话。

不过且慢，两大源头尚未合流。我们甚至尚未提及希腊哲学的集大成者亚里士多德。许多人被亚氏的"我爱吾师，我更爱真理"所迷惑，并因为亚氏无所不包的体系中多得可以堆成山的芝麻绿豆的相异点，而忽视了隐没其中的"小西瓜"，即亚氏从乃师柏拉图那里继承的理念观，也就是《形而上学》中被他改头换面过的所谓事物产生的第一原因——"形式因"。而经他完善的形式逻辑，更是彻头彻尾的能指主义大本营。直到二十世纪初，西方数学界与哲学界，还在为数学与逻辑谁比谁更"基本"而争论不休。柏拉图犹如"床"之理念，亚里士多德犹如一个勤快的木匠，他按照柏拉图的"床"之理念，分门别类地制作了各式各样的"床"。

随着征服希腊和以色列，罗马开始扮演西方文化两大主角的证婚人及其宁馨儿的接生婆，雅典娜充当了"新娘"，耶稣则成了"新郎"，痛苦怀胎一千多年，至文艺复兴终于产下了现代西方文化。在"上帝说……于是就有了……"的神话思维范式中，最让希腊"新娘"不满的，莫过于在先于一切物的"词"之外，另有一个先于一切物的"上帝"，于是"四福音"中最多基督教因素而最少犹太教因素的《约翰福音》，开宗明义地让希腊哲学"新娘"对希伯来神学"新郎"进行了"整容"：

> 宇宙被造以前，词已经存在。词与上帝同在，词
> 就是上帝。[1]

也许有必要说明，四部福音书都是用希腊文而非希伯
来文写成的，除《约翰福音》以外的另外三部福音书，因
为较少哲理而更注重耶稣的生平传记，而被称为"对观福
音书"。上引《约翰福音》的开头几句，可谓字字千金，当
然后面还有一句不可掉以轻心："于是词成了肉身"，耶稣
不仅是"上帝之子"，也是"词之子"；而雅典娜的处女之身，
也从宙斯的脑袋即思想中诞生。于是雅典"新娘"与希伯
来"新郎"交拜天地，而且坐"床"（柏拉图师徒之"床"）喜，
成就了门当户对的好姻缘，产生了"上帝/词"创造一切、
主宰一切的基督教文明。

不过《约翰福音》因为迁就希腊哲学，而替基督教神
学留下了一个犹太教原本没有的难题：犹太教的"上帝"
先于"词"，无须用后起的语言证明；基督教的"上帝"等
价于"词"，就必须用语言加以证明。而且证明上帝作为
本体存在的同时，还必须证明"上帝（＝词）"创造了一
切——这就是中世纪经院哲学的全部工作。无论托马斯·阿
奎那们的努力是否成功，"词先于物"或"本质先于存在"
的能指主义，实际上就是基督教信仰的基本内容。这种信

---

1 "词"或音译为"逻各斯"，或意译为"道"。后译甚误，因为中文"道"绝非
"词"。

仰无论是被称为"实在论"、"观念论"、"本质主义",还是被称为"柏拉图主义"或"托马斯主义",它总是西方基督教文明最为基本的世界图式和思维范式,甚至他们的对立面也无一不是能指主义者。比如法国人笛卡尔和德国人莱布尼茨都是大数学家,而荷兰人斯宾诺莎用几何方法来证明哲学命题,法国人帕斯卡尔则说"人是能思维的芦苇"。笛卡尔的名言"我思故我在",同样是"思维先于存在"的翻版。而关于"思维"与"语言"的关系,大部分西方哲学家都重复过与恩格斯的名言类似的话:"一切思维都是语言的思维。"马克思则说:"一种思维如果不能用数学来表达,就缺乏真理性。"

西方人根本不能理解中国人和东方人的非语言思维,所以在他们看来,一切中国思想都是"东方神秘主义"的产物。维特根斯坦说出一句在中国妇孺皆知的普通常识:"对于不可说的东西,我们必须保持沉默"[1],居然颠覆甚至终结了西方哲学。因为在他们眼里,语言像上帝一样全知全能,世上根本不存在不能被语言以及数学精确表述的东西,更不能设想这种东西还能被人用"非(形式化的)语言"进行思维。

这种对语言和能指的高度信任和崇拜,直接导致了西方人精神生活方面的告解(即忏悔)传统,社会制度方面的法律传统,以及知识艺术领域的辩论传统。告解不仅包括用语言进行忏悔,即用语言抵消一个恶念,甚至赎解一

1　[奥]维特根斯坦:《逻辑哲学论》,贺绍甲译,商务印书馆1996年版,第105页。

项未被发现的罪行，也包括手按《圣经》，以上帝的名义用语言进行起誓。可见语言的力量之大！而一旦新教取消了告解，西方人的精神支柱顿时面临崩溃，于是需求引导发明，精神分析医生及时顶替了忏悔神甫的角色空缺，告解传统的暂时中断和精神分析不尽如人意的替代所造成的文化内伤，虽经两次世界大战的灾难性发泄，仍可断言其内在驱力至今尚未完全释放净尽。对于西方人来说，非理性就是非语言。

西方法律制度最为典型地反映了西方人对语言的高度崇拜。首先，从摩西十诫到查士丁尼的罗马法直到现代法律，什么无罪，什么有罪，以及量刑尺度，都巨细无遗地用语言做了数学般精确的规定。一项骇人听闻的罪行，只要"法"无明载，就可以逍遥"法"外。起诉律师，必须做到真正的"师"出有"名"。更令中国人奇怪的是，即便被告坦承罪行，起诉人还是必须不厌其烦地做逻辑证明题，用无数证据严密论证指控的罪行。而最富戏剧性的是，一旦辩护律师反驳指控者的论证"有漏洞、不严密"，并用"更严密"的哪怕一目了然的歪理，论证被告并没有法律条文事先"预设"的那种罪行，即便法官内心坚信被告有罪，被告也会"无罪释放"。

语言崇拜在这里体现为两个方面，一是对法律条文本身之神圣性的无条件崇拜，二是对辩护人的语言中的"真理性"（或称"融贯性"即所谓"无懈可击"）具有中国人无法理解的充分尊重。这种尊重的心理动因，可以表述为："如果我是对的，为什么我辩论不过他？"因此所谓"胜诉"首先是语言上的胜利，而未必是事实上的清白——但西方思维认定两者是一非二，法官本人可以在内心对被告是否有罪进行道德评判，但法官所代表的司法体系却必须坚信：谁的语言无懈可击，谁就与上帝同在。因为《圣经》告诉人们，"语言就是上帝！"最使中国人费解的，莫过于当辩护律师"败诉"也就是语言上败北之后，法庭必须以无限耐心，说服和期待被告用语言明确认可所有的指控细节。东方文化中的小人，可能会觉得西方被告不利用这种制度而轻易认罪属于犯傻，殊不知这种判断是出于看人挑担不吃力的潇洒，以及隔岸观火式的轻率：没有终极信仰的中国人，撒个弥天大谎也不会产生宗教性焦虑，更不用说发假誓、赌假咒，因为中国人对语言的"力量"根本不在乎；正如西方人违背孝悌纲常也不会产生宗教性焦虑一样，因为这并非其文化核心。但任何一个西方人都无可避免地是一个程度不等的语言崇拜者，被告唯一渴望的，不是法庭无限期休庭，而是上诉时另请一位辩才无碍的律师，为他赢得上帝（即语言）的赦免。

法庭上起诉人和辩护人的舌战，在知识领域就表现为"辩证"传统，即通过双方的辩论，对某一命题进行证实或证伪。这一传统源于西方哲学之父苏格拉底，在雅典街头几十年如一日地逮着人就"辩"就"证"。"辩证"首先是一种方法论，与后世作为认识论的"辩证法"既相关又相异。辩证总是从一个语言命题或语言预设开始，也就是从词到词或从词到物的推论与演绎。这种方法被苏格拉底的徒孙亚里士多德归纳成形式逻辑，而形式逻辑是一切西方科学思维和学术思维的基本范式，两者共同的最高典范是欧几里得的《几何原本》和柏拉图的《对话录》——这些哲学戏剧中的主角，正是苏格拉底。能指思维是一种抽象思维，它的最大特点是形式化和严格遵循思维规则。纯能指思维是一种非自然的思维，是人类思维超越感性直觉的高级思维，但详细探讨能指思维并非本文的任务。总之，辩证思维和能指思维是西方人眼中真正"有思想"的思维，它能带来有价值的"观点"；如果非形式化、非能指化的思维也算思维的话，充其量只是偶尔提供一些"没有（哲学）意义"的感性"意见"和混乱"看法"罢了（参见柏拉图《理想国》）。前者是普遍的理性必然真理，后者是个别的感性偶然感触。这一能指主义传统对西方艺术的影响，基本上是消极的。一方面，柏拉图宣布把诗人逐出理想国，黑格尔则宣告艺术必然消亡，而罗素则认定虚构（即没有真实对应物）作品"没有（哲学）意义"；另一方面，西方人之所以认定戏剧是最伟大的文学样式，其实是戏剧中的对话（即辩证）因素，决定了基于思维范式的必然选择。更重要的是，没有一个西方哲学家反对音乐艺术，反而一致认为音乐是最高的艺术，根本原因还是因为音乐是艺术中最抽象的、唯一可以称为能指艺术的特殊艺术。事实上，西方复调音乐迥异于其他民族的单调音乐。西方复调音乐几乎是一篇篇经过严密论证和演绎的科学论文，主题乐句相当于命题，全曲的变奏相当于论证和演绎过程，对比主题则相当于辩论对手。无论是变奏曲、回旋曲，还是最典型的巴赫赋格曲，都是高度形式化乃至逻辑化的。

综上所述，西方世界对语言高度信任的能指主义语言观（即世界观）及其思维方式，几乎必然会导致西方文明的一切，但所得必有所失（这是一句永远有效的老生常谈，但常谈者未必真正弄清何得何失），即便得与失未必相互抵消。

二

在讨论中国传统思维的基本原型之前，必须先补充一个语言学术语，那就是西方思维和索绪尔所忽视的、语言的唯物主义基础——受指。真正与能指构成对应的，其实是"受指"（即对象），而非"所指"（即意义）。能指和受指，正是中国传统学术所熟稔的"名"与"实"。"能指"只有与"受指"结合，才会产生"所指"。"所指"的两个来源，构成其两个相关成分，来源于能指的是"客观所指"即"义指"（固化为词典释义），来源于"受指"的是"主观受指"即"意指"（体现在每一次稍异于词典释义的具体使用）。在西方思维中，以上四项的先后关系是：

能指→（义指→意指）→受指

这一四项式，可以用《周易》八经卦中的"离卦"（☲）表示：上阳爻代表"能指"，中阴爻代表由两部分组成的"所指"，下阳爻代表"受指"。由于中国人把最下的一爻，称为"初爻"，即第一爻，因此中国人的思维方向，正好与西方人相反，于是四项式的中国表述是：

受指→（意指→义指）→能指

令人吃惊的是，不仅中西思维之向度正好相反，而且西方思维和中国思维，都十分忽视各自四项式的后两项。按照马克思"存在决定思维"的观点，语言形态（能指化的拼音文字和受指化的象形文字）作为思维和精神的物化存在，已经决定了文明的走向和取舍。让我们从同样的角度，看看中国文明走向"受指主义"的过程。

中国文明的源头也有二：代表长江流域荆楚文化的道家传统，以及代表黄河流域中原文化的儒家传统。道家的、同时也是中国的第一位大思想家（有别于西方意义的哲学家）老聃，在其著作《老子》中不遗余力地否定语言的终极表达功能，而实际上对他来说，即便语言能够理想地表达也是无谓的（注意"无谓"即"没有意义"在中国语境中的释义），因为被他视为至高存在的"道"，根本不是能指的"道"——语言的必然真理，而是受指的"道"——生活的自然道路。何况语言（即能指）确实不能完美地表达微妙的意念（即主观所指）和精确地"摹状"精微的现实（即受指）。

因此《老子》开宗明"意"（而非"义"）的，就是"东方神秘主义"的总纲："道可道，非常道；名可名，非常名。"紧接着的第二句话，他就说明了世界先于语言即物先于词的"宇宙发生论"："无名，天地之始；有名，万物之母。"他认为世界失去理想状态，才需要语言以及由语言构成的人文制度来使之返璞归真："失道而后德，失德而后仁，失仁而后义，失义而后礼。"但语言的力量极其有限："始制有名。名亦既有，夫亦将知止。"他告诫人们，对语言完全不能信任。举例来说，同一物可以有不同的名："同出而异名。"所以语言的意义不是本质的，而是相对的。他又举例明之："有无相生，难易相成，长短相形，高下相顷，音声相和，前后相继。"他的结论是："是以圣人处无为之事，行不言之教。"对待语言，最好是不用；即便不得已而使用语言，也要知其限度。于是他提出"正言若反"原则，使此一能指与彼一能指，互相抵消："上德不德"、"无为无不为"、"大音希声"、"大辩若讷"。寥寥五千言，类似之言举不胜举。他因此否定语言是知识的来源："知者不言，言者不知。"他最后用反诘的形式，作出相当冲虚的判断："名与身孰亲？"答案当然是"身"（受指）高于"名"（能指）。他的不武断，完全立基于不信任语言的东方式怀疑主义。

　　由于道家从一开始就消极地否定语言，后学除了像杨朱那样"不著一字"外，只能像庄子那样"尽得风流"地把否定推向极端了。庄子认为天下无非是物，不必用名来加以区别："天地与我并生，万物与我为一。""物无非此，物无非彼。"用"名"来区别，只会造成"此亦一是非，彼亦一是非"。结论也是反诘式的："既已为一矣，且得有言乎？"[1]于是庄子提出了著名的"寓意于言—得意忘言"原则[2]，即"寓"意（主观所指）于"言"（客观能指），然后得"意"（主观所指）忘"言"（客观能指）。对语言的高度不信任，必然波及把语言神圣化的法律（更注重客观所指即词典释义），所以《老子》说："法令滋章，盗贼多有。"《庄子》说："圣人（指喋喋不休地用语言教诲他人的人）

1　语出《庄子·齐物论》。

2　"寓言"见于《庄子·寓言》《庄子·天下》，"得意忘言"见于《庄子·外物》。

不死，大盗不止。"而正是这一点，也仅在这一点上，儒家与道家走上了表面相反的道路。

但是，对语言的不信任，儒家却比道家有过之而无不及，因为反对违背自然之道，反对按世俗道德对人类社会妄加治理的道家，完全可以少用甚至不用语言，但强烈的道德使命感和旺盛的治世热情，使"知其不可而为之"（道家对儒家创始人孔子的终极判词）的儒家不得不经常使用语言，中国语言的不精确和中国人对语言的普遍不信任，使儒家更为难堪，所以"有为"的儒家对语言的戒惧，反而比"无为"的道家更深。《论语》中充斥着这种无奈："予欲无言"，"天何言哉"，"敏于事慎于言"，"讷于言敏于行"，"巧言乱德"，"恶利口之覆邦家"，"恶夫佞者"，等等。孔子最著名的语言原则就是"正名"，就是务使"名"（能指）符合"实"（受指）。一旦"实"（受指）不再符合原有的"名"（能指）就必须纠"正"：先用进谏方式要求"实"合于"名"；倘若进谏无效，就剥夺"实"之原"名"，另定新"名"揭示已与原"名"不相称的"实"之实质。因此孟子坚称"纣"与"桀"不再是"天子"，而是"独夫"。这就是除道家和名家以外的所有先秦诸子几乎一致同意的最高原则"循名以责实"及其补充原则"据实以定名"。但在"实"尚未表现出不肯合于"名"的冥顽不灵之前，全体臣民必须坚守"上下名分"、"君臣大义"，只能用微讽的方式威胁"实"：你再不改其"实"，我将更改其"名"！这就是儒家"名教"的实质：一方面要求居下位者必须坚守"上下名分"、"君臣大义"，对居上位者无限愚忠愚孝；另一方面以此要挟居上位者：居下位者既然对你无限愚忠愚孝，你总该有点居上位者的样子！《春秋》（无论是否孔子作）就典范地实践了儒家"名教"的双重功能。

"名实之辨"是儒家的看家本领，它的思维立足点是"实"（受指），用"循名以责实"的方法达到道德教化之目的，其教化对象从最上位的天子直到最下位的庶民，然而事实上最下位的庶民确实被儒家"名教"教化成了愚忠愚孝的奴隶，但最上位的天子根本没把儒家"名教"放在眼里，仅仅利用了儒家"名教"的单一功能：居下位者对居上位者必须无限愚忠愚孝。

孔子对语言的高度不信任，体现在他认为语言的最高目标就是"达意而已矣"——由于缺乏"定义"的逻辑利器，他绝不会说"达义"。孔子的治国"八字纲领"极为幼稚可笑："君君，臣臣，父父，子子。"前一字指涉"实"即受指，后一字指涉"名"即能指。若"君不君，臣不臣，父不父，子不子"，孔子就会视为礼崩乐坏，天下大乱。[1]

孔子之后最大的儒家名学大师荀子，进一步重申强调"名教"的两大功能："名闻而实喻"（主要针对居下位者），"制名以指实"（主要针对居上位者）[2]。由于缺乏逻辑利器，儒家无法从能指本身找到语言的绝对客观真理性，只能从使用能指的受指即说话者身上寻找语言的相对主观真理性，所以儒家特别强调人的道德修养，即"诚"和"敬"，因为他们无法凭借逻辑来检验对方的能指是否违背受指，

---

1 《论语·颜渊》：齐景公问政于孔子，孔子对曰："君君，臣臣，父父，子子。"公曰："善哉！信如君不君，臣不臣，父不父，子不子，虽有粟，吾得而食诸？"
2 均见《荀子·正名》。

即是否撒谎，只能运用道德诉求，寄望于受指不把能指用于撒谎。所以儒家中国始终认定：评价一个人，要看他的"道德文章"，但内在的受指"道德"永远比外化的能指"文章"更重要。儒家对文学的最高要求是"文以载道"：外化的能指之"文"，必须体现内在的受指之"道"。

不过儒家之"道"又异于道家的非语言的自然之道，也兼指儒家圣贤阐定的经典语义，"仁"最终必须阐定为经"义"。因为既然语言的真理性没有任何客观的逻辑依据，那么只能以"至圣先师"的言论为准了，即使社会发展变化了，许多圣人根本不了解的新事物出现了，也必须到圣人语录中去寻找"微言大义"，进行完全不合逻辑的歪曲性理解和歪曲性发挥，这就是包括汉儒、宋儒在内的全体后儒所做的全部工作——与欧洲中世纪神学家用逻辑来论证上帝存在相比，两者的差别一目了然。所以欧洲中世纪哲学没有完全白费，欧洲最终走向了文艺复兴和宗教改革，但中国后儒汗牛充栋的阐释经义，完全是缘木求鱼的白费心机，根本无法挽救中国古典文明陷于两千年治乱循环的停滞状态，并最终走向衰退。

中国人没能创立任何逻辑体系，只能以"圣言"为判断真理的最后依据和唯一依据。印度人创立了因明逻辑，然而不够纯粹，"圣言量"也属于判断真理的诸多依据之一。然而希腊人创立了最为纯粹的形式逻辑，其中没有任何"圣言"或"圣言量"的存在余地。

对后儒来说，只要是圣贤的教导，说得再不高明也要尽量体会涵泳，这就是孟子所谓的"以意逆志"，实际上是无中生有地去"意"会其"微言大义"："《春秋》之微也，在天地之间者毕矣。"[1] 更重要的是,道德具有至高无上的否决性,所以荀子说:"凡言不合先王,不顺礼义,谓之奸言,虽辩,君子不听。"[2] 又说:"其持之有故,其言之成理,足以欺惑愚众。"[3] 这种对语言、逻辑的藐视以及道德的专制和蛮横,足以使西方能指主义者震惊得手足无措。儒家的治乱观就是正名观,"一物失称,乱之端也。"[4] "政者,正也"[5]。所谓"政治",就是正名。所谓"正名",就是以受指(具体落实为最高统治者及其附属的利益集团)为本体,让能指无条件地为受指服务。正名主义的胜利不在于真正的道德教化,而是运用国家机器的暴力,强制"失称"之"形"(受指),就范于"圣言"之"名"(能指)。"圣言"之"名",兼指"圣人"之"言"和"圣上"之"法"。中国的法律由最高受指即帝王的旨义而定,故称"王法"。"王法"可被帝王朝令夕改地任意改动,迥异于西方式运用逻辑严密推演而出的恒定普世法。"王法"就是儒家名学大师荀子及其弟子韩非的"刑(形)名之学"。其主要原则是"名正物定"[6],"循名实而定是非"[7],"形名参同"[8],"周合刑名"[9],

1 语见《荀子·劝学》。

2 语见《荀子·非相》。

3 语见《荀子·非十二子》。

4 语见《荀子·正论》。

5 《论语·颜渊》:季康子问政于孔子。孔子对曰:"政者,正也。子帅以正,孰敢不正?"

6 语见《韩非子·扬榷》。

7 语见《韩非子·奸劫弑臣》。

8 语见《韩非子·主道》。

9 语见《韩非子·扬榷》。

等等。法家虽出于儒家，但又认为儒家用圣人的道德教化、"成文化育"收效不大，法家比儒家更认定语言的力量极其有限——这一点受到了道家的极大影响，故大部分法家都有道家色彩。为了达到"圣治"，法家认为必须借助最高受指即帝王的"力"："国之所以重，主之所以尊者，力也。"[1]从相信道德教化的儒家集大成者荀子，到不相信道德教化的法家集大成者韩非，是完全合乎逻辑的历史必然。荀子已经知道"人性恶"，只是还徒劳无功地想用儒学加以挽救，荀子的杰出弟子韩非比老师更坚信"人性恶"，而且认定道德教化根本无助于改变"人性恶"，除了以力制服，没有办法使社会建立秩序。就这样，不信任语言、没能建立使语言值得信任的逻辑体系，最终导致了延续两千多年的专制中国。

正统儒家后学对语言的不信任，有两点值得注意：一是《礼记·大学》提出的"格物致知"的"受指主义"知识论，即以己度人、以人度物、以物度天；二是《孟子》提出的"以意逆志"的"受指主义"阐释学。这位儒家最大的雄辩家一再强调，"不以文（能指）害辞（客观义指），不以辞（客观义指）害志（主观意指）。"[2]可见早在两千多年前，孟子就懂得客观义指与主观意指的区别，所以先秦诸子几乎没有人乱用"义"、"意"二字。直到今天，解释客观义指的工具书还保留古义，叫《辞典》《辞海》。但后儒却逐渐"意义"连称，开始混淆，孟子表达得很精确的"不以辞害志"，

1　语见《商君书》。

2　《孟子·万章上》：不以文害辞，不以辞害志；以意逆志，是为得之。

被后儒改为"不以辞害义"。其实"辞"就是客观义指,"义"也是客观义指。后儒之妄改,使孟子的名言成了不可理解的废话。然而又并不完全是废话,因为"志"是圣人之志,圣人的主观之"意",被后儒等同于天下之公"义",用宋代大儒张载的名言来说,就是"为天地立心,为生民立命,为往圣继绝学,为万世开太平",因此圣人的主观之"意",遂成万世万民必须无条件盲从的客观之"义"。孟子又说:"尽信《书》则不如无《书》。"[1] 在其他民族眼里,类似于《尚书》这样的古书往往是至高无上的权威。这足以表明,早在孟子时代,就已经知道圣人不可能论及过去未来的天下万事万物,所以不得不无中生有地歪曲性解释圣人之言,即使歪曲性解释完全不合圣人原意,也可以说是在"代圣人立言"——这是中国科举的永恒通则。另外,孟子的强词夺理再次暴露了他对语言的高度不信任,他为自己完全不合逻辑的"雄辩"感到羞愧:"予岂好辩哉?予不得已也。"[2]

事实上,西方人对语言的过度信任和儒、道两家对语言的过度不信任,都植根于不自觉的各自思维偏执。但令人吃惊的是,与儒、道一贯对立的墨家却具有一种高度自觉的科学语言观。《墨子》首篇《尚同》科学地描述了儒、道两家不信任语言的根源,这是儒、道两家均未自觉的,又是西方人缺乏了解的,语言表达的主观"意"指和语言理解的主观"意"会之间的根本矛盾:"盖其语,天下之人异义(墨子之"义"当作"意"解,下同)。是以一人

---

1 语见《孟子·尽心上》

2 语见《孟子·滕文公上》

一义，十人十义，百人百义。"墨子认为，要克服语言交流的这一根本消极性，唯一的办法是"尚（即上，指居高位者）同而不下比"，"上之所是，必皆是之；所非，必皆非之。"道家上同于非语言的"道"，墨子根本不屑一驳；儒家上同于先王和圣人，法家上同于后王即当今天子，墨子认为方向对头，但还不够彻底，因为那样必将使有"力"者成为无条件的有"理"者，因此墨子说："上同于天子，而不上同于天，则灾犹未失也。"所以必须上同于客观的天之"意"："天之意者，义之法也。"

值得注意的是，墨子的"意"、"义"用法，与所有诸子的用法几乎全都相反，目的是把天加以人格化，难怪要遭到普遍信奉无神论或疑神论的其他各派先秦诸子的一致反对。"天"的人格化，谓有"意"；"意"的客观化，谓之"志"。所以《墨子》有《天志》和《明鬼》。墨家可以说是古代世界唯一以科学的清醒有意神道设教的特例，更是中国文化中的异数。更进一步，在不放弃受指本位的前提下，墨家后学几乎达到了与西方能指主义相似的思想高度，这就是《墨经》中的逻辑主义，后世谓之"别墨"或"名家"。但一方面是它本身尚未完全达到纯粹的能指主义，另一方面也是中国的受指主义主流文化，没有给墨家以及从别墨发展而出的名家以足够的文化空间，让它充分发展到西方逻辑的形式化程度。儒、道非语言主流文化对墨家和名家的竭力排斥，几乎是异口同声。中国的、同时也是世界上最早最伟大的语言哲学家公孙龙被《庄子·天下》一言以

"毙"之："能胜人之口，不能服人之心。"[1]

由于不相信能指的客观真理性，儒、道两家最典型的思维方式，是从物到物或从词到物的非逻辑思维跳跃。比如《礼记·大学》：

> 古之明明德于天下者，先治其国；欲治其国者，先齐其家；欲齐其家者，先修其身；欲修其身者，先正其心；欲正其心者，先诚其意；欲诚其意者，先致其知；致知在格物。

又如《老子》二十五章：

> 人法地，地法天，天法道，道法自然。

不难发现，在这种超越于逻辑的典型中国式思维中，由前一项到后一项，思维动力来自顶针式的语言惯性，是毫无推理论证过程的"启示"式表达法。这样的思维杂耍，在中国典籍中可谓满谷满坑，触目皆是。对这种表达，你除了信从和不信从（但一旦不信从则有王法伺候，因此不信从者也只能假装信从），根本不可能对之质疑，与之辩难，因为它根本不讲逻辑，完全超越逻辑，所以根本没有逻辑漏洞。

最典型的思维基本原型，当然还是创世神话：

---

1 语见《庄子·天下》。

> 天地浑沌如鸡子，盘古生其中。天日高一丈，地
> 日厚一丈。如此八千岁，天数极高，地数极深，盘古
> 极长。[1]

以盘古之生态比附人之生态，这是中国人主观想象而非客观研究世间万物动态规律的思维原型。

> 首生盘古，垂死化身，气成风云，声为雷霆，左
> 眼为日，右眼为月，四肢五体，为四极五岳，血液为
> 江河，筋脉为地理，肌肉为田土，发髭为星辰，精髓
> 为珠玉，汗流为雨泽，身为诸虫，因风所感，化为黎氓。[2]

以世界之格局比附人之格局，这是中国人主观想象而非客观研究世间万物静态结构的思维原型。

两者都严格遵循了"以己度人，以人度物，以物度天"的受指主义思维方式，而人正是最直接的受指。这种思维方式，常被错误地称为"人本主义"。其实"人本主义"是指以人为最高目的的世界观，而非以人为"万物尺度"的思维方式。真正的人本主义，在研究自然时必须以适合自然的科学世界观为思维方式，这种科学思维方式不仅不妨碍，而且真正地有助于把人作为文明发展的最高目的。而儒家中国的伪人本主义，恰恰是在把人与世间万物进行美其名曰"天人感应"的巫术式比附过程中，远离了科学精神，

1　转引自《艺文类聚》卷一引《三五历纪》。

2　转引自清·马骕《绎史》卷一引《五运历年纪》。

而且最终背离了把人视为最高目的的文明发展总方向。

必须指出，中国的创世神话在全世界独一无二。几乎所有民族（包括远比古代中国落后的民族）的创世神话，都不同程度地强调了语言的重要性，只有中国的创世神话是哑巴的创世，丝毫没有语言的参与。因此，想当然地以为这种受指主义是原始民族的思维共性而加以贬低，显然缺乏根据。恰恰相反，正是这种独特的思维方式，导致了中华古典文明长期领先世界。同样，任意拔高古人，认为古代中国尤其是道家思想中充满"辩证法"也极为轻率。因为事实上儒、道两家既不辩也不证，反而在竭力"止辩"，所以老子说"大辩不言"，孔子说"恶夫佞者"，孟子说"予岂好辩哉"，中国人从来就不知道除了"有诗为证"以外，如何科学地论证。中医里的所谓"辩证"施治，更是望文生义的讹传，其正确写法是"辨证"（"证"通"征"或"症"）施治，指分辨身体征象或病理症状，与西方意义的辩证法风马牛不相及。"辩"与"辨"在中国人心目中的地位截然不同，中国文人可以你说你的、我说我的大打笔仗，但见面却绝不辩论。中国古代以《为××一辩》（这是西方常见的书名）做书名的书一本也没有。直到二十世纪，疑古大师顾颉刚为其充满辩难的名著所定的书名，依然是《古史辨》。

但仅仅上述儒、道两家和创世神话中的受指主义，还远远不足以建构起博大的中华古典文明，因为任何文明的成熟、开花、结果，都必须借助于一套完整的世界图式和一种有效的形式化工具，贯通和整合儒、道两家的形式化工具，就是被尊为"群经之首"的《周易》。

由于中国人不信任语言，注定了中国人不可能在语言的形式化方面下功夫，中国人也没有求助于另一种更纯粹的能指——自然数，因为自然数是一个无限开放序列，而无限开放序列中的任何一部分都不可能建构起一个完整的封闭型世界图式，但天才的中国古人用区区六十四卦就"征服"和"超越"了无限，建立了除西方能指主义自然数学以外的唯一"数学"——受指主义的周易象数学。两种数学除了能指本位与受指本位的不同，象数学的最大特点是，其符号体系是一次性完成的，但它的阐释却永难完成。与此相反，西方能指主义数学体系永远不可能完成，但它得出的任何局部定理，其阐释（即证明）却是一次性的，而且是唯一的。受指主义象数学的能指即卦象系统本身，从最初的一次性完成建构以后，就不再发展和变化，因此与西方的数学能指基本割断与受指的直接联系且最大限度地使所指精确化、抽象化相反，象数学的功能和价值就在于其能指卦象可以与几乎无限多的受指现象全面对位并进行几乎是随心所欲的所指发挥与任意阐释。详尽探讨象数学既非本文的任务，我也毫无兴趣。我一方面要说明，《周易》是中华古典文明起飞的思维原型，另一方面想说明，非语言的卦象能指（它属于广义的符号范畴）更深刻地揭示了中国人对日常语言偏执般的疑惧和高度的不信任，所以《易·系辞》说："书不尽言，言不尽意。""言不尽意"被不少学者解释为"没有把要表达的意思全部表达出来，如果多用一些语言就能表达完全。"这是不准确的，其真意其实是"用再多的语言也不可能把要表达的意思完全表达出来"，因此《系辞》接着说："圣人立象以尽意。""意"

可用"象"（受指的符号替代物）来"尽"，但不能以"言"（能指）来"尽"，因此对于一切要表达的"志"，"只可'意'（所指）会，不可'言'（能指）传"。这离唐中叶以后极端反能指主义的禅宗，仅有一步之遥。

更重要的是著名的"道器之辨"（中国历史上有众多"××之辨"，但没有"××之辩"）："形而上者谓之道，形而下者谓之器。"由于中文本身是象形的，因此中国人的"形而上"学，必然是非语言且高于语言的，正如"道"之非语言且高于语言；因为语言本身已经是象形，再"形"而"上"之，非撇开语言不可。中国人的一切精妙思想，都得自非语言的"悟"，然后再用语言勉强表达出来。东方人所说的"不可思议"，并非指人"不可思"某"物"，而是指人不能用语言来"思"某"物"，更不可能用语言来精确表达即"议"某"物"。中国人很准确地把这种高于语言的"形而上学"称为"玄学"。因此"道"是非语言且高于语言的，语言则仅仅是低于道的器——"名器"是中国人耳熟能详的口头禅。能指在中国受指主义眼中仅仅是器，而在西方能指主义者眼中，能指就是道——"语言就是存在的家"（海德格尔）。

同样，由于西方语言本身不是象形的，他们的语言已经居于"形"之"上"，所以西方一切精深的哲学思维即形而上学必然是语言的。对西方人来说，最高的思维即哲学与数学思维，都是语言即能指的思维，所以一切思维都是语言的思维；对中国人来说，最高的思维即玄学思维与象数思维，都是非语言的且高于语言的。非语言的"道"即"天"，而语言思维离不开形名之"器"，更离不开语言的直接受指——人，所以"器"即"人"。"天人之辨"、"道器之辨"遂成古典中国未曾须臾离的永恒主题。因此中国人的思维目的不是像西方人那样寻求能指的客观真理性（简称"理性"，理性就是合逻辑的语言之本性），而是寻求受指的主观领悟——"天人合一"。"天人合一"是中国智慧至高无上的理想境界，它的思维原型除了前述"以己度人，以人度物，以物度天"之外，在《易·系辞》里又被概括为："近取诸身，远取诸物。"总之，思维的终极依据是受指，而非能指；语言的终极表达也依赖于受指，而非能指。西方人说："我爱吾师，我更爱真理。"能指的地位高于受指。中国人尽管也有类似的表达："从道不从人。"然而中国人的"道"并非能指的真理，而是受指的真理化身。所以孔子的弟子、孔子死后成为孔门第一代领袖的曾子的名言是："人能弘道，非道弘人。"中国人认为：只有受指的人，才能代表非能指的真理，能指的真理，对受指完全无用。实际上却是因为，中国人根本没有办法找到能指的真理，因为中国人没有建立形式逻辑系统。

　　中西思维方式的差异，主要是思维层次的差异，两者的形而上学也不在同一个思维层次，西方的"形而上学"之"形"，是受指，形之上是能指，即语言。中国的"形而上学"之"形"，是能指，即象形文字或卦象符号那样的受指替代物，形之上则是非语言的道。因此，把两种不同的"形而上学"混淆起来，进行简单化的比附和评判优劣，均属文不对题，完全缺乏可比性。事实上，每个思维层次的思维都有各自独立的价值，无法相互替代，而中国受指主义思维由于在多元的思维文化中具有独一无二的性质，更成为世界文化中不可或缺的一元；而它的直接结果，就是对中华古典文明的独特性质和发展方向，产生了全面深刻的影响。

三

中国人对语言和能指的高度不信任与怀疑，直接导致了精神生活方面的内省传统、社会制度方面的心裁传统，以及知识艺术领域的寓言传统。

中国人有邪念或恶行绝不会用语言向外在权威进行告解（孔子"获罪于天，无所祷也"），而是用孟子所谓"羞恶之心"或王阳明所谓"良心"来进行自我心裁，但这只是消极的而且并非主要方面。中国人精神生活的最大特点也是最大优点是正面修养：修身养性，正心诚意[1]，养浩然之气[2]，日三省吾身[3]，独与天地精神往来[4]，如此等等，其中基本上没有宗教的神秘惊怖成分，因而健康明朗有益身心，具有基督教社会中古以前所缺乏的恬适怡然和雍容洒脱。当然，正如荀子所说"君子以为文，百姓以为神"，民间迷信仍然普遍存在，佛教的传入更加剧了这种倾向，但是中国人对宗教的态度基本上是游戏的、审美的，作为一种精神寄托，相当实用地"急来抱佛脚"，而较少真正的宗教虔诚，更没有宗教狂热。其不信任语言的民族根性，在

---

1 语见"四书"之一《大学》。

2 语见《孟子·公孙丑上》。

3 语见《论语·学而》。

4 语见《庄子·天下》。

道教符箓派的"鬼画符"（使能指"无能"化即非能指化，使理性无理化）和禅宗的"不立文字，直指心源"中又再次体现出来。寡言和沉默在中国是有德的表征，因为"默犹知言也"[1]。

对语言的极端不信任，必然导致对语言的神圣形式——法律的不信任。秦朝因残暴的严刑峻法导致二世而亡，则进一步加剧了这种疑惧，因而汉以后的历朝统治者都选任法则的受指化身——士人或儒生，来代替法律能指，即所谓"以身（受指）作则（能指）"，选贤任能成了维持社会秩序的主要手段。隋唐以后定型的科举更把它进一步制度化，打破阶级的樊篱而最大限度地简拔全民族的优秀人才，使中国的专制主义制度奇迹般地长寿；同时，任贤制度的劝善和教化，也使古代中国人的普遍道德水准高于同时代的其他民族。然而一切决策和断案听凭"有德者"的自由心裁，合理和公正就不能在制度上得到保证。一方面，"有德者"的道德偏执可能凭借这种制度把不近人情的、仅仅适用于少数"圣人"的至高道德标准强加于普通人，把理想化的并且常常是自虐式的"道德"与现实的、应该是普通人都能接受的"法律"混为一谈，往往使问心无愧地以清官自居者成为不自觉的、事实上的酷吏；另一方面，满嘴仁义道德的伪君子一旦利用各种手段窃取了权力和高位，这种制度就纵容了他以一己之利害和一时之喜怒进行任意作恶的自由。但这种心裁传统的真正弊端主要体现在司法程序中与西方大异其趣的非能指主义特征上。在典型

1　语见《荀子·非十二子》。

的中国传统式"官司"（意为由"官"以儒家道德来"司"即判断，法律的作用几近于无）中，断案者一旦对案情作出往往是想当然的主观妄断之后，无论原告还是被告都被立即取消了自由申辩的权利。对语言的高度不信任，使断案者对他所倾向的一方的喋喋不休，也会不耐烦地反问："你还不满意？你还想怎么样？"对他认定有罪的一方的自我辩解，他会一拍惊堂木大喝道："不打如何肯招！"因此不仅错判的冤案对双方不公平，甚至基本不错的断案也对双方不公正，量刑施罚随心所欲，出入极大。惊堂木在中国颇具象征意味，无论是在公堂上还是在书场里，其作用都是用非语言的方式不许别人说话。语言在公堂上的唯一作用就是口供，而口供无论是非曲直，往往是通过拷打直接受指——人体而获得。招认者在用或真实或虚假的细节十分配合地"小心求证"断案者的"大胆假设"之后，必须在状纸上留下一个非语言的受指替代符号——手印，于是判案过程圆满结束。发人深省的是，受指主义和能指主义的思维层次差异，在中国的受指替代符号"手印"和西方的能指功能符号"指纹"这一结合点上，也产生了截然不同的所指——意义。

中西思维本位的不同及其影响，在知识领域最富戏剧性也最为深刻。由于受指主义直接面对物质的自然界，中国人在各民族中最早也最全面地了解和征服了自然界，同时最早也最成功地发展了受指层面的知识——技术，但在知识的能指层面——科学理论上，自始至终近乎一片空白，中国的技术发明之全面与相关著述之稀少，其极端性反差堪称世界之最。技术的传授只能通过非形式化的口语，在父子、师徒之间代代相传。偶尔诉诸文字，也仅以记载受指层面的诀窍为限，不作任何能指层面的理论归纳和逻辑演绎。因此与西方后来由个别发明天才在成熟的能指哲学理论、能指科学体系指导下，用极短时间全面突破相关技术完全相反，中国的各种受指技术发明，哪怕是极其相近的受指技术，也往往由时空远隔的不同受指能工巧匠各自独立地偶然发明。如果把众多受指技术因秘传而失传的因素也估计在内，中国古人受指技术发明的总量极为惊人，但对于高度发达的受指主义文明它又是必然的。然而中国的能指科学理论却停留在唯一体系化的非语言世界图式《周易》上，两千多年没有丝毫进步。几乎可以断言，如果没有能指层面的思维革命，中国的受指技术发明在很长的历史阶段中，必将继续一仍旧贯地"发明→失传→再发明→再失传"，不成体系也不走极端地缓慢发展。同时，思维共性上高度的民族认同感和执着于直接受指的顽强生命力，足以使中华民族及其受指文明成果，虽经任何内部动荡和外部打击都难以彻底摧毁。对中国受指文明的褒贬人各有异，但没有人能够否认这确实是一个无可争议的奇迹。实际上，中国人与自然的和谐相处，已使自己成为自然运作不可分离的一部分。仿似孔子名言"天何言哉？四时行焉，百物生焉"，似乎可以说，中国人何言哉？四方行焉，百代存焉。

中国人在知识领域贯彻庄子的"寓意于言—得意忘言"原则（传授技术后就把语言忘掉，对抽象理论不屑一顾），陷入了极端实用主义的目光短浅，然而"寓意于言—得意忘言"原则在艺术领域，尤其是在诗歌领域，却找到了独擅胜场的自由天地而大放异彩，创造出中华古典文明中最足以傲世骄人的一个恢弘绚烂的诗意宇宙。如前所述，西方能指主义文明无视语言客观存在的多义性和歧义性，常常是生捆硬绑地用定义原则强迫主观性意指就范于干巴巴的概念性义指，并在强大的思维惯性作用下波及艺术领域尤其是文学领域，使基督教世界在文艺复兴以前几乎是一片艺术荒地，文艺复兴以后的文学和诗歌中依然充满了能指化、概念化、科学化的说教和训诫，只有本身就是能指艺术的音乐得到了空前发展。与之相反，中国受指主义对能指的客观真理性的怀疑，正是植根于语言客观存在的多义性和歧义性。墨家假借客观权威"天志"一"同"天下之"义"（应为"意"）的努力又归于失败，被阴阳互补的儒、道主流文化合力围剿后很快消于无形；而道家反对主观权威圣人和君王一"正"天下之"名"、提倡复归结绳而治的前语言文化主张，也因其逆文明潮流而动必然地受挫以后，却因祸得福、始料未及地为中国文明找到了一条既非能指主义又不完全放弃语言的独特道路。庄子本为反对语言而提出的"寓意于言—得意忘言"原则，也阴差阳错地成为其后中国一切语言思维尤其是诗歌思维的主导性原则，而《庄子》一书也违背庄子反复教导的"得意忘言"，成为中国人最不能忘怀的语言极品，中国人再也没有把"汪洋恣肆"这一品词给予第二个人和第二本书，而且中国古代任何一本重要经典都有不止一本模仿性著作，唯独《庄子》一书没有一本仿作 [1]，因为它被公认为不可企及。其实

1　明人袁宏道曾撰有篇幅简短且词拙旨浅的《广庄》，算不上仿作。

这毫不奇怪。正因为庄子比任何人都更深刻地洞悉语言的多义性和歧义性，认定语言对追求非语言的最高之"道"毫无帮助，所以他能充分自觉地利用语言的多义性和歧义性来写出不可超越的杰作。但后人却把他的"寓意于言—得意忘言"原则反其"意"而用之，忘记庄子的教导，以《庄子》为样品，索性还自然语言以本来面目，放任语言客观存在的多义性和歧义性，并在这一基础上用各种手段赋予语言尽可能多的主观寓意。而且与能指主义文化截然相反，中国人认为主观寓"意"高于客观语"义"。这就是著名的"诗言志"传统。"志"者，在心为"意"，在言为"志"，至今中国人"意志"并称。在"寓意于言—得意忘言"原则指导下，中国古典诗歌杰作的每个字都微妙鲜活，韵味无穷——有诗为证，无须辞费。对语言的非功利的、纯游戏的审美态度，使最轻视语言客观真理性的中国人，创造出了世界上最丰富多样的语言艺术品类，除先秦寓言、楚辞、汉赋、六朝乐府、唐诗、宋词、元曲、明清小说外，还有对联、谜语、回文、藏头诗、歇后语、绕口令等，不胜枚举；它对提高中国人的想象力、理解力和幽默感，可谓功德无量。思维惯性所及，中国的书画、音乐、园林建筑，无不意韵悠远，玲珑隽永，巧夺天工。相形之下，中国的诗歌理论和艺术理论，却由于缺乏类似希腊逻辑的形式化能指工具，始终囿于极不相称的幼稚肤浅和支离破碎，以著名的"赋、比、兴"为例，就聚讼千年而浑沌如故[1]。寓言传统的另一

---

1 参阅拙著《汉语的奇迹》下编《从赋比兴到整体象征》，云南人民出版社2002年版。

268 / 思想真的有用吗

个消极后果，就是导致历代统治者对文学作品中查无实据、或真或假的讽刺、影射，具有妄想狂式的神经过敏，从轻视语言的极端，走到了仇视性重视语言的另一极端，制造了无论是否影射都毫无必要的诸多文字狱。

<h2 style="text-align:center">四</h2>

综上所述，我认为不妨把相信"真理越辩越明"的基督教能指主义文明，称为"文化的文明"，而把相信"事实胜于雄辩"的中华受指主义文明，称为"诗化的文明"。孟子曾经询问："人之异于禽兽者几希？"我认为答案就是"思维"，而思维的最主要最基本载体，就是语言。思维方式的全面渗透，奠基并规定了文明发展方向，语言及其产物则全面建构和实现了由思维方式所决定的文明大厦。中西两大文明的全面差异，恰恰是由于各自思维层次、文明本位和语言观、世界观的基本不同。可以断言，在不改变各自一元化思维层次和偏执性思维方式的情况下，试图全面克服和超越各自文明的根本局限，切实吸收和移植其他文明的内在精华，不过是违反思维规律和文明本性的空洞口号，必将归于失败。如果企图以彻底抛弃自身文明固有的思维方式并不加批判地全盘接受另一种文明的思维方式来达到文明转型的目的，那么一方面，彻底抛弃自身文明，必然是从否定其精华开始（否则否定就软弱无力），至丧失其精华告终，而原有文明的固有局限，不仅不会轻易克服，反而将因为失去制动闸而恶性泛滥；另一方面，全盘接受另一种思维方式及其文明，又总是从崇拜其糟粕开始

（否则转型就无法启动），至迷恋其糟粕告终，而异质文明的固有美质，不仅不会得到发扬光大，反而因为改变了语言载体而恶变为畸形。画虎不成反类犬的结果，必然是丧家之犬成为出柙猛虎的一顿野餐。其所以失败，根源在于依然是用一元化思维层次和偏执性思维方式，代替原有的一元化思维层次和偏执性思维方式，结果仍然是一元化思维层次和偏执性思维方式，思维方式的元思维（即世界图式）的单一性主导结构并未改变。因此中西文明包括以其他一元化思维层次为本位的现有文明（如以所指即生命的终极意义为思维本位的印度文明），若欲超越自身局限，首先必须打破原有的创世神话，建立新的整合多元思维方式的世界图式，也就是建立一个能够包容经过批判性改造的中西乃至其他可能的思维方式的新型形式化系统，其中每一层次的不同思维方式都各有独擅胜场的领域，而又互不对立，互不排斥，具有井然有序的有机联系。只有这样，创造全球性未来新文明才有可能。

中华复兴的目标和进路
——兼论中西文明的不同瓶颈及其突破

近年国学持续升温，尤其儒学更热，有人据此认为，这是中国的文艺复兴。既然借用西方历史比况中国现实，就有必要了解西方文艺复兴的来龙去脉，明其为何复兴，复兴什么，如何复兴，以便认准目标，避免背道而驰，选对进路，避免误入歧途。

一、中西渐行渐远，导致千年时差

远古的石器文化，陶器文化，中古的渔猎文明，游牧文明，姑且不论。仅就最近三千年而言，中西文明都是三阶段：早期文明转型为农业文明的轴心时代，农业文明发展期的中世纪，农业文明转型为工业文明的近现代。只是中西并不完全同步，略有时差。

轴心时代的中西时差较小，基本都在公元前一千年间，西方主要是希腊罗马时代，中国主要是春秋战国时代。其他方面差异也较小，各有所长，难分优劣。大致而言，形上层面的意识形态，都是诸子百家争鸣，导致哲学宗教突破。形下层面的国家形态，都是松散小国林立，导致兼并攻战频仍。

中世纪的中西时差较大，西方仅有一千余年，中国长达两千余年，所以走进中世纪的时间，中西大致相当，走出中世纪的时间，中国却晚千年。导致千年时差的根本原因是：西方的官方宗教战胜了民间哲学，确立了信仰"上帝"、"神权高于王权"的基督教意识形态。中国的官方哲学战胜了民间宗教，确立了尊崇"皇帝"、"皇权高于神权"的儒学意识形态。走进中世纪之时的中西意识形态根本差异，导致其后中西国家形态的巨大差异，进而随着时间积累、传统延续、思维定式、文化积习、历史惯性的综合作用，中西其他方面原本细微的诸多差异，也逐渐强化放大。

中世纪初始阶段的国家形态，中西略同，都是某一强国征服兼并周边弱国，抵达地理允许的某种极限，建立版图广袤的君主帝国。西方是罗马帝国，中国是秦帝国。

中世纪过程阶段的国家形态，中西渐异。

罗马帝国确立了信仰"上帝"、"神权高于王权"的基督教意识形态，但是没有废除领地世袭的贵族制度，政权不对平民开放，由于世袭贵族逐代腐败而素质递降，统治集团无法保持精英素质，因而君主政治建构较不完备，战争时期征服的广袤版图，和平时期难以维持统治，不得不分裂为西罗马帝国和东罗马帝国。版图尽管一分为二，仍然超出统治能力，因此又进一步分裂为版图更小的欧洲各国，后继帝国再也无力重建，神圣罗马帝国徒有其名。中世纪欧洲，意识形态是信仰"上帝"而一教独尊，异于轴心时代的信仰"众神"而众教并立，国家形态却是版图狭小而分崩离析，仍然同于轴心时代的小国林立而攻战频仍，所以意识形态与国家形态互不适应，遂有大弊：和平时期，国内市场狭小，国际市场又有关税壁垒，经济规模和财富积累难以提升，一国的技术发明，难以迅速推广普及全欧，农业生产力停滞，小国之间以邻为壑，救灾能力较低。战争时期，缺乏战略纵深，国防能力较弱，遭到外国入侵极易灭亡。农业文明发展缓慢，文明程度和国家实力不及轴心时代。

秦帝国确立了尊崇"皇帝"、"皇权高于神权"的法家专制政体，吸取了周朝世袭贵族逐代腐败而素质递降的历史教训，废除了领地世袭的贵族制度，改为皇帝直接任命郡县长官的官僚制度，政权遂对平民开放，法家官僚集团从全民之中优选，但是法家理论无法成为统一全民思想的意识形态，因而君主政治建构也不完备，战争时期征服的广袤版图，和平时期也难以维持统治，迅即崩溃。战后重建的汉帝国，又吸取了秦帝国迅速崩溃的历史教训，继承法家专制政体，予以儒家形式包装，转换成外儒内法、王霸杂用的儒学意识形态，儒家官僚集团从全民之中优选，通过吐故纳新保持精英素质，减缓了统治集团逐代腐败而素质递降的速度，完善了君主政治建构，因而战争时期征服的广袤版图，和平时期也能长期统治。其后中华帝国的朝代周期得以延长，虽然世袭君主一如既往地逐代腐败，然而官僚集团吐故纳新而减缓腐败，直到权力必然导致腐败的两者合力，不可避免地抵达周期性崩溃的临界点。但是短期战乱以后，总能再次按照儒学意识形态重建后继帝国，进入下一周期。中世纪中国，意识形态是尊崇"皇帝"而一家独尊，异于轴心时代的信仰"天道"而百家争鸣，国家形态是版图广袤而长期和平，同样异于轴心时代的小国林立而攻战频仍，所以意识形态与国家形态相互适应，遂有大利：和平时期，国内市场广大，相当于欧洲面积总和的广袤版图之内没有关税壁垒，经济规模和财富积累容易提升，一地的技术发明，能够迅速推广普及全境，农业生产力提高，各地之间互通有无，救灾能力较高。战争时期，具有战略纵深，国防能力较强，遭到外国入侵不易灭亡。农业文明发展充分，文明程度和国家实力超过轴心时代。诸多单项成就领先全球，至今仍难超越。

中世纪终结阶段的国家形态，中西大异。

中世纪的西方，由于意识形态与国家形态互不适应，走的是下坡路。十字军东征（1096—1291）让西方看到了与阿拉伯文明的差距，马可·波罗（1254—1324）的《中国游记》又让西方看到了与中华文明的差距。因此，中世纪的下坡路使西方因祸得福，在较短的一千余年以后，启动了文艺复兴和宗教改革。文艺复兴旨在复兴被中世纪基督教意识形态压制千年的希腊罗马文化，导致思想解放；宗教改革旨在消解中世纪基督教意识形态的绝对权威，导致政教分离。数百年间先后兴起了遍及欧洲的文艺复兴、宗教改革、启蒙运动，各国又充分发挥民族特长，于是意大利文艺革命，英国工业革命，德国哲学革命，法国社会革命，美国政治革命，取长补短而继长增高，率先把中世纪的农业文明转型为近现代的工业文明，主动走出了中世纪。适应工业文明的近现代西方民主政治建构，不仅超越了中世纪西方不够完备的君主政治建构，而且超越了中世纪中国较为完备的君主政治建构，成为迄今为止最为完备的政治建构，遂从落后于中国，迅速变成领先于中国。

中世纪的中国，由于意识形态与国家形态相互适应，走的是上坡路。两千年间仅有落后于中国的暂时挑战者，没有领先于中国的最后终结者，所有成功挑战者全都成了最终归化者。因此，中世纪的上坡路使中国因福得祸，在漫长的两千余年以后，迟迟没有意识到人类文明已经转型，工业时代已经来临，思想仍然禁锢于罢黜百家的儒学意识形态，政教仍然合一于皇权专制的国家形态，缺乏主动走出中世纪的内在动力。若无近现代西方的严峻挑战和外力推动，中华帝国极有可能像秦始皇幻想的那样传之万世——后继帝国的重建者虽非秦始皇的血统后裔，却无一例外都是秦始皇的法统后裔。秦始皇的法统后裔们，在西方走出中世纪以前自居天下无敌，还算基本属实，然而在西方走出中世纪以后仍然盲信天下无敌，已经违背事实。率先走出中世纪的西方，遂成中华帝国的最大挑战者和最后终结者。中华帝国原本较为完备的君主政治建构，越来越不适应新时代，不得不在西方挑战之下被迫走出中世纪，但因传统积弊深重，思维定式固化，文化积习难改，历史惯性强大，鸦片战争至今的一百多年时进时退，一步三回头，遂从领先于西方，迅速变成落后于西方。

二、古代两大遗产，必须区别对待

彗星撞地球的中西冲突，实为时差千年的古今冲突。古中国一如庞大的恐龙，新西方一如凶猛的虎狼。虎狼时代的来临，注定了恐龙时代的终结。由于长期天下无敌，中华帝国已从食肉恐龙退化成了食草恐龙，周期性轮回也走到了终点。然而西方以外的许多中世纪式国家，都在西方血腥扩张的殖民时代，或解体，或沦亡，或殖民化，成了武装到牙齿的食肉虎狼之猎物。中华帝国仅是君主政体终结，广袤版图却未解体，古老恐龙重获新生，创造了凤凰再生的奇迹。因为中华帝国的两大遗产，仅有属于意识形态的君主政体是不良遗产，而属于国家形态的广袤版图却是良性遗产。广袤版图不仅帮助中世纪中国抵达了农业文明顶峰，而且帮助近现代中国免于亡国灭种，又帮助当代中国快速经济复苏。

若有扩张可能，古今一切国家无不谋求广袤版图。中世纪欧洲谋求广袤版图而不得，乃因政治建构不够完备。近现代欧洲仍然谋求广袤版图而不得，并非政治建构不够完备，而是欧洲走出中世纪受惠于政治独立的民族国家，欲求广袤版图同样受限于政治独立的民族国家。拿破仑战争和两次大战，是近现代欧洲欲求罗马帝国式广袤版图的三次尝试，全都受限于民族国家的政治独立而最终失败，唯一的受益者是美国。先为欧洲殖民地而后独立的美国，既有民主政体，又有广袤版图，遂成现代世界的狮子王。现代欧洲谋求内部政治统一的广袤版图而不得，海外殖民地又无法并入版图，一度征服的羊群又在后殖民时代纷纷独立，只能退而求其次，放弃政治统一而转向市场统一，建立了超越国家形态、地域大于罗马帝国的欧洲联盟，共同拥有取消关税壁垒的欧洲统一市场。凭借两大优势，即适应工业文明的民主政治建构，适应商业文明的内部统一市场，美国及其欧洲盟友遂成后殖民时代全球统一市场的领头羊——有时是披着狼皮的羊，有时是披着羊皮的狼。

虽然广袤版图帮助中国在战争时期免于亡国，在和平时期经济复苏，然而免于亡国和经济复苏仅是民族国家的低端目标，国家强盛和经济领先才是民族国家的高端目标，推进文明则是永无止境的人类共同目标。今日中国欲达民族国家的高端目标，并对推进人类文明有所贡献，必须同时具备与西方两大优势相匹配的竞争力，所以除了自古固有的一大优势广袤版图，尚需完成亡羊补牢的文明转型和相应政治转型。

西方走出中世纪，完成文明转型和相应政治转型的历史转折，就是相辅相成的文艺复兴和宗教改革。中国欲走出中世纪，欲完成文明转型和相应政治转型，也不能例外。只不过西方中世纪意识形态的核心是"神权高于王权"的官方基督教，所以西方唯有通过宗教改革，才能完成文明转型和相应政治转型。而中国中世纪意识形态的核心是"皇权高于神权"的官方儒学，所以中国唯有通过哲学改革，才能完成文明转型和相应政治转型。

西方文艺复兴，是复兴被中世纪基督教意识形态压制千年的希腊罗马文化，而非复兴中世纪基督教意识形态；西方宗教改革，是消解中世纪基督教意识形态的绝对权威，而非重建其绝对权威。中国文艺复兴，同样必须复兴被中世纪儒学意识形态压制两千年的诸子百家文化，而非复兴中世纪儒学意识形态；中国哲学改革，同样必须消解中世纪儒学意识形态的绝对权威，而非重建其绝对权威。

先秦儒家仅是百家争鸣的自由思想之一，并非不可批判的意识形态。中华帝国把儒学确立为不可批判的意识形态，既因先秦儒家之长，亦因先秦儒家之短。先秦儒家之长，即从全民之中优选民族精英，虽然成为意识形态以后的儒学弱化了长处，仍然导致科举制度彻底取代贵族制度，儒家官僚集团有效有力地支撑中世纪中国抵达了农业文明顶峰。先秦儒家之短，即与法家一样拥戴"皇权高于神权"，由于成为意识形态以后的儒学强化了短处，鼓吹"天不变道亦不变"的"三纲五常"，因而中国迟迟走不出中世纪。中世纪儒学意识形态仅在中世纪略有其长，到了近现代却是中国延长中世纪、造成中西千年时差的主要病灶，也是中国走出中世纪、消除中西千年时差的根本障碍。

中世纪儒学意识形态，不仅罢黜了先秦百家，也弱化了先秦儒家之长。中国文艺复兴虽然不应复兴中世纪儒学意识形态，但也不能仅仅复兴先秦百家之长，同样必须复兴被弱化的先秦儒家之长，同时超越被强化的先秦儒家之短。复兴先秦百家之长，绝不意味着不能批判先秦百家之短，因为任何思想都不是绝对真理。希腊以后一千年的西方思想家，先秦以后两千年的中国思想家，并非无法超越轴心时代的思想家，所以文艺复兴绝非复古，而是意在阐明：轴心时代从野蛮进至文明，源于自由思想未被意识形态禁锢；中世纪从文明退回野蛮，源于自由思想均被意识形态扼杀。因此西方文艺复兴不仅复兴希腊罗马之长，而且批判希腊罗马之短。西方现代民主，正是得益于批判柏拉图之短。西方现代科学，正是得益于批判亚里士多德之短。由于西方文艺复兴并非简单复古而是解放思想，所以产生了超越希腊罗马思想的大量新思想，创造了超越希腊罗马文明的西方现代文明。

轴心时代的自由思想，是符合道德金律的文明动力。中世纪的意识形态，则是违背道德金律的文明障碍。轴心时代的原始儒学和原始基督教，都曾阐明道德金律，亦即孔子所言"己所不欲，勿施于人"，耶稣所言"你要别人如何待你，就要如何待人"，然而中世纪儒学意识形态却畸变为"己之所欲，强施于人"，中世纪基督教意识形态却畸变为"我要别人如何待我，别人就要如何待我"。西方宗教改革高扬耶稣的道德金律，因而走出了中世纪。中国也唯有通过与宗教改革相当的哲学改革，高扬孔子的道德金律，才能走出中世纪。

自由思想与意识形态的区别在于：自由思想追求真理而不自居绝对真理，不自封一家独尊，不强制其他自由思想与己一律，宽容不追求真理者。意识形态扼杀真理而自居绝对真理，自封一家独尊，强制其他自由思想与己一律，既不宽容挑战者，又不宽容盲从者，所以中世纪西方既烧死布鲁诺，又以"侍奉魔鬼"的荒谬罪名烧死女巫，中世纪中国既诛杀嵇康，又以"失节事大"的荒谬教条逼死寡妇。

不消解违背道德金律的中世纪儒学意识形态，中华民族就不能解放思想，中国文明转型和相应政治转型就难以成功，中西之间的千年时差就无法消除，今日中国凭借中世纪良性遗产抵达的低端目标，就会被中世纪不良遗产再次葬送。即使幸免葬送，也无望抵达高端目标，更无望重新领先西方。只能在西方主导的全球统一市场中，仅仅提供劳动力，不能拥有话语权，仅仅出口电视机，不能输出新思想。

三、时差仅是表象，中西各有瓶颈

随着历史车轮的循环旋转，中国领先或西方领先的暂时表象,已经变换多次。中西时差的暂时表象,植根于神权、王权、人权的不同博弈,即各自的文明瓶颈及其能否突破。试取中西两位相似的标志性自由思想家和两位相似的标志性意识形态家,作为时差表象和瓶颈本质的分析样本。

两位相似的标志性自由思想家,是时差长达一千八百年的韩非(前280—前233)和马基雅维利(1469—1527)。一切政治家,都是某一自由思想家的信徒。先有提供各种历史路径的自由思想家,后有选择某种历史路径的政治家。韩非与马基雅维利都是自由思想家,共同课题是对神权、王权的既定关系作出调整。

韩非出现于中国中世纪开始以前。面对先秦"神权高于王权"的既定关系,《韩非子》提供的崭新历史路径是放纵王权,升为皇权,即"皇权高于神权",于是选择这一历史路径的秦始皇(前260—前210),僭代"上帝",僭称"皇帝",宣布"朕即天下",中国从此走入中世纪。

马基雅维利出现于西方中世纪结束以后。面对中世纪"神权高于王权"的既定关系,晚于韩非一千八百年的马基雅维利,仍然不敢提出韩非式的"王权高于神权",其《君主论》提供的崭新历史路径,也不是放纵王权,仅是解放王权,即"王权独立于神权",于是选择这一历史路径的路易十四(1638—1715)们,挣脱"上帝"桎梏,宣布"朕即国家",西方从此走出中世纪。

两位相似的标志性意识形态家,是时差不到百年的朱熹(1130—1200)和托马斯·阿奎那(1225—1274)。政治家打天下,需要自由思想家提供具有多样性的历史路径。不同政治家选择不同历史路径,败者为寇,成者为王。成者为王的政治家治天下，需要不自由的意识形态家提供仅有唯一性的神圣辩护。朱熹与阿奎那都不是自由思想家，都是不自由的意识形态家，共同课题是使神权、王权的既定关系神圣化、永恒化，即意识形态化，二人遂成中西中世纪意识形态的终极表述者。

朱熹出现于中国中世纪的中点。他对"皇权高于神权"的既定关系予以神圣化、永恒化的辩护极其成功，因此中国的中世纪儒学意识形态造极于朱熹，却没有终结于朱熹，其《四书集注》成了明清科举考试的标准答案。明清六百年，正是中国中世纪延长千年的主要时段。

阿奎那出现于西方中世纪的终点。他对"神权高于王权"的既定关系予以神圣化、永恒化的辩护极其失败，因此西方的中世纪基督教意识形态造极于阿奎那，也终结于阿奎那，其《神学大全》没能为西方中世纪延命。因为紧随其后的是"中世纪最后一位，新时代最初一位诗人"但丁（1265—1321），其《神曲》虽然借用了中世纪的神学形式，却表现了新时代的反神学内容。随后薄伽丘（1313—1375）又以《十日谈》更为猛烈地抨击中世纪基督教意识形态，于是引出文艺复兴三巨人，达·芬奇（1452—1519），米开朗琪罗（1475—1564），拉斐尔（1483—1520），以及姗姗来迟的马基雅维利。上举诸人，无一例外都是意大利人，正如马可·波罗（1254—1324）、哥伦布（1451—1506）也是意大利人。此后才是闻风响应的法国人拉伯雷（1493—1553），西班牙人塞万提斯（1547—1616），英国人莎士比亚（1564—1616）。文艺复兴之所以发轫于意大利，乃因意大利是罗马帝国发祥地，罗马教廷所在地，中世纪基督教意识形态的重灾区。

从意大利推向全欧洲的文艺复兴，借用中世纪的神学形式，复兴轴心时代的自由精魂，消解了中世纪基督教意识形态的神圣性、永恒性，为部分突破西方文明瓶颈的宗教改革创造了条件。于是日耳曼人马丁·路德（1483—1546）在1517年启动宗教改革，公布了挑战罗马教廷的《九十五条》，正面冲击中世纪基督教意识形态，终结了阿奎那为西方中世纪延命的幻想。从日耳曼推向全欧洲的宗教改革，又为自由思想扫清了意识形态障碍，于是既超越中世纪又超越轴心时代的思想家接踵而至：培根（1561—1626），霍布斯（1588—1679），笛卡尔（1596—1650），斯宾诺莎（1632—1677），洛克（1632—1704），伏尔泰（1694—1778），休谟（1711—1776），卢梭（1712—1778），康德（1724—1804），黑格尔（1770—1831），叔本华（1788—1860），马克思（1818—1883），尼采（1844—1900），巨人辈出，不胜枚举。宗教改革之所以发轫于日耳曼，乃因日耳曼过去是罗马帝国鞭长莫及的边陲，后来是罗马教廷影响微弱的边陲。

西方走出中世纪的一大步，分为两个半步。文艺复兴是其前半步，把王权、人权从神权桎梏下解放出来。宗教改革是其后半步，一方面继续消解中世纪基督教意识形态的神圣性、永恒性，另一方面并不消灭基督教，而是回归原始基督教，尤其强调其"原罪论"，既能有效制约罗马教廷之放纵教权，又能重新制约刚被解放的王权、人权，因为放纵王权之恶，不亚于放纵教权之恶，放纵人权之恶，不亚于禁锢人权之恶。仅有文艺复兴对教权的合理反抗和对王权、人权的合理解放，没有宗教改革以后的新基督教对教权、王权、人权的合理制约，西方走出中世纪的野蛮以后，就未必走向更文明，也可能走向更野蛮。总之，相辅相成的文艺复兴与宗教改革，合力消解了中世纪基督教意识形态的神圣性、永恒性，部分突破了西方文明瓶颈，产生了政教分离的法治社会，创建了法律治身、宗教治心的民主政体，不仅超越了试图"改革"的中世纪，而且超越了试图"复兴"的轴心时代。形而上层面的突破瓶颈，导致了无数形而下层面的创造发明，诸多单项成就领先全球，至今仍难超越。

四、消除中西时差，必须突破瓶颈

近现代西方，部分突破文明瓶颈"神权高于王权"，变成"王权独立于神权"，但是仍以基督教"原罪论"为制动闸，拒绝像中世纪中国那样绝对尊君，刚被解放的王权野马，又被套上了民主的笼头，配上了议会的马鞍，最终是全体民众骑上王权之马，坐上议会之鞍，摆脱野蛮走向文明。

中世纪中国，君主政体奠定于崇尚法家的秦始皇，意识形态奠定于对法家予以儒家包装的汉武帝。外儒内法、王霸杂用的儒学意识形态，一方面与法家一样绝对尊君，并用"天不变道亦不变"的"三纲五常"，使僭代"上帝"的"皇帝"神圣化、永恒化；另一方面却错误撤去了法家"性恶论"的制动闸（功能与基督教"原罪论"相当），错误换上了儒家"性善论"的发动机，于是皇权野马受到三重放纵，上无神权制约，下无人权制约，内无"性恶论"制约，因而劝诫皇帝"性善"的儒学说教基本失效，最终导致法家皇帝骑上民众之马，坐上儒家之鞍，却又没有刹车，不得不一次又一次冲向深渊。

由此可见，西方文明瓶颈"上帝"及其意识形态"神权高于王权"，与中国文明瓶颈"皇帝"及其意识形态"皇权高于神权"，虽然都是人为建构的意识形态，而且各有利弊，但是并不等价，既有共有之同，也有本质之异。

共有之同，就是中世纪的中西意识形态对待人权的态度相同，无不禁锢人权。因此西方需要文艺复兴解放久被禁锢的人权，随后需要宗教改革，用基督教"原罪论"把欲望纳入堤岸。中国同样需要文艺复兴解放久被禁锢的人权，随后同样需要哲学改革，用法家"性恶论"把欲望纳入堤岸。

本质之异，就是中世纪的中西意识形态对待王权的态度相反：基督教意识形态禁锢王权，使之不敢僭代"上帝"；儒学意识形态放纵皇权，导致"皇帝"僭代"上帝"。因此西方需要文艺复兴解放久被禁锢的王权，随后需要宗教改革，用人权和基督教"原罪论"把刚被解放的王权再次关入笼子——再次比首次容易得多。中国不需要文艺复兴解放业已过度放纵的皇权，仅仅需要哲学改革，用人权和法家"性恶论"把长期放纵过度的皇权首次关入笼子——首次比再次困难得多。

正是中西中世纪意识形态的本质之异，导致西方率先突破文明瓶颈，率先走出中世纪。那么中国能否也像西方一样突破文明瓶颈，尽快走出中世纪？检讨既往历史，似乎颇为悲观，但是未来中国若能借鉴西方经验，吸取既往教训，认准目标，选对进路，就没必要悲观。

鸦片战争至今的中华群贤，无不致力于突破文明瓶颈，消除中西时差，并且喜用西方历史比况中国现实。有人认为中国需要文艺复兴，有人认为中国需要启蒙运动，但是没人认为中国需要宗教改革，因为宗教并非中国的意识形态核心。然而西方文艺复兴、宗教改革、启蒙运动，具有前后相续的逻辑相关和历史必然，居于中间的宗教改革，既是此前文艺复兴的圆满完成，又是此后启蒙运动的根本动力，所以是部分突破西方文明瓶颈的关键一环。中国文艺复兴和启蒙运动之所以一再启动却一再夭折，甚至欲进反退，表面原因是内忧外患不断，天灾人祸并至，根本原因是目标不明，进路有误，亦即没有与西方宗教改革相当的中国哲学改革，因而被迫终结帝制已达百年，儒学意识形态或其变体仍然阴魂不散，一切可能突破文明瓶颈的自由思想，均被不可批判的意识形态严厉扼杀。

清末被迫改革而病急乱投医，盲目废除了原属儒家之长而不该废除的科举制度，进入民国以后，不知其误而未恢复，导致此后的中国政坛，失去了全民之中优选出来的精英，充斥着全民之中劣选出来的流氓。然而西方走出中世纪的关键性制度转型，就是意识到只有贵族制度却没有科举制度，乃是中世纪西方落后于中国的重要原因，因此英国率先效法中国科举制度，建立了文官考试制度，从而率先完成了农业文明向工业文明的文明转型，率先完成了君主专制政体向君主立宪政体的政治转型，建立了人类有史以来版图最大的大英帝国，不仅军事征服的版图超过了罗马帝国，而且文官统治的时间也超过了罗马帝国。可见原为儒家之长的科举制度理应继承，应该废除的仅是作为科举考试内容的中世纪儒学意识形态。当代中国的公务员考试制度，实为科举制度的现代重建，必将有助于中国政坛减少乱象，回归理性。良性效应暂未显现的原因，乃是考试内容仍然囿于意识形态，尚未突破文明瓶颈。

现代中国的所谓"新儒家"，没有出现马丁·路德式人物，毫无儒学改革意识，不仅拒绝反省先秦儒家之短，而且拒绝消解中世纪儒学的意识形态色彩，反而否定五四运动的合理批判，妄想重建五四运动以来略有消解的儒学意识形态权威，导致哲学改革难以启动，政治转型难以成功，千年时差难以消除，文明瓶颈难以突破。

五四运动"打倒孔家店"，把目标对准中世纪儒学意识形态，并非错误。其误在于把中世纪儒学意识形态的罪恶，与先秦儒家之不足混为一谈。西方中世纪基督教意识形态的罪恶，并非原始基督教的罪恶，所以宗教改革并未消灭基督教，仅是消解中世纪基督教的意识形态色彩，恢复耶稣的道德金律，于是宗教改革以后的新基督教，成了西方走出中世纪、进入近现代的重要动力。中国的哲学改革，同样不必消灭儒学，只要消解中世纪儒学的意识形态色彩，超越先秦儒家之短，恢复孔子的道德金律，哲学改革以后的新道家、新儒家、新法家、新墨家、新名家，就能成为中国走出中世纪、进入近现代的共同动力。日本、韩国、新加坡等深受儒家思想影响的区域，全都没有"打倒孔家店"，只是恢复百家争鸣，不再一家独尊，就成功走出了中世纪，顺利进入了近现代。

结语：人类文明赛跑，永远不会终结

中西文明的各自瓶颈，既是政治瓶颈，也是文化瓶颈。

西方文艺复兴和宗教改革，使西方率先突破政治瓶颈，在政治领域完成去意识形态化，于是从落后于中国变成领先于中国。但是西方至今没有完全突破文化瓶颈，文化领域远未完成去意识形态化，所以近现代西方在突破政治瓶颈，把君主专制政体转型为民主立宪政体，取得文明领先以后，就以基督教的名义开始了全球范围的血腥殖民，违背道德金律地对非基督教民族进行强制性传教，以基督之爱的名义，传播了反基督的仇恨，以文明领先的名义，制造了大量文化罪恶，充分显露了文化意识形态即文化沙文主义的食肉虎狼特质。所以近现代西方席卷全球和挫败中国，并不全是文明对野蛮的胜利，而是既有先进战胜落后的文明一面，也有文化意识形态的野蛮一面。"落后就要挨打"，与"有枪即可杀人"等价，仅是野蛮的丛林法则，而非文明的道德金律。圆明园焚毁，固然是中世纪中国的耻辱；焚毁圆明园，无疑是近现代西方的罪恶。

中华文明的伟大复兴和中华民族的重新崛起，首先必须突破西方早已突破的政治瓶颈，在政治领域完成去意识形态化，从而消除时差，赶上西方，回到人类文明前列。此后更应致力于突破文化瓶颈，在文化领域完成去意识形态化，遵循道德金律，经由和平竞争，争取重新领先西方，再创人类文明辉煌。

人类文化史至今仅有数十万年，人类文明史至今仅有四五千年，与宇宙大年、地质大年、物种大年相比，均属极其短暂的小年。未来的漫长人类文明史，尚有无限广阔的美好前景。中西民族和其他民族的文明赛跑，永远不会终结。全球一切民族，均应遵循轴心时代即已认知的道德金律，不断汰清中世纪意识形态的深重遗毒，努力突破文明瓶颈，共同推进人类文明。